Doriana Tamburini

MANUAL DE CANALIZAÇÃO

DOS 12 RAIOS E DO DISCO SOLAR

Publicado em 2021 pela Editora Alfabeto

Supervisão geral: Edmilson Duran
Revisão: Luciana Papale e Renan Papale
Ilustrações: Priscila Tanada, Fernanda Peyerl e Ricardo Ribeiro Machado
Diagramação e capa: Décio Lopes

DADOS INTERNACIONAIS DE CATALOGAÇÃO NA PUBLICAÇÃO

Bueno, Mauro

Manual de Canalização dos 12 raios e do disco solar / Doriana Tamburini. 1ª edição. São Paulo: Editora Alfabeto, 2021.

ISBN: 978-65-87905-10-5

1. Grande Fraternidade Branca   2. Mestres Ascensionados   I. Título

Todos os direitos sobre esta obra estão reservados a Autora, sendo proibida sua reprodução total ou parcial ou veiculação por qualquer meio, inclusive internet, sem autorização expressa por escrito.

EDITORA ALFABETO
Rua Protocolo, 394 | CEP: 04254-030 | São Paulo/SP
Tel: (11) 2351-4168 | editorial@editoraalfabeto.com.br
Loja Virtual: www.editoraalfabeto.com.br

Um Caminho de Evolução

Esta Fraternidade é uma Rede Virtual de Conexão Contínua e autossustentada entre os Seres de Luz do Universo e os Seres Extraterrestres, Humanos, Dévicos, Cósmicos ou Angélicos.

O objetivo maior é a Unidade entre os Trabalhadores e Trabalhadoras, Guerreiros e Guerreiras encarnados na Terra, como Colaboradores Universais da Luz Divina, do Amor Maior e da Grande Harmonia Cósmica. Isso fortalece as pessoas energética e amorosamente, além de aprimorar os contatos entre a Nossa Terra e O TODO DO UNIVERSO. Sob o comando das Hierarquias Superiores, todos orquestram. Através de vários chamados internos e unindo-se sincronicamente entre si, muitos respondem.

Esta é uma tarefa missionária. A Sagrada Liberdade com Responsabilidade e Consciência Focada é nosso modo de exercitar nosso Plano Divino.

Todas as linhas de Espiritualidade e de Pensamento que nos conduzem ao Bem-Estar Emocional, Sentimental e Físico são respeitadas e cada Ser da Criação dá o melhor de si, da maneira mais confortável.

Neste momento Planetário, coloco à disposição da Humanidade, um Facilitador e Guia Orientador que me conduziu iniciáticamente, levando-me a caminhos maravilhosos, reveladores e impressionantemente certeiros.

Partilhar com vocês destas informações é lhes oferecer meus próprios frutos colhidos. As Bênçãos são incontáveis. Vivenciem, experimentem. É o meu melhor que posso lhes oferecer!

Doriana Tamburini

Dedicatória

Existem amigos e amigos – são tantos e sou tão grata que se porventura eu deixasse de mencionar unicamente um, ficaria triste. Para não ter que agrupar infinitas páginas de nomes, abreviarei.

Dedico este livro a todas as pessoas, entidades e seres que me mantêm viva e me sustentam até hoje, visível, material e energeticamente, em todos os sentidos, com qualquer tipo de suporte.

Sou-lhes grata, este livro só pôde se manifestar porque vocês manifestaram em mim o desejo de fazê-lo viver.

Este é o Projeto Vida em Ação de Graças de Coração.

Abram-se e recebam o que é seu de volta. Seus retornos, suas colheitas, suas novas Identidades Solares e sejam quem vocês são e sempre foram.

Gratidão ao "Dragon Energy Center" com as Fundadoras Ana Vidal e Antoinette O'Connel pelo trabalho com os Amados Dragões, Dragonas e Babies Dragons.

Gratidão, Gratidão, Gratidão.

Doriana Tamburini

Sumário

Prefácio de Sandra Scapin..............................7

Prefácio de Juciara Mazzucatto 11

Apresentação..13

Introdução..23

Canalização...31

Iniciação à Luz, ao Autoconhecimento e à Meditação Ativa 35

Os 12 Raios 61

Os 12 Raios Cósmicos 79

Sistema Protecional de Metatrom 181

Iniciação à Luz 189

Apelos para todos os dias ou para quando for necessário 215

Os Elementais 221

O Grande Disco Solar 251

Rosário de Mãe Maria para uma Humanidade em Ascensão 255

Presentes de Kuan Yin...............................263

A Grande Invocação 265

Amoroso reconhecimento do nosso Plano Divino 271

Prefácio de
Sandra Scapin

Em estado de graça concluo agora, neste exato momento, uma das mais difíceis e, sem dúvida, a mais gratificante missão que já desempenhei. Aliás, ainda não concluí, pois foi-me carinhosamente solicitado que escrevesse esta apresentação, mas isso não conta, pois agora é festa! A criança acabou de nascer, é linda e estou muito feliz por ter ajudado neste parto.

Estou comemorando e, daqui a pouco, vou avisar a Mãe!

A rotina não deveria ser bem essa, mas estou me permitindo vibrar em reconhecimento e com gratidão, junto a essa energia nova que ainda está guardada em um disquete, que em breve irá para a gráfica, depois para as livrarias e, certamente, chegará às suas mãos, leitor ávido de identificar qualquer brechinha que possa dar acesso à Luz!

Eu tive a graça de encontrar no meu caminho essa pessoa de tão grande força e poder, que é a Doriana, mais do que isso, fui agraciada com a revisão deste livro. A princípio, achei que seria uma "missão impossível", pois tudo parecia por demais desconexo. No máximo eu já tinha ouvido falar de Fraternidade Branca e sabia os nomes dos Mestres dos 7 Raios e, de repente, eu tinha em mãos todo um manancial de informações, não sobre 7, mas sobre 12 Raios!

Antes de ter este livro em mãos, eu já tinha ficado fascinada com a energia da Doriana e já a tinha procurado para me ajudar em uma situação particular, que ela harmonizou maravilhosamente com sua energia e com um Floral. Havia uma afinidade entre nós que eu não sei de onde vinha. Eu queria porque queria revisar seu livro, mas tinha a impressão de que ele estava sendo desviado das minhas mãos, até que enfim, ele chegou!

A Doriana era meio fora dos padrões, mas eu não podia deixar de reconhecer que tinha uma força muito grande. Ela me falava de Mestres como quem fala de velhos amigos; falava de Sanat Kumara com o respeito e a admiração de quem fala do próprio Pai, e eu, apesar de fascinada, ficava meio sem saber o que falar com aquela pessoa, no mínimo estranha. Mas eu tinha um trabalho a fazer, e livro é livro, qualquer que seja o autor e qualquer que seja a loucura que se queira pôr no papel. Minha obrigação era revisar o material da melhor forma possível. E, ao debruçar-me sobre o trabalho, as coisas começaram a aparecer de maneira totalmente imprevisível. Foi difícil. Muito difícil. Mas não era uma dificuldade comum. Era, na verdade, todo um processo que eu estava vivenciando e com a assessoria da Doriana.

Para começar, o texto da Doriana não necessitava apenas de uma revisão, mas de uma ordem geral, pois era, na verdade, a transcrição "ao pé da letra" de fitas gravadas em um curso que ela havia dado a tempos atrás. Então, logo de início, deparei-me com a necessidade de entender tudo aquilo, ou não conseguiria organizar nada.

Lentamente, comecei a entrar no ritmo energético do livro, ou da própria Doriana. O texto começou a "mexer" comigo.

Não foram poucas as vezes que comecei a revisar uma meditação achando que o texto estava fraco e até meio banal e, quando menos esperava, eu já tinha interrompido o trabalho para continuar meditando na prática! E a energia fluía de verdade. Eu sentia a vibração do meu corpo se alterando, eu sentia o contato se estabelecendo...

Nesse meio tempo, estivemos cheias de problemas e não poucas vezes liguei desesperada para a Doriana me ajudar e harmonizar minhas energias, senão o trabalho não fluía! Ela prontamente me ajudava, com um carinho sem igual.

Foi um período de trabalho intenso em todos os sentidos. Este livro tirou, lá do fundo do meu coração, uma vibração que eu julgava não existir.

Aprendi a colocar-me sob a Pirâmide Azul de Proteção, a acender a minha Chama Trina, a conectar-me com a minha Divina Presença e a afirmar "Eu Sou" com toda a autoridade que me compete; aprendi a trabalhar com o Arcanjo Miguel, desenvolvi uma grande familiaridade com o Bem-Amado Mestre Hilarion e também me aproximei do Arcanjo Rafael e dos Elohins Vista e Cristal... fui me tornando próxima dessa família e percebi que passei a referir-me a alguns dos seus membros como a grandes e velhos amigos, a outros com uma maior reverência e, a outros, ainda percebo que preciso estreitar melhor os laços... agora, bem no finalzinho do trabalho, aproximei-me muito do Mestre Serapis Bey e tenho visitado bastante o seu Retiro Planetário da Ascensão e da Ressurreição!

Como apresentar este livro ao público senão contando as transformações que ele operou em mim? As experiências que vivenciei foram muito intensas, jamais pensei que conseguiria mexer com a energia e sentir-me adentrando em outras dimensões com plena consciência, intuindo e buscando soluções para os meus problemas e para os daqueles que me são próximos, com a ajuda de tantos Mestres e de tantos Seres de Luz...

Por tudo o que este livro ajudou a transformar, transcender, transmutar e requalificar em mim é que eu digo que se trata de um livro vivo, que emana energia em cada parágrafo, em cada linha e em cada palavra. Experimentem! E só o que eu posso dizer.

São Paulo, setembro. Quase primavera!

Sandra Scapin

Prefácio de
Juciara Mazzucatto

Em janeiro de 2015, fui convidada por uma amiga querida para participar de um Ritual aos Reis Magos e Rainhas Magas. Foi nesse dia que conheci Doriana Tamburini.

Desde essa época, tem sido um prazer conhecer mais de perto esse Ser Humano Especial e poder trabalhar ao seu lado em vários outros eventos e cursos.

Desde muito pequena estou na "busca espiritual" e já participei de muitos Grupos, de Ordens Místicas e Filosóficas e da Umbanda. Tenho muita gratidão por tudo que aprendi nesse Caminho.

Quando comecei a participar dos grupos de estudos dirigidos por ela, surpreendi-me com a afetuosidade, a sinceridade, o desprendimento e a solidariedade com que ela passava os ensinamentos, fazendo tudo parecer tão fácil que, às vezes, deixava-me perdida, levando em conta tantos conceitos herméticos, secretos, que eu já havia aprendido.

Será que isso funciona? É simples demais! Como ela coloca esses conhecimentos abertamente na internet e ensina graciosamente às pessoas a utilizá-los? Essa é a sua grandeza!

Confesso que levei um tempo para compreender! Mas, pensando muito a respeito, cheguei à conclusão de que no mundo atual, em que as coisas acontecem com uma rapidez incrível, ninguém tem tempo para ficar horas debruçado em livros ocultos e difíceis, portanto, precisamos de instrumentos simples, fáceis e rápidos de usar, que nos possibilitem unir a Mente e o Coração no objetivo comum de alcançarmos a Paz, a Compreensão, a Proteção dos Mestres e dos Orientadores Espirituais.

Assim é o trabalho da Doriana, o de nos reconectar com nosso Coração, transformar conceitos em realidade e, principalmente, ela procura nos ensinar a sermos responsáveis pela nossa própria vida, orientando-nos e nos instrumentalizando para assumirmos nosso potencial de Amor e Luz.

Foi um prazer e um aprendizado imenso poder ajudá-la a reorganizar e atualizar este livro, dando seguimento ao trabalho de tantas outras pessoas que já contribuíram para que ele se tornasse realidade.

Gratidão, Mestra!

Juciara Mazzucatto

Apresentação

Desde a primeira edição deste Manual, no ano de 1998, passaram-se muitos anos. Muita coisa aconteceu!

Parabéns, meu filho, você ganhou sua maioridade!

Agora, você tem uma Missão Maior!

Se um dia fostes um Guia a permitir que vários Espiritualistas reconhecessem Teus Nortes e Teus Rumos, hoje tu serás um Guia a movimentar Novos Rumos de acordo com Novos Tempos.

Por que digo isso? Porque, na verdade, o retorno que tive ao longo destes anos, foi incrível. E foi a partir desse trabalho que geramos conteúdo para:

- Cursos apostilados, programas de Rádio, Internet e Blogs.
- Livros, como o *Seres de Luz e os 12 Raios da Grande Fraternidade Branca* e o *Tarot da Fraternidade Branca e as Cartas Sagradas dos 12 Raios.*
- Agendas anuais, essências, sprays, sabonetes.
- Discussões acaloradas ao vivo, sobre todos estes assuntos que requereram atualizações constantes e que, aqui, através desta obra, podemos deixar tudo claro e presente.

A minha preocupação ao longo desses anos, foi trazer uma cartilha aos Espiritualistas sérios e comprometidos com suas essências, fossem quais fossem suas crenças ou religiões. Digo isso, porque o que tenho visto é uma falta de atenção, no sentido da proteção e do verdadeiro ritual de SerVir a Deusa-Deus. Este sempre foi o meu compromisso, desde tenra idade, e tu és minha herança, deves SerVir assim; é a parte que te cabe!

As nossas técnicas são baseadas nas Leis Universais, de acordo com a Fraternidade Branca Universal dos Planetas.

Fui iniciada pelos Santos Católicos, aos 6 anos de idade; pelos Heróis da Mitologia Greco-Romana, aos 11, e pelos Templos Ocultos na Inglaterra e Extraterrestres, simultaneamente, dos 15 aos 18 anos (sendo-me revelado isso somente em 2010).

Técnicas diversas me foram apresentadas sem que ao menos eu tivesse feito uma escolha consciente.

A primeira técnica e ferramenta que me foi apresentada, aos 12 anos, foi um Tarot com cartas destacáveis dos Arcanos Maiores, da Revista Planeta.

Aos 18 anos, num período de 6 meses, passei por diversas Iniciações: fui levada, pela minha mãe, ao Centro Espírita Lar Escola Brasilina, onde me desenvolvi como médium.

Ali, foi-me pedido uma consciência política, onde trabalhei com o Movimento Diretas Já, sob o comando de Tiradentes, respondendo ao chamado de Paulo de Tarso, nosso Amado Mestre Hilarion, além das proteções para a cidade de São Paulo, com médicos e laboratórios extraterrestres.

Paralelamente, fui a um Centro do Brahma Kumaris, para meditação e estudo das Eras. Fui iniciada na Umbanda dentro de casa, onde recebi meus Guias: Timbalaia, do Lago Titicaca; a Vestal Ina; o Mestre Kadja; Marco Aurélio; o índio canadense Assáe; a cortesã Margarida e o menino Fernandinho.

Fui convidada pela minha Professora Espírita, Marilda Mallet a conhecer Eliana, que realizava um ritual de acender as 7 Chamas dos Raios e nos levar a um Caminho Interno de Autoconhecimento Ocultista, o Caminho Sagrado do Coração. A partir dessa Iniciação, comecei a praticar e a ministrar a pessoas amigas, para ter com quem trocar ideias a respeito. Posteriorrmente, o caminho foi amplamente ministrado entre diversos Espiritualistas.

Esse Caminho foi ensinado a Jesus em uma de Suas Iniciações na Pirâmide do Egito, pelo Mestre Seraphis Bey. Jesus, por Sua vez, o ensinou a seus Discípulos, até chegar ao Mestre Rubbo, em Porto Alegre, que também iniciou Eliana, aos 19 anos.

Em seguida, Marilda me convida para conhecer a Ponte Para a Liberdade, onde houve uma grande empatia e passamos a frequentar e a aprender mais profundamente sobre os 7 Raios, Seus Mestres e todos os Regentes, participando de vários rituais ao longo de 7 anos.

Por 2 anos fiquei reclusa, em silêncio e trilhando apenas o Caminho Sagrado do Coração, por conta de um grande trauma sofrido, devido ao desrespeito e abuso de algumas pessoas em relação aos Mestres e aos Ensinamentos da Fraternidade Branca.

Aos 33 anos, fui chamada pela minha amiga e comadre, Celinha, a conhecer ao que nós chamávamos de "Cadê a Continuidade?"

Eureka, achamos o Grupo Avatar.

Lá, os 5 Raios Sutis e o Disco Solar me levaram para a direção onde me encontro hoje!

Respondi a todos os Chamados que senti!

Ministrei o primeiro Curso Oficial dos 12 Raios num espaço muito querido, significativo para mim, pelo nome e pela honradez de seu proprietário – Instituto Avalon, de Serg Rios.

O segundo Curso Oficial, deu-se no Espaço 9, da minha grande amiga, Taróloga e parceira de vida, comadre Vera Chrystina Costa Santos. Este Curso iniciou-se com a intenção de trabalhar 3 meses os Caminhos Internos e os Raios. Estendeu-se até o 13º mês, sendo totalmente gravado e transcrito à mão pela querida Adriana, que possibilitou a publicação deste Manual, em 1998, pela Madras Editora.

Atualmente, esse Curso denomina-se: "Iniciação, Vivência e Canalização com os Seres de Luz da Fraternidade dos 12 Raios". Numa destas aulas, Vera apresentou-me ao Mano Mattos, Professor de Radiestesia e Radiônica, perguntando se ele poderia assistir e participar para conhecer o trabalho, o que foi prontamente atendido.

Desse encontro resultou uma parceria de quase 3 anos de trabalho, com diversas Inserções Sagradas na Mesa Radiônica, que foram aprimorando pesquisas e resultados.

Dentro dessas importantes Inserções Sagradas, gostaria de destacar a Chama Trina dentro de um Diamante, que era do Grupo Avatar e ficou sendo um sinalizador da Fraternidade Branca, uma vez que vários Seres, de várias Espécies, apresentavam-se e não davam as suas origens.

Então, de acordo com a Fraternidade e com a Confederação, a sua inclusão e reconhecimento foi a maneira de sinalizar que a Mesa era Sagrada. Na sequência, incluímos a Espada do Arcanjo Miguel e o Disco Solar com os 12 Raios.

Começou aí uma grande viagem em relação ao que era uma Radiônica Científica, mesclada a diversos itens que a tornaram Sagrada.

Em 1999, creamos uma nova Mesa Radiônica, com os gêmeos Evaldo e Eduardo Mena, de todas as cores e nuances diversas dos Raios.

Em 2007, houve uma nova versão da Mesa Radiônica Sagrada dos 12 Raios e da de Metatrom, realizada no computador, por Marcelo Dalla.

Aos 41 anos, outra grande amiga, que confeccionava Rosários de Cristal dos Raios, avisou-me do Grupo Aquantárium e disse que pensou seriamente em mim quando ouviu falar a respeito dele.

Ao chegar lá, deparei-me com a Era de Peixes e a Era de Aquário trabalhando numa unidade incrível, a qual reconheci prontamente, indo a todas as reuniões que me foram possíveis participar, com Gabriel ainda bebê, no colo.

Houveram grandes reencontros. Com os Santos, em nomenclaturas atualizadas de acordo com a linguagem Antariana, para serem melhor aproveitadas Suas Vidas anteriores, livres do grande sofrimento da Era de Peixes, tornando-se úteis com Seus Corpos Causais e Momentum Cósmico de Vitoriosa Conclusão; como, por exemplo:

- Santa Rita, que passou a ser denominada Tarríchi Nins;
- Papa Leão XIII, Magnus Nins;
- Santo Agostinho, Guchi Nins;

- Nossa Senhora, Mater Nins;
- São José, Jochi Nins;
- São Francisco, Frachi Nins;
- Santa Clara, Clari Nins;
- Sant'Ana, Taná Nins;
- São Lázaro, Halidius Nins;
- São Benedito, Dito Nins;
- Nossa Senhora Aparecida, Cidinha Nins;
- São Jorge, Diodi Nins.

Com os Extraterrestres, que chamo carinhosamente de "Polícia do Espaço", os Antarianos, como já conhecia a Confederação Intergaláctica e o Comando Ashtar, desde os 23 anos, e diversos tipos de Seres e Raças, encantei-me com o modo de trabalhar as Auras, as Desobsessões, os Chamamentos e os Mantras desta Equipe.

Afinei-me tanto com este trabalho que desenvolvi uma metodologia para trabalhar uma questão muito delicada: os abortos, para o qual está destinada uma edição especial.

Aos 43 anos, caí doente e fui visitada por um Ser que foi me orientando, ao longo de uns 6 meses, através de Visões e Clariaudiência, Meditações e Caminhos Internos, que foram tomando forma com os livros que ganhava logo após essas Intervenções.

Um dos livros que ganhei do amigo Jaime, do Grupo Avatar, foi *Equilíbrio Energético Essencial,* de Diane Stein, que muito me orientou nos Conselhos Cármicos, nas questões familiares e que, ao final, o maior mérito foi por conta dos trabalhos de Auras e Chacras.

Todo esse aprendizado resultou numa metodologia de recuperação de Auras, Corpos, Chacras e Órgãos, culminando num gigantesco Campo Protecional MultiDimensional que nos aterra firmemente e protege das avalanches Terrestres ou Cósmicas.

Cursos que dão continuidade a esse desenvolvimento:

- Vivência do Caminho Sagrado do Coração.
- Iniciação, Vivência e Canalização com os Seres de Luz da Fraternidade dos 12 Raios.
- Vivência e Atualização do 13º ao 24º Raio.
- Sistema Protecional e Defesa pela Fraternidade dos 12 Raios, incluindo as Funções Espirituais das Glândulas, com Octaedro Sagrado e Mantras Antarianos.
- Respondendo ao Chamado MultiDimensional.
- Mesa Radiônica Sagrada dos 12 Raios.
- Reiki da Kwan Ahan Cósmica e a Dragona Nyorai.
- Reiki Pessoal.
- Reiki da Fraternidade Branca.
- Tarot da Fraternidade Branca e as 12 Cartas Sagradas dos Raios.
- A História dos Discos Solares.
- Soltando as amarras e... APRENDENDO A SER LIVRE!
- Proteções da Fraternidade dos 12 Raios.
- Introdução à Magia das Sequências Numéricas, com Sintonização na Frequência de Grabovoi.
- Vivência: Requalificação da Aura do Amor.
- Vivência: Lavagem e Requalificação da Aura do Dinheiro.

Para a consecução deste trabalho, contei com a orientação direta de diversos Mestres e com o apoio das tantas obras que eles já inspiraram e que fazem parte da minha formação, tais como os livros de Helena Blavatsky, Dra. Annie Besant, Katrina Raphaell, Ken Carey, Barbara Hand Clow, Henrique Rosa, Marisa Varella, Rubens Saraceni, além dos Boletins do Grupo Avatar Global, publicações diversas da Summit Lighthouse e da Ponte para a Liberdade, sendo que, desta última, tirei a inspiração para as meditações, em especial a descrição dos Templos.

Volto no túnel do tempo.
Hoje é dia 18 de julho de 1997

Estamos no Espaço Nove, de Vera Christina, na Rua Oscar Freire, 450, São Paulo, Capital, realizando o primeiro Ritual do Conselho Cármico. Fisicamente, somos trinta pessoas. Realizamos uma queima de pedidos com muitos Seres Angélicos, Dévicos, Mestres e Guias. A partir deste dia, eu e uma equipe de pessoas interessadas no trabalho de Hierarquia Espiritual nos propusemos a um trabalho de expansão neste espaço, dando continuidade ao Desenvolvimento Espiritual Cósmico dos Iniciantes, Iniciados, Aspirantes ou Discípulos.

Iniciamos um processo de aulas e realizamos Meditações Ativas, que significa mexer com as estruturas e as egrégoras que nos prendem por séculos e que nos foram outorgadas por concessões a partir dos pedidos feitos no Ritual da Queima do Conselho Cármico. Todas as pessoas que fazem pedidos de coração limpo e mente correta e elevada recebem, de acordo com a disponibilidade cósmica, seus desejos atendidos.

Ressalto que os alunos, discípulos, etc., já me eram conhecidos, eram meus clientes do Tarot ou da Terapia Energética e me haviam sido apresentados por Ira Pepino, que nos acompanha até hoje.

Como me via obrigada a repetir sempre os ensinamentos da Luz para as pessoas do nosso convívio, sugeri que começássemos um estudo mais aprofundado e realmente vivenciado na vida para as transformações e evoluções necessárias. Começamos, então, no restaurante da Dra. Sílvia, na Rua Pamplona, onde dei aulas por uns dois meses.

Os alunos sentiram necessidade de um aprimoramento maior e uma amiga, também chamada Sílvia, deu-nos aulas e orientou-nos sobre pedras, pêndulos, etc. – uma instrução que abrangia outras áreas a serem cuidadas e aprendidas.

Foi mais ou menos nessa época que conheci a Vera, através do Antonio Duncan, com quem eu me tratava e me energizava com pedras aceleradas e trabalhos xamânicos.

Com um pouco mais de convívio, Vera colocou-me suas Cartas Egípcias e eu, o Tarot Medieval, de Luigi Scapini. Houve um bom entendimento e, quando precisei de um espaço físico para realizar o ritual do Conselho Cármico, para abrir o campo de trabalho com os Mestres e os Seres da Luz, ela colocou o Espaço Nove à disposição.

Após o Ritual, realizamos três meses de estudos e experimentos com o Disco Solar e os 12 Raios. Mas fomos invadindo o tempo, abrindo o espaço interdimensional e ganhamos mais dez meses de trabalho. Chegávamos a realizar de dois a três trabalhos semanais.

Houve uma coesão maravilhosa entre o grupo. Foi uma vivência rica, divertida e feliz. Uma convivência normal entre seres físicos e extrafísicos, inclusive com muitas revelações no caminho. Agradeço, de coração, à Vera e à sua família, que nos permitiram essa oportunidade. O grande intercâmbio Físico, Espiritual, Cósmico e Divino, com certeza foi iniciado. Todos os que ali estiveram incrementaram seus próprios pedidos, aspirações e caminhos. Também é de coração que desejo a todos Paz Mental, Elevação Espiritual, Abertura Cósmica, Crescimento Divino e Prosperidade Abundante.

Eu participava ativamente de uma corrente que se reunia duas vezes por semana, uma para aula e outra para rituais de ancoragem da Luz através de Decretos, Visualizações e Respirações, que é o Grupo Avatar Global. Desta corrente só se participa fisicamente caso tenha vontade. De qualquer maneira, na primeira vez que fui levada para lá, senti-me muito à vontade quando soube que o Grupo Avatar Global é toda a Humanidade, quer esta queira ou não, saiba ou não. Isso foi suficiente para mim. Eu precisava de uma corrente de pessoas que não discriminassem as diferenças terrestres e que atuassem com uniformidade, integridade, coerência e vibrando na mesma energia, tom e consciência.

Eureka! Eu havia encontrado meu lugar. Minha felicidade foi enorme ao descobrir nos boletins e nas formas-pensamento, mensais e anuais, as mesmas informações e visualizações canalizadas nos meus trabalhos pessoais feitos em casa, com os meus amigos. É lógico que as canalizávamos com o nosso código de linguagem e visão, mas o tema era o mesmo.

Assim, minha afinidade com o Grupo Avatar Global só veio acrescentar e promover um avanço cósmico, energético e espiritual sem igual para nós, em São Paulo. Portanto, peço que leiam esta essência com a visão superior, com seus chacras superiores canalizando e ancorando as forças em movimento em seus corações – o Acelerador Atômico em cada uma de suas células, átomos, moléculas e elétrons, a fim de que todo o seu Ser seja elevado.

Demorou muito para que houvesse a liberação deste material, que foi gravado por vários alunos, entre os quais a Adriana, que o transcreveu, "xerocou" e me ofertou. Agradeço e ela e ao Seu Divino Ser por este trabalho. Não fosse isso, possivelmente sequer teríamos como editá-lo agora, pois só existe gravado, mas não disponível, nem à mão.

E, como tudo tem seu tempo certo e coerência, que nem sempre conseguimos entender, todo atraso foi porque só agora está autorizada a sua publicação. De qualquer maneira, preocupa-me a utilização dos Decretos e Informações divulgadas nos Boletins do Grupo Avatar Global.

Passei quase dezoito meses sem ter um único boletim, pois o Grupo havia se desfeito fisicamente em São Paulo. Então, pedi auxílio aos superiores. Um dia qualquer do mês de julho, de 1997, eu havia marcado hora com uma pessoa que não compareceu ao encontro. Recebi um impulso de subir a Rua da Consolação. Eu o fiz e me dirigi a uma livraria que vende os boletins e o Livro de Decretos do Grupo Avatar Global. Dei risada e acho que riram comigo. Busquei o boletim do mês – era o 2º Raio que estava em atividade. Perguntei à dona do local se havia algum do 3º Raio, pois eu precisava de Amor. Ela respondeu afirmativamente e o entregou a mim, ao que respondi: "É deste que eu preciso primeiro. Daqui uns dias eu passo para pegar o atual". Fui embora e deliciei-me com as informações. Como é bom sentir-se em casa! "O que é a 4ª Dimensão?", era o tema do boletim. Agora, vamos ao texto que ele continha:

Literalmente, o reino da 3ª Dimensão é a manifestação em três dimensões: comprimento, largura e altura. A 4ª Dimensão é Amor, o reino tridimensional corporificando o Espírito da Divindade de Deus (Amor Divino), em vez de ser dirigido pelo ego humano que usurpou o Trono de Deus durante a grande queda.

O Sistema Solar agora se move como um para adentrar em sua próxima dimensão... a 5ª Dimensão, iniciando e ativando o Campo de Força da Ascensão sincronizada a nível Universal.

Aqui a Humanidade começa sua evolução como Ser Solar e a Terra começa suas Iniciações para tornar-se um Sol, um dia já desenvolvido seu próprio Sistema Solar. Todos os outros planetas estarão igualmente evoluindo para se tornarem Sóis. Portanto, os trabalhadores da Luz tornam-se Portadores da Luz, transfigurando-se em Seres de Luz. Uma mudança enfática de fazer o Plano Divino para ser o Plano Divino.

Aqui, vocês não mais invocam a Deus desde outros Reinos, mas aquietem-se e saibam que, EU SOU DEUS, exatamente Aqui e Agora!

A afirmação-chave para a evolução da humanidade na 5ª Dimensão é: assim seja para todo pensamento, sentimento e recordação que possam imaginar. Isto é Deus em Ação. Anjos, Elementais e Humanidade Ascensionada. Se assim o decretarem, assim será! Pela visão cristalina desta Nova Era de Libertação Espiritual, Assim Será.

Nesta realidade, acontece o despertar consciente do Ser de Fogo Branco de cada indivíduo, conscientemente, cocriando dentro das múltiplas dimensões do Grande Sol Central, da Presença Eu Sou cocriando, conscientemente, dentro das múltiplas Dimensões do Sol deste Sistema Solar e o Sagrado Cristo Interno. Cocriando conscientemente dentro das múltiplas Dimensões da Nova Terra, Ela própria tornando-se o Terceiro Sol, a Estrela da Libertação Espiritual.

Dentro desse espectro do Ser Divino, os três Sóis tornam-se um Sol. O Eu Sou Universal expressando o Grande Silêncio presente em todas as partes!

Obs.: no final, uma mensagem tranquilizou-me quanto à preocupação em utilizar seus Decretos e as informações:

O Grupo Avatar Global não se responsabiliza pelo uso e retransmissão de ensinamentos espirituais divulgados nesta revista, feito por pessoas ou grupos. Nesta Nova Era Espiritual, cada Ser é responsável pela compreensão, uso e divulgação da Verdade, e responsável por isso ante a Hierarquia Cósmica.

Introdução

Ego despedaçado precisa ser reconstituído. É como uma criança: tem que ser reconduzido e ensinado, não massacrado, morto ou anulado. Ele representa o nosso eu humano.

Ora, se Deus achasse que o ego tinha que morrer, com certeza teria dado cabo dele ao longo de tantas Humanidades. Amorosamente, o ego tem que ser corrigido. Isto é bem diferente.

Desde a época da Guerra nas Estrelas entre Órion e outros sistemas, muitos guerreiros aprenderam somente isso – guerrear, matar e morrer. A Terra é uma belíssima oportunidade de vida, tanto que Sanat Kumara, regente de Vênus, quando resolveu apadrinhar a Luz da Terra e da Humanidade que aqui estava, acionou um plano de recuperação e de restauração em todos os sentidos, chamado "Projeto Vida". Este foi impresso no coração dos que vieram com ele de Vênus, respondendo ao chamado cósmico que o Arcanjo Miguel fez, naquela época, para todas as Orbes que quisessem cooperar com o Plano.

Além do Projeto Vida, que é a expansão da cura dos corpos danificados da época de Órion, estaria impresso nos maravilhosos Seres de Vênus os 135 Kumaras, o sonho de encontrar a cidade perdida ou terra maravilhosa, de que nos lembramos hoje pelo nome de Shangri-Lá. Na verdade, é Shamballa o que estamos procurando continuamente.

Na época da sua construção, que levou quase 900 anos, os Kumaras e os companheiros de outras Estrelas levaram anos sonhando com a cidade perdida, indo em busca dela, encontrando-a, construindo-a e, na maioria das vezes, sendo mortos pelos Seres das trevas, que impediam a conclusão da obra.

Até hoje esse processo representa vários problemas para os descendentes interplanetários de então: primeiro, a sensação contínua de tentar e não conseguir terminar uma obra a tempo, dando a impressão de estar sempre atrasados; depois, as longas e várias tentativas frustradas ao longo das encarnações, deixando marcas e sulcos profundos na memória, no ego e nos corpos (a isso, eu chamo de "buracos áuricos"); e, finalmente, a falta da verdadeira lembrança desse momento histórico intergaláctico em nossas memórias, provocando inquietações que nos movem para tais lembranças continuamente, pois a Vida quer Viver!

Portanto, quando estamos realizando um trabalho espiritual ou de cura, é importantíssimo para o bem e para a recuperação total do ego, dos corpos e das auras, que haja uma sintonização perfeita com o Avatar que idealizou e assumiu o projeto de salvação da Humanidade, ou seja, Sanat Kumara.

Desde 1956, Buda Gautama é o substituto principal do Projeto Vida de Sanat Kumara, pois é o Ser mais elevado na sua Consciência Divinizada desenvolvida na Terra. Não é à toa que nos deixa, como um legado, as quatro verdades sagradas e os oito passos do caminho.

As quatro nobres verdades são:

1. A dor universal; ninguém pode livrar-se dela, desde o nascimento até a morte – o sofrimento.
2. A causa da dor é o desejo, que induz a renascer e a continuar a desejar e a sofrer – é a origem do sofrimento.
3. A libertação da dor é obtida pela supressão do desejo e pela ausência de paixões de todo gênero – a cura ou extinção do sofrimento.
4. Pode-se conseguir este resultado somente procurando o Caminho dos Oito Passos – o meio para se chegar ou alcançar esta cura ou eliminação do sofrimento.

Os oito passos do caminho são:

1. Retos valores
2. Reta palavra
3. Reto viver

4. Reto pensar
5. Reta aspiração
6. Reta conduta ou ação
7. Reto esforço
8. Reto enlevo, arrebatamento ou felicidade; ou Reta meditação.

> Cessem de identificar-se com as coisas materiais ou com seus desejos, adquiram um exato senso dos valores, cessem de considerar as posses e a existência terrestre como de principal importância; sigam o Nobre Caminho Óctuplo, a senda de corretas relações com Deus e as corretas relações com seus semelhantes e, assim, serão felizes.

Se nos lembrarmos de que quatro é a base para qualquer trabalho e de que oito é o número do infinito, além de representar a autoridade, talvez possamos, finalmente, compreender a nós mesmo sob vários aspectos.

Lembremo-nos, primeiramente, de que o Brasil tem o carma do número 8 no seu nome e que isso tem sido cobrado ao longo dos anos governamentais. Basta acionarmos a memória das autoridades mal exercidas e do mau uso do dinheiro, porque 8 também se relaciona com o dinheiro. Bem, se o Universo é próspero, se Deus-Deusa são abundância, por que é que na Terra 90% da Humanidade sofre da síndrome da miséria, da pobreza, do mau uso do poder e das forças?

É tudo decorrência das lesões provocadas na época da Guerra nas Estrelas. E por que tantas histórias aqui foram distorcidas? Para que o plano de evolução da Terra e da Humanidade não desse certo.

Aqui já passaram Humanidades diversas que haviam conseguido a ascensão; mas a partir do momento em que houve o roubo da energia da Deusa, estava proclamada a degradação do Planeta por inteiro.

Como ocorre esse fato? A cada 26 mil anos encerra-se um ciclo de evolução e inicia-se outro. Em um determinado momento cósmico, Nibiru, um Planeta cujos habitantes se fizeram passar por semideuses e sacerdotes para uma ingênua Humanidade, conseguiu romper, devido a isso, com a relação interna Homem-Deus, a divindade pessoal, fazendo-se substituir até hoje.

Basta vermos quantas igrejas, quantos pseudossacerdotes e quantas agressões se manifestam continuamente, parecendo nunca haver um fim para tais abusos. Sem contar os rituais sexuais e sacrifícios para roubar a energia feminina e o coração das mulheres.

Por que o movimento ocultista tem crescido, primeiro no anonimato e depois num movimento explosivo e emergente, como se fosse a ação premente de um momento? Porque primeiro tinha que ser preservado dos olhos das trevas – por isso tantas diversificações e ramificações ocultistas, tais como rosa-cruzes, maçons, templários, etc., para depois atingir o objetivo da expansão da Luz do Universo na Terra.

Num momento de abertura, os anos de 1970 nos remeteram à ingênua tentativa inicial de Ser/Fazer "Paz e Amor", só que, mais uma vez, completamente despreparados para o violento ataque das drogas e do sexo, sem falar das ações capitalista-industrial-comercial ou religiosa, que visavam submeter-nos a algum sistema oculto para a obtenção do absurdo controle das Almas da Terra.

Não é à toa que filmes como "Os Invasores" aparecem de tempos em tempos. O assunto costuma sempre vir à tona, só que não é tão óbvio assim em termos de aparência. Como a nossa visão de longo alcance e a nossa clarividência estão comprometidas, fica fácil entender por que estamos ainda vivendo de forma escravizada, num Planeta que tem a insígnia da Liberdade.

Segundo Saint Germain, Mestre Avatar da Nova Era, é óbvio que estamos no caminho da libertação. Tantos Avatares, tantos Mestres, Seres de Luz, Seres Cósmicos, Irmãos e Irmãs Amorosos, não têm estado aqui em vão.

A ação conjunta com a Humanidade vai permitindo o desabrochar do Ser Interno, recuperando, aos poucos, o Ego da Humanidade, reconstituindo-o e fortalecendo-o no abraço do Todo-Poderoso, dentro/fora, termos estes que se referem a medidas em vários níveis, assim como micro/macro, interno/externo, Eu Ego/Eu Superior, Eu Totalidade/Eu Cósmico.

Nossos sentidos e nossa inteligência precisam, urgentemente, de respostas verdadeiras que nos toquem o coração e a inteligência.

E é por isso que não devemos matar nada em nós, muito menos o ego, mas, sim, corrigir, direcionar, curar e integrar-nos a um verdadeiro propósito de crescimento conjunto, pois a expansão de Deus-Deusa no Planeta, nas Galáxias e nos Universos se efetua também com esta experiência passada no Planeta Terra.

Por que será que Sanat Kumara, num dia cósmico qualquer, resolve partir do seu planeta de origem, elabora um plano e resolve intervir na evolução deste Planeta e desta Humanidade?

Acredito eu que a resposta é que mesmo Deus-Deusa precisava de uma chance de sobreviver dignamente, à sua própria sombra e à sua própria escuridão. Se nós todos somos partes da Criação, pequenas células de um Grande Corpo Celeste (ou de vários, quem sabe!), como não sermos afetados e contagiados pelo momento de evolução que a própria Divindade passa?

Esta experiência é repetida por diversas vezes em várias partes das Galáxias e do Universo, mas nunca esquecerei quando li, com amor, no livro de Ken Carey, *O Retorno das Tribos Pássaros*, que nunca mais nenhum outro Planeta passaria o que passamos, pois, o aprendizado aqui adquirido levaria outras Humanidades para experiências diferenciadas e não mais com tanta dor.

Chorei feito criança, pois realmente não acredito que só possamos evoluir através da dor. Acontece que nestes tempos estamos condicionados, por vício ou um hábito errôneo, a este "determinismo".

Busquemos a verdadeira cura para sair disto e, com certeza, sairemos; afinal, Deus-Deusa também está se curando. Mas quais são os recursos para esta cura? São muitos. Todos os tipos disponíveis para a reconstituição da Alma, do ego, da aura, dos corpos. Podemos usar a terapia dos florais, as pedras, a aromaterapia, o tarot, os anjos, os Mestres, UFOS, Orixás, Reiki, massagens, exercícios, visualizações, numerologia, astrologia, iridologia, cabala... uma infinidade de recursos a nossa disposição.

"Conhecimento" – a grande cura. O saber leva à compreensão intelectual e celular. As respostas verdadeiras são como choques que nos tiram do sonambulismo em que nos encontramos.

Hoje lidamos com os 12 Raios (7 Planetários e 5 Sutis Solares), 12 corpos, 12 chacras (144 chacras, ao todo: 12 de cada corpo). Nos 5 Raios sutis recebemos os impulsos Solares de crescimento e de expansão galáctica. Aprendemos, em níveis internos, como viajar em outras dimensões, além das nossas paralelas, além dos Sóis e além das Galáxias; e é por isso que precisamos tanto da Cura, da Harmonia, do Equilíbrio e da Verdade.

A Cura nos devolve a Integridade do nosso Ser: do micro ao macro. Nossa cura é também a cura universal de Deus-Deusa.

A Harmonia é a nossa maior Proteção, pois podemos adquirir maior Atenção, Concentração, Direção, Centro, Eixo e, assim, atingir nossos objetivos.

O Equilíbrio nos remete à necessidade de repolarizarmos nossas energias, nossas ideias, Yin/Yang, Espírito/Matéria, Humano/Divino, Planeta Terra/Sistema Solar, Galáxia/Universo.

A Verdade e a Clareza são importantes. Muitas vezes, mesmo doentes e debilitados, os que buscaram incessantemente a Verdade, a Clareza e a Lucidez, obtiveram-na e também ganharam os instrumentos e os recursos para a cura.

A Verdade dói, mas para os que a buscam é o antídoto certo, o bálsamo, pois aqui, na Terra, os que vão ao alcance dessa Deusa há muito já estavam em dor.

Aprendi muito a respeito do roubo do poder da Deusa no livro *O Coração de Cristo*, de Barbara Hand Clow. É meu livro de cabeceira há pelo menos seis anos. Nele pude rever, compreender e curar partes minhas, porque vivenciei as dores das mulheres ancestrais, sentindo-as fisicamente. Agora é hora de assumir novos rumos.

Deixo aqui meu muito obrigada à Barbara Hand! Esclareci muitas pessoas através da sua pesquisa e da sua profundidade.

Sua clareza, Pai Saturno, traz-me a clara certeza verdadeira de que a lição aprendida na oitava superior, sem ser pela dor, mas, sim, pela consciência desperta, refletindo a cura, é muito mais gostosa do que ter que engolir que Saturno é o pai do carma.

Muito obrigada:

À minha amada Cabra, meu Amado Capricórnio, meu ascendente e o futuro de onde vim.

À divindade cristalina do meu coração leonino e à consciência iluminada e materializada do ser virginiano, que conduzem a voos mais altos ou mais baixos – do Sol Lua à Mãe Terra, ou desta para o alto.

À cura emocional de Peixes, que devolve o equilíbrio das águas internas, externas e cósmicas.

À transformação escorpiana, a águia da cura sexual, chegando à paz, conforto e prosperidade Solar, que impressiona até ao mais incrédulo Ser da Terra.

Touro, o amor de Vênus e a criação verbal. O que preferes: ser livre e imortal ou ficar preso aos grilhões da gula, do sexo e da maledicência?

Câncer, a Lua Mãe solta no espaço refletindo a luz Solar. Acaso sabes que tens Luz própria? Não, mas o sentem os humanos no Plexo Solar! Podes nos aliviar através da Luz Branca que entra pela nossa nuca, no chacra coordenador e reabastecer internamente o Plexo Solar, descendo como cachoeira de Luz até ele!

Aquário – eis a Nova Era! Urano sem estragos – vai em frente que esta oportunidade é toda tua! Na Terra se aprende a alquimia e a magia, mas o verdadeiro aprendizado é o que traz a cura em todos os sentidos. Nunca foi tão fácil revelar mistérios e segredos como agora! Vamos em frente. É hora de enfrentar os novos tempos, ventos e mudanças.

Bem-vindos à Nova Era e boa viagem!

Canalização

No Brasil, o termo *Canalização* é bastante recente, porque os mais conhecidos mesmo são os trabalhos mediúnicos e espíritas.

Sem desmerecer qualquer atividade espiritual, o que é muito importante na Canalização, aprendi com um espírito-guia, o Timbalaia, um pai índio de outras vidas, que Canalizar é aprender a lidar com suas energias transpessoais, colocando-se em ordem em seus vários campos, corpos, chacras e sistemas e, de verdade, encarnar. Encarnar para assumir seu compromisso na Terra.

Na sequência, vem outra etapa da Canalização, que é aprender a lidar com várias dimensões e forças ao mesmo tempo. Tem hora que você entra em contato com seu Cristo, outra com a sua Presença Divina; pode ter a intervenção de um Elemental, depois, uma forma-pensamento de um Mestre ou um Anjo se faz presente... enfim, começa uma jornada de treinamento e desenvolvimento que é preciso colocar muita atenção e cooperar consigo mesmo e com seus instrumentos.

No meu caso, aprendi com um método: o de descer constantemente desde o Sol, em cima da minha cabeça, até o centro do meu coração, colocando os pés no chão do meu coração, que é para disciplinar o ego, limpar o negativo do coração, fazer uma autoiluminação através da Chama Trina e me firmar no caminho.

Quando esta direção vai sendo tomada, há uma clara intenção de Canalizar e estabelecer um contato mais íntimo com as Forças e as Energias que serão trabalhadas e melhor conhecidas.

Ao longo de tantos anos, pude aprender a diferença, através da "dica" de um amigo americano, entre Canalizar a Presença Divina, ou um Cristo de um Guia, ou ser desencarnado, ao invés de mediunizar apenas o espírito. Isso também eu aprendi em uma primeira fase de conhecimento.

Hoje, buscando cada vez mais o caminho do meio, da irradiação e da expansão, vamos nos tornando mais e mais Sóis canalizadores de Energias, Potências e Forças que somente cada um saberá avaliar por si mesmo.

Através da Canalização, aprendi muitos caminhos de cura e de autocura e de retomada de energias, com isso, muitos horizontes se ampliaram.

As visualizações, os apelos, os decretos, os mantras, tudo foi se apresentando e somando perfeitamente, até o ápice que foi o Grupo Avatar Global.

Em momento algum renego o espiritismo ou a mediunidade – apenas acredito que são passos dentro de alguns estágios da vida.

Aprendi que, nesse caminho, pouquíssimos Seres podem avaliá-lo corretamente. Só você sabe o que sente e como sente. Estude-se, conheça-se, vá em busca do seu bem-estar e plenitude.

Após um auge de Canalização ou meditação, há sempre um esvaziar de energia que se amplia no espaço e se desprende do indivíduo. É nesse momento que é possível tocar o Universo, Deus-Deusa, o que preferir, e receber tudo o que quiser – você terá se tornado um Gigante Espiritual, um Ser Cósmico. Fale com quem quiser. Seja quem você é e dedique-se ao seu autoaprimoramento. Peça e ordene sempre sua cura, seu autoconhecimento, porque isso sempre o libertará, de verdade. Seja ousado, vá tentando seus métodos próprios, novos, adeque os seus aos de outras pessoas, incremente-os!

Medite, reflita, Canalize diretamente do Cosmo, de seus Corpos Superiores, as respostas para todas suas dúvidas. Não existem perguntas sem respostas. Peça pelas suas saídas. Se você estiver disposto a se transformar sempre, ótimo. Será maravilhoso e divinamente gostoso aprender brincando com os Raios e as Forças do Universo.

Lembre-se de que os Raios, o Disco Solar e outros Instrumentos ajudam a Dirigir, Direcionar e Potencializar o Seu Sistema de Vida, mas também o da Humanidade, do Planeta, do Sistema Solar, das Dimensões Paralelas, das Galáxias e Universos. Portanto, sem preguiça, posicione-se e atue. Seja aquela pedra que cai no mar e provoca ondas de bem-estar aonde quer que vá. Seja um ser abençoado aonde quer que esteja.

Então seja o EU SOU em Ação com toda a Humanidade.
Nós todos lhe agradecemos. Eu e meu múltiplo Eu...

Iniciação à Luz, ao Autoconhecimento e à Meditação Ativa

Saint Germain e a Humanidade

Várias encarnações desde a época da Atlântida foram vividas por Saint Germain, com intuito de trazer a liberdade para a Terra. Depois de Jesus, esse é um dos Mestres mais respeitados da nossa Galáxia. Algumas de suas principais representações são:

- Samuel, o profeta do Velho Testamento (Tribo de Davi)
- São José, o pai de Jesus
- Francis Bacon
- Cristóvão Colombo
- Roger Bacon
- William Shakespeare
- Merlin (o Mestre El Morya, foi o Rei Artur)
- Rose Croix, o fundador Rosa-Cruz
- Santo Albano
- Conde de Saint Germain, em uma das suas últimas encarnações

Nós estamos vivendo uma era muito importante, a Era da Liberdade, a Idade de Ouro de Aquário, e Saint Germain vem lutando, desde a Época Atlante, para devolver a liberdade à Humanidade.

Todo mundo pensa que Saint Germain está lutando pela transmutação das energias, mas esse é apenas o meio. O que ele almeja para a Terra, e nos pede especial atenção quanto a isso, é o alvo que é a Sagrada Liberdade. Inclusive, liberdade é uma coisa que não é muito clara no esoterismo, ainda.

O mais importante, além da transmutação e da misericórdia que são os meios do trabalho, é a Sagrada Liberdade. É por isso que Saint Germain está em ação na Terra. Essa é a sua preocupação e essa foi a sua luta durante milênios, pois a Terra tem uma missão-chave neste ponto da Galáxia e do Universo.

Saint Germain foi um grande rei na Atlântida e teve que se retirar quando da queda desse Continente, indo morar nos níveis internos, nos templos escondidos, ocultos do Planeta, voltando, depois, como Samuel, o Profeta. E por aí vai!

O Mestre Saint Germain é um "expert" na arte de aparecer e desaparecer. É Chamado de "O Homem Maravilha da Europa e da América", pois ele aparece e desaparece dos lugares e ninguém vê. Todo mundo o vê chegar e sair, mas tampouco se sabe de onde veio ou onde mora. É um ser atípico, porque é um dos poucos no Planeta Terra que têm a liberdade de ir e vir, mesmo depois de ter alcançado a Luz máxima, de ter ascensionado, como costumamos dizer.

Saint Germain e o Mestre Hilarion são alguns dos poucos que podem circular pelo Planeta usando um corpo mais visível aos nossos olhos. Seus corpos não são de carne, mas, sim, corpos de Luz, um pouco mais tangíveis, encorpados. Parece um corpo humano, mas não é.

O Mestre tem uma função muito séria. A primeira é chamar a atenção das pessoas para que desviem, ou melhor, transmutem certos acontecimentos no Planeta.

Na Revolução Francesa, por exemplo, Saint Germain foi um mestre para Napoleão Bonaparte, mas este não ouviu seu Chamado e tivemos, então, a Revolução. Muitos discípulos de Saint Germain foram desviados e houve inúmeros problemas de trevas naquele momento.

À época da Revolução Francesa estava designada para uma grande virada histórica, que deveria ter sido para o alto, mas, infelizmente, aconteceu o contrário. É evidente que, toda vez que há uma expansão de Luz, existe uma proporcional expansão das trevas.

Pela primeira vez, pela ação de Saint Germain, no dia 11 de junho de 1991, o carma da Terra foi transmutado por uma inspiração Solar, pelo eclipse que houve da Lua com o Sol, e com o alinhamento entre o Sol, a Lua e a Terra. Na ocasião, 50% da energia cármica foi transmutada pelos nossos Deuses Pais Solares – Alpha e Ômega: o princípio da vida; portanto, aqui houve um verdadeiro milagre.

A energia cármica transmutada foi a do Planeta e a da Humanidade, pois nós temos dois carmas: o humano e o da Terra.

O que nós não fizemos em milênios, nossos Deuses Pais Alfa e Ômega fizeram em sete minutos – e isso só foi feito pelo Amor de Pai e Mãe! Se dependesse apenas de nós, jamais alcançaríamos a rota Cósmica que estava prevista. Teríamos que atravessar uma passagem na espiral Cósmica para o salto quântico transmutativo. Um Anjo Solar colocou-se à nossa frente, fazendo a ponte para que pudéssemos passar. Foi um Anjo anônimo, ninguém sabe seu nome, mas é importante agradecê-lo, pois ele nos fez percorrer, num período muito curto, o que normalmente levaria milhões de anos. Sem ele, como iríamos fazer esse caminho corretamente?

A Terra sobe direto em vez de percorrer a espiral inteira. Naquele momento em que o Sol, a Lua e a Terra se alinharam, os Deuses Pai Alfa e Mãe Ômega, com a ajuda de Hélios e Vesta do nosso Sol, puxaram 50% da energia da Terra de uma só vez para dentro de si. Isso nunca antes havia acontecido. O grande Amor de Alfa e Ômega respondeu aos Chamados dos seus filhos da Terra, porque, é claro, nós acreditávamos muito naquele momento. Todo mundo que aqui está, de alguma forma estava chorando e pedindo por socorro, cada um ao seu modo, e isso foi sentido no Planeta inteiro.

É obvio que o grande responsável, portanto, também foi Saint Germain, como intercessor da Humanidade. Toda a Fraternidade Branca é responsável, mas Saint Germain é que foi o grande batalhador incansável, sem se dar um segundo de trégua a cada dia. Raros Mestres trabalharam tanto quanto ele. Deve haver muitos que trabalharam, mas não temos conhecimento, pois são tantos os Mestres Ascensionados hoje que não temos nem ideia.

De 11 de junho de 1991 a 11 de janeiro de 1992, Saint Germain teve o compromisso de fazer com que 1% de energia fosse transmutada pelos próprios Trabalhadores da Luz. Essa transmutação foi o Salto Quântico, a grande virada. A partir daí, passamos a ter mais 1% de energia cármica liberada, limpa e requalificada.

Pode-se perguntar: por que precisamos transmutar, nós, que somos os Trabalhadores da Luz, este 1%?

Porque, para fazer esse salto, teríamos que ter 51% de energia transmutada, positiva, libertada e transparente; do contrário, não faríamos o salto. Desta forma, precisávamos de um milagre, pois Saint Germain, os Mestres todos e nós mesmos sabíamos que essa necessidade não seria satisfeita pelos meios normais. Foi aí que aconteceu a grande Transmutação Solar como uma Libertação Plena de Misericórdia. Normalmente, quando de um eclipse lunar e solar, uma coisa superpositiva acontece ao mesmo tempo que uma supernegativa. Já dissemos que para uma expansão da Luz existe uma expansão das trevas.

Pela primeira vez fecharam-se os dois maiores vórtices de energia negativa da Terra – Cuba e África –; portanto, até as trevas receberam ordens universais de restrição. Hoje, elas se revelam e nós temos um grande trabalho pela frente, porque nos resta trabalhar pelos 49% de energia restantes. Esse trabalho é nosso. De 11 de janeiro de 1992 até 11 de janeiro de 2012, o serviço foi nosso.

O projeto 11:11 é como se fosse um Símbolo Cósmico, Símbolo da Consciência Universal de Abertura e de Libertação Espiritual Cósmica, Galáctica e Divina.

Nós somos 10 bilhões de Almas, entre encarnados e desencarnados e, pelo menos 1/3 dessas almas participou do serviço da transmutação de 1%, do contrário o salto quântico não teria acontecido. Então, existe 1/3 da população que está consciente. Essas pessoas podem nem saber de Mestres, de Ufos ou de qualquer coisa relacionada ao processo, mas tem intuição e princípios básicos, como o carácter, que, na verdade, constitui uma das bases mais profundas.

Na verdade, a sabedoria é muito antiga. Ela nasceu conosco quando descemos à Terra, faz parte do nosso ser. Estamos apenas nos realinhando com esse conhecimento, reconectando-nos para receber a informação correta do nosso Ser e da nossa própria sabedoria, que é fruto das nossas vidas passadas e futuras.

Canais de Luz de diversas partes do mundo enviam mensagens de outras dimensões dizendo: "Vocês são Seres de Luz. Vão lá e façam a sua parte, resolvam..." Portanto, é hora! Vamos fazer acontecer e resolver!

A cada dia 11 de janeiro são feitas meditações mundiais pelo Grupo Avatar Global, não esquecendo de que este grupo é toda Humanidade em todas as dimensões, significando que, independentemente de se ter ou não consciência, o Ser Crístico, a Chama Trina e a Divina Presença Eu Sou de cada ser humano se reunirá.

Essa é uma parte da Presença muito forte que existe no Planeta Terra como a atividade espiritual.

A Fraternidade Branca

Ao longo deste trabalho serão constantes as referências aos Seres de Luz que compõem a Grande Fraternidade Branca, aos seus cargos e funções. Isso tudo nem sempre é claro para as pessoas, mesmo porque não se tem muita coisa publicada sobre o assunto.

Desta forma, o que farei aqui é uma apresentação dos nomes mais utilizados quando se fala da Fraternidade Branca e dos Mestres mais frequentemente citados, que não necessariamente são Diretores de Raios e, portanto, não são muito conhecidos.

A Fraternidade Branca é composta de:

- Seres Cósmicos, Interplanetários (Regentes dos Planetas), Extra-terrestres e Confederação Intergaláctica.
- Mestres Ascensionados (linha Humana).
- Arcanjos (linha Angélica).
- Elohins (linha dos Devas e Elementais).

Comecemos a compreender essa Hierarquia pelo Maha Chohan: *Maha* quer dizer "Grande" e *Chohan*, "Senhor", "Espírito Santo". O Maha Chohan é o Grande Senhor dos Sete Raios, é o que toma conta dos 7 Raios. Hoje, nessa função, temos Paulo, o Veneziano. Ele tem uma grande aptidão para as artes e exerce funções conjuntamente ao Mestre Saint Germain, que comanda os 7 Raios no trabalho da Terra.

Também existe o cargo de Espírito Santo Cósmico, que é bem mais elevado, sendo aquele que filtra todas as energias de cima para trazê-las ao Espírito Santo da Terra – Maha Chohan Cósmico é Santo Aeolus.

As Mestras costumam ser Chamadas de Lady, assim como as Arqueias ou Arcangelinas, que também são Chamadas de Lady ou de Santa. O Cristo Interno assume o cargo de desenvolver o Amor que temos como sementes dentro do Coração do homem e da mulher – os novos Seres Dourados. Em algum momento transformaremos o próprio sangue em ouro e faremos isso com todas as nossas células.

Ainda é muito cedo para falar disso, mas a preparação já está sendo feita. Para atingir esse objetivo, um novo trabalho começou por volta dos anos 2012/2013, e vai durar mais 2 mil anos, até chegar ao Caminho da Iniciação Solar.

Cada um de nós é um Cristo Individual na Terra e, juntos, formamos um Cristo Planetário.

Lá de cima, os nossos deuses Pais olham para ver como está o corpo do próprio Cristo Planetário. Isso é uma coisa muito bonita, que já está muito desenvolvida nos níveis internos, mas que não pode ser percebida conscientemente pela Humanidade e tampouco está exteriorizada.

Nós somos os Estimuladores do Bem, temos que levar as pessoas para o Templo de Purificação, dar suporte de Luz aos que ficam, colocar a polícia e os bandidos em ação, iluminadamente. Esse é o nosso trabalho Crístico aqui na Terra.

Pedimos, portanto, a ajuda do Chefe Cristo Planetário, que é o Cristo Maitreya, o chefe para a Hierarquia Terrestre, o Mestre dos Mestres, o guru de Jesus. Quando Jesus passava pela 5ª iniciação na cruz, Maitreya passava pela 7ª, simultaneamente. Hoje, Maitreya está na 9ª iniciação e é um dos Seres mais elevados do Planeta. Buda Gautama está na 10ª iniciação e Sanat Kumara nunca encarnou na Terra.

O ser mais elevado da Terra, até os dias de hoje, é Buda Gautama. É por isso que ele ocupa o mais alto cargo da Hierarquia, que é o de Buda – Senhor do Mundo. Hoje, nós somos os Senhores do Mundo, motivo pelo qual podemos trabalhar com os 12 Raios, que são as 12 Dimensões, o que significa que estamos em um trabalho de aceleração muito grande, atualmente como Cristos encarnados.

Temos as Hierarquias Solares e Planetárias: o Cristo Solar faz parte das Hierarquias Solares e o Cristo Maitreya trabalha na Hierarquia Planetária, canalizando o Solar para aplicação e absorção Planetária.

A Luz acende e ilumina a consciência humana, que não está totalmente iluminada. Nós precisamos da Luz Dourado-Solar para manter ainda mais acesa a nossa Luz interna, porque assim potencializamos ainda mais as coisas fisicamente. Quando meditamos com essa Luz, temos maior Iluminação.

Concluindo essas explicações, temos o Grupo Avatar Global, que representa todos os corpos e campos invisíveis do Ser Divino de toda a Humanidade como um único Corpo, uma única Consciência e um único Ser – o Grupo somos todos nós unidos em um só Ser. É por isso que sempre estaremos nos reportando a Ele, pois é através Dele que neste desenvolvimento em aula se abrem os canais.

IMPORTANTE:

Sempre que formos fazer um trabalho de invocação ou de meditação, decretar ou entoar algum mantra, devemos Chamar os Seres de Luz por "Bem-Amado" ou "Bem-Amada", para nos colocarmos na vibração correta do trabalho e da proteção.

Se chamarmos por Saint Germain, simplesmente, apresentar-se-ão mil Saint Germains. Então, é preciso direcionar o apelo ao Bem-Amado Mestre Ascensionado Saint Germain. A mesma coisa com o Bem-Amado Arcanjo Miguel e com todos os outros Seres de Luz – isto é muito importante, pois interferências indesejáveis entram mesmo!

Para uma preparação e alinhamento corretos ao início de qualquer trabalho, também é muito importante envolver-se em um Manto de Luz ou Tubo de Luz Eletrônico, conectar-se com o Cordão de Prata, acender a Chama Trina e fazer o Sistema Protecional de Metatrom.

A Chama Trina

Composta pelas Chamas Azul, Dourada e Rosa, a Chama Trina tem a função do Equilíbrio.

CHAMA AZUL: simboliza o Poder, a Força, a Fé, a Proteção, a Vontade Divina ou Confiança. Representa o Princípio Divino Cósmico – Deus Pai e Mãe.

CHAMA DOURADA: simboliza o Conhecimento, a Sabedoria, a Disciplina, o Discernimento, a Iluminação, a Vitória, o Tato, a Diplomacia, o Amor e a Sabedoria. Representa o Cristo – Deus Filho.

CHAMA ROSA: simboliza o Amor Incondicional, a Gratidão, a Compreensão, a Tolerância, o Companheirismo, a Graça e a Beleza. Representa a Mãe Kundalini – Deus Espírito Santo.

Esse é o nosso Trabalho Iniciático de grande equilíbrio: quando dizemos que somos Seres poderosos, estamos querendo dizer também que temos que ser Seres Iluminados, Gratos e Amorosos. Se não tivermos esses elementos equilibrados, será difícil trabalhar, porque o "poder pelo poder" já reinou durante milênios e fez muitos estragos, dos quais temos graves sequelas até hoje.

A Chama Trina é considerada o sexto corpo ancorado na 3ª Dimensão. A Presença Divina está na 4ª Dimensão, assim como o nosso Cristo Pessoal, só que este fica dentro do nosso corpo espiritual, que está profundamente ligado com a 4ª Dimensão.

Voltando à Chama Trina, essa está na 3ª Dimensão mesmo. É como se Deus jogasse uma parte Dele dentro de nós – Eu Sou Você e Você sou Eu – para nunca mais nos sentirmos desconectados.

Quando você se sentir desconectado da sua Chama Trina, conecte-se imediatamente. Não precisa muito esforço. É só se lembrar Dela, pois Ela o está chamando.

A lembrança do Deus-Deusa dentro de nós, o Corpo Crístico ou o Eu Superior, somos nós mesmos, é a nossa semente desenvolvendo-se no campo da carne.

Ser Cristo em ação – é o que viemos fazer aqui!

Afirmação importante.

Eu sou a ressurreição e a vida
do meu Cristo em ação aqui e agora.

A Chama do Coração, um Verdadeiro Acelerador Atômico

Vocês sabiam que o maior "Acelerador Atômico" do Universo é realmente a Imortal Chama Trina de seus corações? A aceleração da velocidade dos elétrons em torno do núcleo central dos átomos de seus quatro corpos inferiores é obtida pela direção consciente daquela Chama da Vida de seus corações.

Ao pedirem ao "Acelerador Atômico" para agir em múltiplas formas em benefício das pessoas, neste mundo da aparência física (como vocês têm feito por vários anos), os *momentuns* de energia construtivamente qualificada e liberada pelo grupo fizeram com que suas atividades fossem parte dos primeiros "Aceleradores" ativos na Terra, realmente acelerando a atividade vibratória dos quatro corpos inferiores da Humanidade, da qual vocês presentemente fazem parte.

A aceleração liberada por suas "chamas" à luz agora é muito mais poderosa do que a que seria liberada por qualquer instrumento mecânico; instrumento esse, entretanto, que deverá surgir mais tarde para o uso das massas, quando seu padrão for liberado pelo "Coração da Liberdade".

Quando adentramos o campo de força vivo e vibrante que foi atraído e estabelecido aqui através dos anos pela liberação das energias vitais de vocês, o que acontece?

Poderosos Seres Divinos, Anjos, Devas e Mestres Ascensionados que focalizaram neste recinto seus Raios Luminosos e sua Energia se manifestaram. Tudo isto torna-se uma parte do serviço à vida do grupo em ação e soma-se ao tamanho e fulgor de seu "Campo de Força".

A Radiação da Pura Substância de Luz desses Grandes Seres, ao penetrar no Santuário, acelera a atividade vibratória dos elétrons de sua carne e corpos internos, apenas pela atenção deles dirigida a vocês.

À medida que aumenta a velocidade da vibração desses elétrons, a substância escura e sombria (criada pelos pensamentos, sentimentos, palavras e atos de discórdia do passado) é lançada para fora, e essas sombras são então transmutadas em Luz pela Poderosa ação da Cósmica Chama Violeta Transmutadora que preenche o recinto.

Vocês, que desejam tão ansiosamente sentar-se no "Acelerador Atômico" (sobre o qual Saint Germain lhes falou), lembrem-se de que o mesmo será dado aos homens que ainda não aprenderam a mestria de expandir a Chama dentro dos próprios corações.

Contudo, todas as vezes que vocês se reúnem aqui, todas as vezes que entram no compasso deste "Acelerador Atômico da Libertação", tanta acumulação de discórdia é retirada dos seus corpos inferiores pela Chama Violeta, que meu Coração se Rejubila.

Esta purificação também acontece com você, mesmo quando apenas dirige sua atenção para aqui, pois "onde sua atenção estiver, lá você estará!".

Os grupos que querem continuar com as disciplinas que nós ensinamos, liberando suas energias com Alegria e voluntariamente em Decreto, Canção e Visualizações, acelerando, deste modo, as criações dos seus quatro corpos inferiores, tais grupos se tornam a aceleração para todos em suas localidades!

No mundo ortodoxo, vocês ouviram diversas vezes falar "nos vivos e nos mortos".

Isto simplesmente refere-se à diferença na taxa vibratória dos quatro corpos inferiores da Humanidade (físico, etérico, mental e emocional).

A principal diferença entre seus corpos não ascensionados e a Perfeição dos Nossos é meramente a diferença na gama de vibração dos elétrons girando em torno do núcleo central do átomo.

Como vocês veem, nossos elétrons se movem numa velocidade vibratória em seus quatro veículos inferiores, pela purificação das Energias dos nossos Veículos de Expressão.

Vocês estão gradualmente conseguindo esta maior velocidade vibratória em seus quatro veículos inferiores, pela purificação que realizam através de sua aplicação individual no uso da Chama Violeta Transmutadora e outras atividades do Fogo Sagrado, bem como por sua participação no trabalho de grupo.

Sugestões de Requalificação após as Transmutações

Colocar os 5 Raios Sutis na questão transmutada, a fim de que as Forças Solares possam se manifestar.

DECRETO DA CHAMA TRINA

EU SOU presente na Divina Chama Trina em nossos corações.
Irradiando Luz e Amor sobre toda a humanidade
para que ela reconheça Deus e a Ele sirva.

Deve haver PAZ sobre a Terra!
Deve haver AMOR sobre a Terra!
Deve haver LIBERDADE sobre a Terra!
Deus deve morar em todos os corações humanos!

EU SOU a Presença, agora e sempre, em todo ser!
EU SOU a Luz, EU SOU a verdade, EU SOU o Amor!

Adoração da Chama Trina

Amada Presença Divina EU SOU em meu coração.
Eu Vos amo e Vos adoro!

Ó Vós, Poderosa Chama em meu coração,
a Vós envio constantemente meu Amor e Adoração
e ao Grande Deus do Universo e Seus Mensageiros
eu envio meu Amor à Vida presente em toda parte,
eu abençoo toda a Vida que já contactei em
pensamento e sentimento, no falar e na ação.

Não mais criticarei, não mais julgarei e nem amaldiçoarei.
EU SOU paciente e tolerante no pensar, no sentir e no falar,
para que surja em minha vida somente Benção Divina.

EU SOU o Selo da Divina Chama Rosa do Amor!
EU SOU a Presença Consoladora para toda a Vida!
EU SOU, EU SOU, EU SOU

A Ressureição e a Vida de todas as Chamas Trinas
em Toda Humanidade aqui e agora e no futuro imediato,
alimentando Seus Cristos Internos com o Cristo Cósmico!

Enfrentando as Dificuldades

Toda vez que enfrentamos dificuldades e obstáculos, temos a tendência de achar que estamos em apuros, sozinhos ou abandonados pela sorte. Raras vezes pensamos que estamos em frente a desafios que nos impulsionam a uma elevação moral, de atitudes ou de evolução.

Em apuros, sozinhos ou abandonados. Sentimo-nos perdidos, no tempo e no espaço. O que será preciso fazer para que a confiança e a segurança nos sejam devolvidas?

Em primeiro lugar, devemos lembrar que, se alguma prova se apresenta, é porque temos recursos internos que esperam ser utilizados no nosso dia a dia.

Quantas vezes ouvimos falar que na hora de um grande perigo encontramos forças, como no caso de uma mãe que retirou seu filhinho são e salvo debaixo de um carro, levantando-o sozinha (quiçá, com ajuda dos anjos), sem problemas consequentes.

Em segundo lugar, precisamos acordar para a Verdade Maior: Deus/Deusa habitam dentro e fora de nós, além de seus Espíritos Divinos estarem em tudo e em contato direto com a verdadeira Fonte Original de todas as coisas.

Por que negar-nos este Suprimento Divino? É a Matéria-Prima do Universo que cria, que forma, que unifica e realiza tudo. Se existem mistérios, podemos revelá-los agora sem demora. É preciso acreditar, conhecer, entregar, confiar e receber. Esses são passos essenciais para nos movimentarmos e evoluirmos.

O perigo encontra-se na estagnação e nas águas paradas que criam sujeiras e infecções; então, fluir com a Vida traz benefícios e agentes amigos que contribuem conosco.

Em terceiro lugar, quando pensamos em problemas, devemos imediatamente acionar nosso botão interno de soluções múltiplas de preferência. As chances que temos de modificar os caminhos são infinitas. É só uma questão de foco, atenção e concentração.

Em seguida, devemos colocar o fermento, que é a energia intensa multiplicadora e potencializada, dinamizando as soluções.

Em vez de se preocupar excessivamente com os problemas, jogue-se com alegria, confiança e segurança no tema:

Graças a Deus/Deusa, tudo está sendo resolvido.
Assim que passarem os Anjos, contribua com eles, acionando o seu AMÉM.

Saiba o que significa acreditar, conhecer, entregar, confiar e receber.

ACREDITAR: estar aqui neste plano já é por um bom motivo. Você tem uma missão que é só sua. Deus/Deusa acreditam que só você pode realizá-la. Existe uma semente interna no seu coração e só a sua consciência poderá acessá-la e ativá-la. Crer nesta possibilidade é o primeiro movimento em direção a sua verdadeira vinda a este Planeta, que só o acolheu para que realize sua tarefa, da melhor forma possível.

CONHECER: é quando você começa a receber o impulso, a intuição, as dicas para fazer as coisas, ir a lugares, descobrir pessoas e as diferenças. Além das semelhanças, conheça as diferenças. Reconhecimento de área. Vá conhecendo aquilo que lhe é familiar ou não e experimente novidades que vão se armazenando na sua memória celular, fazendo-o reconhecer detalhes importantes. Coincidências formam ideias a respeito do que veio fazer e o quadro vai se formatando com todas as dicas que se apresentarem.

ENTREGAR: você sente que ainda não recebeu as instruções corretas para as ações efetivas e questiona-se: "o que devo fazer com as informações recebidas? Como devo agir? A quem procurar? A quem servir?". É hora de entregar a Deus/Deusa suas dúvidas e questionamentos, para então serem direcionados, com as bênçãos acionadas, para que os caminhos sejam preparados. A entrega é feita de coração e com consciência, a fim de que a vida possa ser amada e suprida.

CONFIAR: tenha paciência, é hora de harmonia e de confiar que estamos sendo atendidos. Não permita que a pressa estrague tudo. Se for o caso, tome o floral *Impatiens* nesse período de tempo e visualize-se feliz, sabendo que todas as respostas e necessidades vêm para você e para todos que precisam deste momento.

RECEBER: por fim, prepare-se para receber o que é seu por direito. Aos poucos, terá vontade de se organizar melhor, de escrever sobre isso, de jogar algo velho para que entre o novo, de comemorar, de agradecer, de sentir-se eternamente feliz, nutrido e suprido. Bençãos se apresentam e dicas insistentes passam a se manifestar. Você já não consegue se recusar a viver. Aqui o Universo começa, verdadeiramente, a conspirar a seu favor.

Tudo isso na Terra tem vários nomes: abundância, prosperidade, suprimento, fartura, fortuna, sorte, opulência. Só que as pessoas pensam em dinheiro em primeira instância.

É preciso compreender que dinheiro e riquezas materiais são os resultados de muitas formas-pensamentos de tudo isso mencionado acima. Por que correr atrás dos resultados, se só precisamos da matéria-prima que nos é completamente acessível e disponível na quietude? E de graça!! Pense na lógica.

A matéria-prima é a Energia Universal, abundante e fartamente colocada à sua disposição para seu uso imediato, de acordo com suas necessidades e vontade.

Por que correr atrás dos detalhes se você só precisa acionar qualidades e energias internas para fazer sua fortuna na Terra?

As riquezas Universais estão loucas para se manifestar através de você neste plano.

Você é o instrumento, a imagem e a semelhança de Deus/Deusa, portanto é um criador em potencial. Só que precisa começar a fazer acontecer a sua história com seus sócios Presença Divina EU SOU, Seres da Harmonia Cósmica, Luz e Amor Maior, todas as Legiões com que tiver afinidade e formas-pensamentos Universais, sentimentos poderosos, palavras bem-ditas, plenas de Luz Harmoniosa, saturadas de Energias Iluminadas.

Basta sempre convidá-los para participar de seus negócios, de sua vida familiar, de sua diversão. Agradecer, comemorar e celebrar faz parte da sua vida. Nunca mais você correrá atrás de algo, porque tudo que precisar ou requerer virá correndo atrás de você.

É engraçado pensar nisso: Deuses/Deusas estão querendo se apresentar ao Planeta Terra através de seu coração e consciência e a comunicação direta é com você.

Já imaginou um Planeta com gente mais bonita, mais feliz, mais plena, com a sensação de estar sempre acompanhada, iluminada, amada e satisfeita? É possível.

É só uma questão de Foco, Atenção, Concentração e Energia Direcionada para este objetivo.

Que a Bem-Amada Deusa Meta possa ajudá-lo neste Propósito e contribuir para suas Realizações Divinas na Terra.

Afinal, é através de cada um de nós que Deus/Deusa realiza seu maior sonho.

Conhecer a si mesmo, aprimorar-se e atender as demandas de evolução e aprimoramento da própria evolução divina da Humanidade.

Nada haverá de faltar, pois a sorte estará para sempre ancorada por aqui!

Eu Reconheço a Luz Divina que me Guia, entrego-me à Ela, recebo Confiante as Instruções e sigo na Vida em frente, pois Sou Amado e Protegido sempre!

Plano Divino

A Terra tem um Grande Plano Divino que está na semente da sua própria Chama Trina. O plano Divino é o nosso projeto de vida, pois, quando viemos para a Terra, tínhamos um trabalho a cumprir, e este precisa ser realizado.

Existem basicamente três tipos de pessoas na Terra:

Os **Terrestres**: seres que nasceram aqui desde o começo.

Os **Retardatários**: seres que vieram de outros planetas, onde a sua própria ordem foi destruída. A Terra abrigou-os para que não ficassem órfãos.

Os **Ajudantes**: seres que ajudam tanto aos Terrestres quanto aos Retardatários. Vieram a pedido do Arcanjo Miguel, para ajudar Sanat Kumara a recuperar a Evolução da Terra e para amparar os Seres de Luz.

Somos todos Seres de Luz. Até um Retardatário o é, pois ele saiu do seu caminho por vários motivos, mas a volta para casa é inevitável. Então, são poucos os Seres que têm que passar pelo ciclo da "morte da consciência". Quem passa pela segunda morte da consciência deixa de existir, mas isso é muito raro.

Nosso Planeta é uma grande experiência que saiu do controle por um tempo. Dentro do que chamamos Ordem Galáctica da linhagem dos Planetas, a Terra estava destinada a uma grande experiência. Seu lugar é o de observação dos Planetas, é o papel principal da criatividade e, portanto, a sua experiência tinha que ser diferente. Tudo o que aconteceu com a Terra não aconteceu em Vênus ou em Mercúrio. Aconteceu aqui mesmo! Aqui devem existir retardatários de mais ou menos três planetas.

Observações apontam para três linhagens diferentes: os de Capela são fáceis de identificar. Têm alguns que são frios e indiferentes, sem qualquer emoção, aliás, eles estão na Terra justamente para desenvolver seu lado emocional; e há outros que se relacionam com a história intraterrena.

A primeira raça que desceu ao Planeta Terra foi a Hiperbórea; depois vieram a Polar, a Lemuriana, a Atlante, a Ariana e a Aquariana, que é a raça da Nova Era.

Na quarta raça, a Atlante, é que as coisas começaram a se complicar. As raças Hiperbóreas e a Polar não usavam corpos.

Os corpos começaram a ser usados pela raça Lemuriana, época em que começou a descida dos deuses à Terra. Houve, então, uma necessidade de desenvolver os corpos, porque houve uma grande mudança na atmosfera da Terra, que começou a ter outro tipo de densidade.

Na fase inicial de desenvolvimento da Lemúria é que se iniciou a primeira forma humanoide na Terra, que era o andrógino, assim como também se deu início ao desenvolvimento do sistema endócrino.

Isso ocorreu após a separação de uma civilização antiga chamada Atlon, formada por criaturas que pareciam peixes etéricos, que governou a Terra por mais de um milhão de anos. Quando essa civilização desapareceu, há aproximadamente 500 mil anos, é que a Lemúria e suas transformações etéricas e físicas humanoides se manifestaram.

Os corpos da raça Lemuriana eram inicialmente hermafroditas. Isso significa que a pessoa se relacionava sexualmente consigo mesma e tinha um desenvolvimento muito intenso de cada chacra. Por exemplo, se uma pessoa resolvesse desenvolver o chacra básico, então, teria que desenvolver e experienciar este chacra. Chegava-se a um ponto em que a energia subia para o próximo chacra, o sexual e assim por diante. Em qualquer ponto, o Ser podia parar a energia e descobrir tudo sobre o mesmo.

Também era possível trocar de corpo com outro Ser para estudar determinado chacra, e é por isso que nos é tão fácil "entrar" nos corpos de outras pessoas em trabalhos de "bruxaria". É fácil enxergar através do outro. Os lamas do Tibet, por exemplo, fazem isso quando estão para desencarnar, continuando assim suas missões. Existem, ainda hoje, alguns lemurianos que ficaram encarnados na Terra por Amor, para ajudar o Planeta. São seres muito fortes.

Enquanto a Lemúria desenvolveu e aprendeu a trabalhar com o corpo físico, a Atlântida desenvolvia a magia do aspecto mental. Não se desenvolvia a emoção como se faz hoje, pois o desenvolvimento emocional é bem recente. Na época Atlante, a emoção quase não contava. Tinha-se um princípio e um senso básico de Amor Incondicional muito grandes, mas não havia problemas emocionais como os temos hoje, não se lidava com o Plexo Solar como o fazemos agora.

Atualmente, a base de todos os nossos problemas emocionais está no Plexo Solar.

Hoje, todas as pessoas da Terra têm, além do seu Anjo da Guarda Pessoal, um Anjo do Raio Violeta que as acompanhará para o resto da vida.

Em todos os chacras, todos têm uma ametista adicional, que é para fazer a transmutação rápida, ou seja, para não ficarmos parados nos problemas, sejam eles mentais, verbais, emocionais, etc. Todos nós temos isso, pois foi dado incondicionalmente para toda a Humanidade para poder ultrapassar e superar o carma Planetário até 2012.

O Poder

Não se deve manipular o poder, mas aprender a dominá-lo, para que a Vontade Divina se manifeste. As coisas devem seguir o seu fluxo normal, pois assim entra-se em sintonia com a Vontade e acontece a manifestação. Isto quer dizer que a Vontade de Deus se manifesta de qualquer maneira, sem que precisemos entendê-la. Inicialmente, devemos apenas permitir o livre fluxo de energia.

O mais fácil a fazer é integrar-se nas Chamas Dourada e Rosa. O trabalho mais importante do Raio Azul para iniciação de proteção é com a pirâmide. O Azul da unidade do Mestre Jesus, que personificado como o Anjo Micah vibra no Azul mais claro.

Os Três Seres mais Importantes do Planeta

BUDA GAUTAMA

Essa é a consciência mais iluminada do mundo, é o cargo de um Ser de maior consciência interplanetária.

Gautama concorreu para esse cargo, do qual agora ocupa com seu irmão Maitreya, atual Cristo Cósmico. Buda Gautama tem a capacidade de ler todos os pensamentos e manter todas as consciências na Humanidade de uma só vez. Ele é onisciente.

Para entrar em contato com Buda Gautama, não é preciso estar em estado alfa, nem fazer grandes meditações. Basta pensar Nele e Ele já sabe que você quer fazer isso. Então, à medida que nos aproximamos Dele, mais Ele vai atendendo ao nosso Chamado – o Universo sempre sabe de nós.

CRISTO CÓSMICO MAITREYA

Maitreya foi o guru de Jesus. Foi ele quem incorporou Jesus no nível cósmico. Dos 30 aos 33 anos, quando Jesus retirou-se para os níveis internos, seu corpo foi ocupado por Maitreya.

SANAT KUMARA

Sanat tem um trabalho fantástico no Planeta Terra.

Há 18 milhões de anos, na Atlântida, quando tudo estava nas trevas e já tinha acontecido muitas coisas ruins, três pessoas mantinham a Chama Trina acesa. Havia somente a Chama Crística pessoal dessas três pessoas e a do Planeta Terra.

Houve, então, uma reunião da Confederação Intergaláctica em algum momento desses 18 milhões de anos passados, para decidir se retiravam as três pessoas e eliminavam ou não o Planeta. Sanat Kumara, regente de Vênus, foi um dos convocados para essa reunião, quando ficou decidido que o Planeta seria mesmo eliminado. A par dessa decisão, Sanat Kumara pediu um tempo para ver se acatava ou não a decisão, tempo este que lhe foi concedido.

Sanat Kumara voltou, então, ao seu Planeta, conversou com a Bem-Amada Lady Vênus e permaneceu longo tempo meditando, pensando nas pessoas do Planeta Terra que ficariam órfãs. Pensou mesmo naqueles que já estavam nas trevas há tanto tempo e concluiu que gostaria de vir à Terra sustentar a Luz do Planeta e construir um novo mundo, sem se importar com o tempo que iria despender.

Para tomar sua decisão, ele consultou sua Alma Gêmea e, com sua permissão, consultou também o Grande Conselho de Vênus e seus habitantes. Todos concordaram, não só com a sua vinda, mas também em trabalhar pela sustentação da Luz da Terra. E assim foi feito.

A Confederação consentiu e foi feita a preparação para a descida de Sanat Kumara e os 135 Kumaras que viriam para fundar Shamballa, no deserto de Gobi (atual Ásia, Mongólia).

Os 135 Kumaras tiveram que encarnar na Terra, nascendo de mães físicas; eles precisaram encarnar para começar o grande trabalho. Dizem que levaram 900 anos para construir Shamballa, pois tiveram que lutar contra as trevas, uma vez que, da mesma forma que descia a Luz, mais se revolviam e desciam as trevas, e estas eram muito maiores que hoje.

Foram 900 anos em que os 135 Kumaras morreram e encarnaram várias vezes (os assassinatos eram constantes).

Por que foi construída Shamballa, a sede do Governo do Mundo? Para sustentar a Luz do Mundo e da Humanidade; ali seria a sede do Governo do Mundo ou Governo Interno Oculto, e é lá que se encontram os Mestres. Atualmente, Shamballa não está mais no plano físico, mas, sim, no plano etérico.

É nos seus templos que o grande Buda Gautama continua a atuar na Kundalini Celestial – ele tem o cetro e a coroa do Mundo, tem o cetro da gravidade da Terra, que sustenta a sua coluna e a da Humanidade.

Atualmente, toda a Humanidade foi convocada em níveis internos para atuar com sua Presença Divina EU SOU (I AM), e assim foi aceito. Somente Buda Gautama pode tocar no cetro e na coroa que, antigamente, estava nas mãos de Sanat Kumara.

Sanat Kumara foi o Senhor do Mundo até 1956, quando passou o cargo para o Buda Gautama, que foi o primeiro Ser a conseguir uma elevação espiritual depois de Jesus e depois de Krishna, tendo conseguido um cargo ainda maior que estes.

Em 1956, Buda Gautama assumiu a Consciência Búdica do mundo e Sanat Kumara voltou para Vênus, de onde dá uma assistência adicional a Buda Gautama.

Aliás, o próprio Buda Gautama solicita essa assistência por acreditar que a sabedoria de Sanat Kumara é inigualável.

Sanat Kumara é chamado de "o Jovem Ancião das 16 primaveras" porque Ele é de uma beleza e sutileza que não existem no Cosmo. Dizem que Ele parece ter 16 anos e, na verdade, é o mais velho do Mundo. Kumara é a fonte da nossa sobrevivência, tanto que, se não fosse por Ele, não estaríamos aqui, mas, sim, perdidos.

Ele resgatou o que pôde e esperou pelo desenvolvimento de um Ser que estivesse à altura para ocupar o seu cargo.

Durante todo esse tempo, não voltou para o seu Planeta, não saiu da Terra e não nos deixou sem a sua Luz, nem por um segundo.

Meditação para Conexão com os três Grandes Seres Planetários

Sentem-se com a coluna ereta e respirem profundamente.

Hoje, a Terra é um dos planetas mais respeitados do nosso sistema. Nenhum outro planeta do nosso sistema passou o que a Terra passou e, muito menos o que a nossa Humanidade experimentou, experimentou-se entre outros povos.

Sejam profundamente gratos pela experiência que estão passando neste Planeta. Tentem entrar em contato com suas dores. Agradeçam aos grandes Seres que ajudaram a superá-las, porque em nenhum momento vocês estão sozinhos. Mesmo na escuridão mais profunda da Alma, no momento mais trevoso desse Planeta, jamais se está a sós.

Dirijam uma profunda gratidão ao Bem-Amado Sanat Kumara – um profundo Amor pela oportunidade que o Cosmo lhe outorgou de nos ajudar e de ter assumido essa responsabilidade de paz perante nós, crianças planetárias da Terra. Assim como, neste momento, agradeçam aos Bem-Amados Hélios e Vesta, Alpha e Ômega, que mais uma vez nos tomaram nas mãos, consumindo 50% da nossa energia negativa.

E também dirijam uma profunda gratidão às suas próprias Divinas Presenças Eu Sou e aos seus Cristos, ao Guardião, a todos os Guias e Mentores, Orixás, Elementais que ajudaram a transmutar aquele 1% de energia.

À Grande Ordem Angélica, ao Bem-Amado Saint Germain e à Deusa da Liberdade – não existem palavras, apenas o som da gratidão das nossas Almas.

Devemos tudo, tudo mesmo que acontece conosco, à nossa volta e através de nós a estes Seres. De alguma forma, cada um de nós quis estar aqui, e é por esta e por outras histórias que vamos continuar estando aqui por um bom tempo, trabalhando pelo resgate das nossas próprias Almas, dos nossos irmãos e irmãs de jornada.

À Grande Fraternidade Branca, à Confederação Intergaláctica dos Planetas e da Grande Estrela de Sírius e de Druva, às Plêiades – o nosso eterno Amor.

Saúdem com alegria, respeito e admiração à Estrela de Origem de cada um de nós do Planeta Terra.

Ao Bem-Amado Buda Gautama, dirijam também suas consciências mais profundas. Peçam-lhe que os ajudem a transformar a consciência coletiva negativa da Humanidade.

Ajuda-nos, Bem-Amado Saint Germain, a transformar a parte cármica e espiritual da Humanidade da Terra para voltarmos a ter a Sagrada Liberdade e transformar este Planeta naquilo que mais sonhastes, que é Estrela da Liberdade. E nós te pedimos, Amado Mestre, perdão por todos aqueles que te caluniaram durante várias e várias vidas. A ti e a qualquer outro Mestre de Sabedoria, qualquer Mestre do Ocultismo, Mestre do Coração, que a justiça seja feita da igualdade e da liberdade; e se a grande paz está voltando, é porque em nenhum momento estamos sós.

Saúdem a todos os Espíritos do Planeta e do Cosmo.

Alcem o voo para bem mais alto, com uma visão maior, porque é de cima que enxergamos o Todo. Sentindo uma nova visão, sentiremos também o trabalho de toda a Humanidade. Enquanto estiver doendo uma única dor da Humanidade, ela ainda será nossa.

Peçam a paz na Terra aos homens de boa vontade, mas peçam ação, uma ação efetiva. Ela até pode ser oculta, ação interna, uma ação do desejo interno, uma ação mental, emocional, espiritual – não importa, mas peçam uma ação. O que não se pode é aceitar a estagnação do momento.

Peçam aos Seres Angelicais, neste momento, que lhes invadam a Alma, que invadam as auras, que invadam as consciências e os corações, que invadam a vida de todo o Planeta Terra.

Visualizem que as Tribos Pássaros se fazem presentes agora e será inviável desprezá-las. Não haverá um único ser no Planeta que seja capaz de menosprezar um ser alado.

Visualizem na Terra um foco de Luz Violeta. Um foco de Luz Violeta bem forte, bem no centro do coração de cada um de nós. A Terra e eu. A Terra e cada um de vocês é um único ser. Transmutem e purifiquem com o fogo o Planeta Terra e fora dele. Ao redor de todos os corpos físico, espiritual, mental e emocional.

Acendam a Chama Trina do Planeta Terra – Azul, Dourado e Rosa. Visualizem essa Chama Trina poderosa se estendendo a todos os lados do Planeta, enquanto a Chama Violeta vai transmutando e a Chama Trina vai, imediatamente, substituindo tudo através do Amor, da Sabedoria e do Poder de nossas próprias e sagradas Chamas Trinas Cósmicas, ou do Eu Sou em cada um de nós, transmutando todas essas energias mal qualificadas do Planeta e da Humanidade, até que tudo seja devolvido à Luz, dentro da Chama da Terra e dentro do Grande Sol Central, até que nunca mais responda à criação humana, mas somente ao nosso Plano Divino. Que assim seja!

Respirem profundamente, energizando esse decreto.

Energizem isso. Atuem com profundidade, visualizem a Chama Violeta atuando e transformando os corpos físico, espiritual, mental e emocional, enquanto a Chama Trina vai assumindo tudo o que é bom em nossas vidas e na vida da Humanidade do Planeta Terra.

EU SOU, I AM, EU SOU, I AM, EU SOU, IAM E NENHUM OUTRO PODER PODE ATUAR.

Nenhum outro poder pede atuar porque eu falei na palavra mais Sagrada do vocabulário humano, em nome de Buda Gautama, Lord Maitreya e em nome de Sanat Kumara.

Pelo poder de doze mil vezes doze mil está feito, selado e decretado. Até que isso seja eternamente autossustentado e realizado, nada poderá deter esse movimento, nunca mais, e vocês são os guardiões neste instante. Cada um deixa o seu selo na Terra, deixa o seu selo no seu coração e na sua consciência; portanto, a vida devolve para quem dá.

Esperem por uma melhora em suas vidas nesse sentido, porque ela se manifesta imediatamente. Quem doa à Humanidade e à Terra, doa a si. Até mesmo os tesouros ocultos manifestam-se no físico.

Respirem profundamente, aceitando isso que vocês fizeram como Seres de Amor, de Luz e de Poder.

Sintam as suas asas bem grandes, bem Violetas. Assumam suas asas. Vocês também são Seres Angelicais. Assumam que podem realizar o grande trabalho sozinhos em suas casas. Seja na transmutação pessoal, local, comunitária, familiar ou planetária. Não há nada que não possam fazer, nada que se ligue à Chama Trina Planetária, isto é, à Chama Trina de todo o Planeta e à Chama Crística de toda a Humanidade e do Planeta. Não há nada que não possam fazer, porque, mesmo sozinhos, todos estão juntos, todos são o Eu Sou Planetário em Unidade Cósmica.

Eu Sou com Sanat Kumara em cada um de vocês.
Eu Sou com Buda Gautama em cada um de vocês.
Eu Sou com Cristo Maitreya em cada um de vocês.

Eu Sou o Eu Sou de toda a Humanidade em todo o Planeta Terra na Unidade do Bem-Amado Anjo Micah, da Bem-Amada Unidade do Espírito Santo Cósmico, na Unidade de toda a Vida.

Que isso resplandeça eternamente!

Aceitem as bênçãos que estão descendo agora. Depois que nós abrirmos o caminho da Humanidade da Terra, milhões de bênçãos descerão até nós. Podem se preparar para as mudanças que virão, grandes aberturas, mesmo que se manifestem em coisas pequeninas – com o tempo se tornarão grandes.

E agora, mesmo que a Humanidade não acredite, aí está o caminho da Luz e do Grande Amor. O trabalho do Sol já está feito.

O trabalho de Iluminação da Consciência e da Elevação do Grande Amor está se manifestando através de cada um de nós, e de nós para toda a Humanidade em nome do Amor, da Luz e do Grande Poder de Deus-Deusa, agradecemos por ter assumido este compromisso de Evolução, de missão Cósmica Divina.

Devagar, agora, vai voltando ao plano físico. Expirando profundamente. Voltando. Voltando.

Os 12 Raios

Quando falamos de 12 Raios, estamos nos referindo aos 7 Raios de Precipitação e aos 5 Raios Sutis. Os 7 primeiros são os Raios de Precipitação e é no atingimento desses raios que se realiza a Consciência Crística; já os raios seguintes foram ancorados na Terra no ano de 1988, a partir do mês de agosto, um a cada mês, concluindo a ancoragem no mês de dezembro do mesmo ano.

Na união dos 7 Raios da Precipitação com os 5 Raios Sutis temos os 12 Raios da Consciência Solar, que são os atributos da Divina Presença Eu Sou.

Ao canalizarmos as energias dos 12 Raios através do Disco Solar, nós nos dirigimos aos Retiros Planetários e seus Hierofantes, que atuam como Focos e Canais de Luz, enquanto nós, como Portadores da Luz, atuamos como retransmissores, ancoradores e dispensadores irradiantes.

Para uma melhor compreensão, antes de entrarmos no trabalho específico de cada Raio, vamos falar do Disco Solar, pois a ele estaremos recorrendo o tempo todo.

Entrega do Disco Solar à Humanidade

De 7 a 14 de outubro de 1992, instalou-se no Planeta Terra, no Lago Titicaca, na Bolívia, durante a Conferência Anual do Grupo Avatar Global, a Nova Realidade – UMA MAIS ALTA ORDEM DO SER – a Emergente Presença Crística Planetária.

Eu Sou a Ressurreição e a Vida do Disco Solar, Divinamente manifestado na Humanidade.

A forma-pensamento para a sustentação e a irradiação dessa energia foi uma Ígnea Rosa Rosada, equilibrada dentro de um Sol Dourado-Cintilante, revestida com radiantes vestes da Presença Solar. A humanidade emergiu do seu Centro-Coração de Amor Iluminado.

Vejamos as atividades desse período:

- 7 de outubro: dia dedicado à Amada Mestra Nada, pelo seu suporte aos Deus e Deusa Meru – Guardiões do Raio Feminino ali ancorado, e à Veladora Silenciosa da Região, a Amada Illumini;
- 8 de outubro: celebrou-se aqui a Unidade com o Amado Anjo Micah e com a nossa Presença Crística Planetária;
- 9 de outubro: dia dedicado aos Elohins, construtores das Formas, alinhados com seus Momentum de Criação Perfeita, para ancoragem física do Disco Solar dentro da Espinha Dorsal Planetária, reconectando a Humanidade à Presença Solar;
- 10 de outubro: dia dedicado a Saint Germain e ao Pleno Momentum Acumulado de Liberação Espiritual desde o Sol;
- 11 de outubro: dia dedicado ao Cristo Cósmico, Lord Maitreya, e ao Senhor do Mundo, Lord Gautama, ofertado à Humanidade para que ascenda à Montanha da Consciência Divina, em direção ao Cume da Iluminação Divina;
- 12 de outubro: dia dedicado a Deus e Deusa Meru do Sagrado Monte Meru – a Humanidade recebe, para sua guarda, o Disco Solar;
- 13 de outubro: dia dedicado à Mestra Nada e ao Espírito Santo, reconhecendo a supremacia do Amor Incondicional;
- 14 de outubro: dia dedicado ao Guardião da Chama Eterna, o Amado Kenich Ahan, à medida que consagramos nossas energias para sermos Guardiões da Custódia Sagrada para este Planeta.

O Disco Solar é um poderoso instrumento físico e espiritual de Amor, Sabedoria e Poder, por reunir em si tantas forças e energias que, harmoniosamente combinadas, funcionam estimulando a evolução da Terra e sua Humanidade. Ele também é chamado de A Força Universal de todas as coisas e já foi muito utilizado na época Atlante; mas, pelo excesso de mau uso do poder e pela ganância na sua manipulação, foi desativado, assim como a Rede de Cristal Planetária, que ampliara todas as forças geradas e autossustentadas na época.

O comando do Disco Solar e da Rede de Cristal estava em mãos erradas e, portanto, a Confederação Intergaláctica interferiu, desligando ambos, pois o que estava sendo ampliado naquele momento era o pior quadro energético que se poderia ter.

Na reativação do Disco Solar, primeiro preparou-se o próprio Disco Físico, que está ancorado nas águas do Lago Titicaca, onde se ancora também o Raio Feminino de Deus e Deusa Meru – O Bem-Amado Mestre La Morae, Senhor da Harmonia, o sustentou e nutriu com a Poderosa Força da Harmonia e com toda sua equipe espiritual durante três anos consecutivos, antes que fosse colocado à disposição da Humanidade.

Assim como a Rede de Cristal da Bem-Amada Luella, o Disco Solar passou por limpezas gigantes, através das Águas Cósmicas e Cristalinas e trabalhos direcionados de realinhamento com os Sóis além dos Sóis.

Disco Solar Demayón do Lago Titicaca

Conta a Lenda...

...que os homens viviam felizes em seu vale, onde as terras eram extremamente férteis. Não lhes faltava nada, e o sofrimento não rondava seus domínios paradisíacos. Os deuses das montanhas, os Apus, protegiam os humanos e só uma coisa era proibida: não podiam subir até o topo das montanhas, onde ardia o Fogo Sagrado. Mas o diabo também habitava nessas terras e era insuportável para ele ver toda essa felicidade. E então ele incitou algumas vezes aos homens para que subissem até o topo dessas montanhas. Os Apus surpreenderam os habitantes escalando a encosta e, tal foi a sua fúria, que soltaram os pumas, que devoraram toda a população, exceto a um casal. Diante de tal carnificina, o Deus Sol, Inti, chorou por 40 dias e 40 noites, formando assim o Lago Titicaca.

Quando o Sol retornou, o casal, refugiado em um barco, viu que todos os pumas tinham se transformado em pedras.

Esta é também uma possível origem etimológica do nome do Lago: *Titi*, que significa "gato" ou "puma", e *kaka*, que significa "pedra", formam o nome local "Lago dos Pumas de Pedra".

Na verdade, curiosamente, a forma do Lago vista do espaço, lembra exatamente a de um puma caçando. Outros atribuem a origem do seu nome ao nome da Ilha Intikjarka, que deriva das línguas Aymaras e Quéchuas e significa *Inti* (Sol) e *Kjarka* (penhasco).

O Movimento da Kundalini da Terra e o Surgimento da Luz Feminina • 1949-2013 •

Conectada ao Centro da Terra há uma energia, cujo comportamento e aparência se assemelham muito a uma serpente em movimento, semelhante ao movimento da Kundalini no corpo humano. Quando se move, a nossa ideia do significado do que é "espiritual" muda e nos conduz a um Caminho Espiritual mais elevado.

Há um pulso de exatamente 12.920 anos em que a polaridade da Kundalini terrestre muda para o polo oposto e, simultaneamente, muda a sua localização na superfície da Terra. Esta nova localização não só desperta rapidamente as pessoas que vivem perto deste lugar Sagrado na Terra, mas também envia uma frequência às redes eletromagnéticas ao redor do Planeta. Isto, por sua vez, afeta a essas redes de consciência, da forma que estão determinadas pelo DNA da Terra. Aos poucos que sabem deste evento e do que está acontecendo ao nosso redor, é transferida uma grande sabedoria e um estado de paz interior, torna-se sua herança, porque eles conhecem a extraordinária verdade. Em meio ao caos, à guerra, à fome, às pragas, à crise ambiental e ao colapso moral que todos nós estamos enfrentando aqui na Terra hoje, no final deste ciclo, eles compreendem a transição e não têm medo.

Este estado sem medo é a chave secreta para a transformação que, por milhões de anos, sempre se seguiu a este Evento Cósmico Sagrado. Há milhares de pessoas, em sua maioria indígenas, que foram conduzidas por uma profunda guiança interior, desde 1949 até o presente, para ajudar a trazer essa Indomável Serpente Branca à sua nova localização, no topo dos Andes Chilenos, aonde agora, finalmente, reside. Não é apenas um deslocamento do Poder Espiritual do Masculino para o Feminino, mas também uma mudança do Poder Espiritual do Tibete e da Índia, para o Chile e o Peru. A nutrição e expansão da Luz do mundo através das culturas tibetana e hindu foram concluídas. Um novo reino acaba de começar no Chile e no Peru e irá, em breve, afetar os corações de toda a Humanidade. Por um lado, isso significa que, espiritualmente, o Feminino terá agora sua vez de conduzir a Humanidade para uma Nova Luz e, finalmente, esta Luz Espiritual Feminina irá permear toda a gama da experiência humana, desde líderes do sexo feminino no mundo dos negócios e da religião, até mulheres Chefes de Estado. Por volta de 2012-2013, esta Luz Espiritual Feminina se tornará tão forte que será óbvia para todos os habitantes deste querido Planeta e continuará a crescer por milhares de anos.

Trecho do livro *Serpente de Luz* por Drunvalo Melchizedek

Lago Titicaca, Novo Foco de Iluminação

Em julho de 1957, o Amado Mestre El Morya disse: "Aqueles peregrinos que buscam ser guiados à Iluminação Espiritual, de hoje em diante serão atraídos para a América do Sul, do mesmo modo como tinham sido anteriormente ao Oriente. Para este fim, os Orientadores das Forças da Natureza e do Reino Elemental realizam os preparativos para proporcionar meios naturais de acesso ao Foco Espiritual de Iluminação nas Montanhas dos Andes, até então intocado. As informações sobre o Retiro de Aramu-Muru, no Lago Titicaca, Peru, foram dadas há muito tempo para aqueles que estavam prontos para esse conhecimento.

O Raio Permanente entra no Planeta Terra por dois lugares:

- O Aspecto Masculino entra pelos Himalaias, no Oriente.
- O Aspecto Feminino entra pelo Lago Titicaca.

O Aspecto Masculino foi destaque ao longo das eras históricas da Terra, mas agora o Aspecto Feminino está se destacando, à medida que a Terra penetra mais profundamente nas vibrações do Sétimo Raio.

> Trecho de *O Segredo dos Andes – Parte IV – O Foco de Iluminação do Novo Mundo*, Brother Philip – Cidades de Luz

Desde antes da Era Lemuriana, conectaram-se com a Terra e com seus habitantes humanos, Cidades de Luz de dimensões superiores. Desde que o Primeiro Iniciado teve sua primeira experiência transcendental, os humanos começaram a ter uma conexão direta com essas Cidades Cristalinas. Talvez em uma meditação, ou em um sonho lúcido, o buscador, de repente, vê-se caminhando fora do seu corpo, para cima, em um voo por passos de cristal, em direção a um lindo Templo de Cristal, cheio de Luz. Essas Cidades de Luz são inteiramente construídas em cristal, suas paredes e portas, seus longos complexos de templos e diversas formas de geometria sagrada.

Lago Titicaca e a Cidade de Luz Ancorada no Plano Físico

O Lago Titicaca, um dos Chacras da Terra, contém uma Cidade de Luz Cristalina sob suas águas profundas. Para muitos buscadores que tiveram experiências no Lago Titicaca, a Cidade de Luz parece mais uma estação espacial do que uma cidade. Isto porque, como a Cidade de Luz de Monte Shasta, são ambas as coisas ao mesmo tempo. Essas Cidades de Luz servem como postos de muitos Seres de Luz de dimensões superiores, provenientes de outros sistemas estelares. O Lago Titicaca é o quartel general da Federação Intergaláctica de Luz. Esta Federação Intergaláctica é composta por membros das Federações Galácticas de Luz de Andrômeda e da Via Láctea.

A Via Láctea e Andrômeda são galáxias gêmeas, também chamadas de gêmeas cósmicas. Outros Membros Intergalácticos provêm do Grande Sol Central, incluindo os Elohim, os Arcanjos, os Seres Supremos de inúmeras galáxias e, até mesmo, de grandes seções do Universo.

Localizado no centro do complexo subaquático do Lago Titicaca, há um Templo do Grande Sol Central que se conecta com o Cristal Estelar da Terra, no Centro da Terra, em seu ponto mais baixo. Da ponta de sua espiral em forma de cone, no centro deste grande Templo com teto abobadado, há um portal que se abre para o Grande Sol Central. Este Templo do Grande Sol Central, literalmente, ancora a conexão da Terra com o Grande Sol Central e com a Fonte Divina. No momento, o Monte Shasta e o Lago Titicaca são as duas únicas Cidades de Luz ancoradas ao nível do solo. As outras 11 estão localizadas etereamente sobre os locais dos chacras físicos. Se você decidir explorar esses locais, peça em sua meditação, ou antes de ir dormir, que os Guardiões da Cidade de Luz Cristalina que você deseja visitar, venham e levem-no, se for para o seu bem maior neste momento.

Trecho do artigo: Cidade de Luz Cristalina do Lago Titicaca, por Amorah Quan Yin

Lago Titicaca: Centro de Ascensão e Iluminação

Mestres! Tenham em conta que a energia e a ressonância terrestre destas chaves de Maestria ainda existem em certas conexões, e estas se encontram entre os portais, onde a sabedoria está ressurgindo.

As maiores Escolas de Mistérios da Terra se encontravam na antiga Terra de OG, as terras que atualmente são chamadas de Peru e Bolívia. Essa é a razão pela qual muitos são chamados a fazer peregrinações à Terra de OG, porque há ali uma descarga de frequência de grande sabedoria e equilíbrio disponível para vocês. E assim Mestres, viemos para dizer-lhes, no dia de hoje, sobre a Terra Sagrada, as Terras da Antiga OG, da Bolívia ... e do Guardião do 12º Portal: o Lago Titicaca.

O Lago Titicaca corresponde à Ascensão em muitas e variadas formas. É uma consciência que anima à cada dimensão e relaciona o indivíduo com uma ressonância de frequência específica destas dimensões. No Lago Titicaca, estas frequências estão fixas para a Humanidade e, como tal, encontram-se mais acessíveis para aqueles que decidam se alinhar com elas.

O Disco Solar de Ouro e a Nova Terra

Dentro do Lago Titicaca encontra-se o maior "Disco Solar de Ouro" existente. Ele é onipotente e está ativando, por sua vez, a todos os demais. Estes Discos estão sendo programados e ativados em 12 espirais de filamentos helicoidais e estão emitindo uma Energia Divina, desde o Campo Zero, do Amor Incondicional, um Código de Luz que só pode existir na 5ª dimensão e superiores.

O Disco Solar de Ouro emergiu na época da Lemúria. A sua construção vem de Sírius B-Arcturus e foi, para o Planeta Terra, o que as Caveiras de Cristal foram para a Humanidade: uma biblioteca composta por "Obras de Arte da Perfeição". Era o código do DNA para o Planeta e tinha 12 frequências diferentes que, em 2012, voltou a se estabelecer em uma só. Essas frequências já se exibiam em um magnífico templo de MU.

Apesar de serem belos objetos de magnificência e perfeição, eles não eram objetos de arte ou de adoração, mas, sim, uma complexa ferramenta científica de "computação". Essas ferramentas irradiavam um translúcido, espiralado e dourado brilho, mantendo, inter-relacionando e regulando a sinergia dimensional das forças telúricas naturais da Terra, com as da Humanidade e dos Reinos Celestiais. A reprogramação constante do Disco Solar serviu para preparar a Terra para a sua auto-regeneração e reforma, convertendo-se em um aspecto do padrão do DNA ou a Matriz da Nova Terra, enquanto expande seu campo dimensional em um aspecto cristalino.

Os Discos emitem espirais energéticas, que são, na verdade, mais espirais que discais, embora, quando se observa, parecem tomar a forma de Disco. Existem 12 destes Discos no Planeta, mas para ser mais preciso, diremos que são 12 padrões de diferentes frequências do Disco Solar de Ouro, que estão sendo expandidos atualmente em um refinamento de 12 filamentos, pelos Sirianos e muitos conectados à Irmandade dos Hathors. Muitos de vocês fazem parte deste plano e têm sido por muito tempo. Já dissemos isso anteriormente.

Na realidade, mais 12 Discos Solares se apresentaram ao longo destes trabalhos desde 2012, ano que alguns concluíram, erroneamente, que nestes tempos de mudança a Terra seria aniquilada. Nós dissemos que não poderia ser. Não importa quantos filmes e programas sensacionalistas foram massivamente transmitidos em sua mídia sobre a destruição.

A Terra não pode ser destruída e não será extinta. Portanto, a transformação da Terra não representa nenhuma destruição, em absoluto, mas, sim, um requisito para uma recriação alegre de si mesma.

Mega Vórtice – Portal do Equilíbrio Perfeito

O campo energético, o mesmo comprimento, largura e vitalidade do mega vórtice do Lago Titicaca é um dos maiores e mais primitivos do seu Planeta. Também atua como Guardião do Equilíbrio Planetário nesta época do amanhecer da Ascensão.

É importante que vocês entendam que o Lago Titicaca está energeticamente equilibrado. E que esta paridade é essencial neste momento. Talvez seja difícil para alguns realmente compreenderem e assimilarem isso. No entanto, o Titicaca carrega um enorme potencial de purificação para todos os buscadores avançados que transitam pelo caminho.

A frequência se equilibra ali mesmo, em termos de polaridade, dualidade, dentro e além da 3ª dimensão... e esse é o modelo de exigência para a Humanidade. O Titicaca não é nem masculino nem feminino, é ambos. Esta é a razão pela qual atrai a tantos.

Podemos assegurar-lhes que, se fosse um ou outro, energia feminina ou masculina, o Lago Titicaca não desprenderia tal cúmulo de poder, não manteria o equilíbrio. Ele contém níveis proporcionais de ambas as energias e, como tal, a potência, o harmônico (melodioso) e a harmonia.

Assim, a consciência deste vórtice poderá oferecer equilíbrio a qualquer Ser Humano que esteja desequilibrado... e a maioria da Humanidade está, na realidade, desequilibrada, assim como a Terra está energética, iônica e frequencialmente polarizada de forma desigual.

Mesmo em pontos vetores muito excepcionais, o equilíbrio ainda existe na Terra. Existem muitas dessas conexões. A maior delas é o Titicaca. Esta é a razão pela qual muitos são atraídos para este lugar. Aquele com uma preponderância de energia masculina ou de energia feminina irá receber o oposto para obter o equilíbrio. Tal é a natureza das energias cristalinas do 12º Portal e do Disco de Ouro. Em seu atual conhecimento científico, vocês poderiam pensar que a presença de cátions e ânions, macho e fêmea se neutralizariam, gerando um terceiro elemento na liga. Assim parece, mas este não é o caso. Em vez disso, eles se ativam um ao outro. Este local raro do Planeta, que é, ambos, um centro de chacras ao nível humano e planetário, conscientemente se autoativa e regula, conforme necessário, para alcançar o equilíbrio. Compreendem?

Podemos lhes dizer, portanto, que a energia pura do mega vórtice do Lago Titicaca e suas incríveis energias de equilíbrio, estendem-se muito mais para curar a Terra, isso de maneira ainda não totalmente reconhecida. Porque o Disco Solar de Ouro no interior do Lago Titicaca é o radiador focal que programa os Discos do Ocidente, assim como o que se encontra sob a Capela Rosslyn, que regulará as regiões da Europa, Oriente Médio e África. Na verdade, a energia de cada ponto do Titicaca é parte da profecia anunciada da Águia e do Condor.

O 12º Portal de Iniciação

O Titicaca é uma bateria perfeita e poderosa, tanto para a recepção, como para a transmissão de energias alinhadas provenientes de dimensões superiores, que são necessárias para a Ascensão deste Planeta. O objeto ao qual se referem como o "Disco de Ouro" é de origem extraterrestre, semelhante em função aos encontrados sob a Capela Rosslyn e ao Vórtice de Cristal de Arkansas. Dois dos Templos de Cristal da Atlântida foram substituídos, a fim de serem salvaguardados com segurança sob as águas e a terra do Titicaca.

Na verdade, o 12º Disco Solar também se encontra sob as águas do Lago Titicaca e exerce um papel tão surpreendente, que a sua ciência atual ainda não consegue medir, e ainda carrega um significado sinergético com os demais 11 Discos ao longo do Planeta. O Lago Titicaca é o 12º Portal da Iniciação.

Trecho do artigo: o 12º Portal do Disco Solar de Ouro
– Arcanjo Metatrom, através de James Tyberonn

Origem da Irmandade dos 7 Raios

O Senhor Muru, como um dos Mestres da Lemúria, foi incumbido pela Hierarquia para transportar o enorme Disco Solar de Ouro e os Pergaminhos Sagrados que estavam em seu poder, para a área montanhosa de um lago recém-formado, no que é agora a América do Sul. Ali, guardaria e manteria o Foco da Chama Iluminadora. O Disco Solar era guardado no Grande Templo da Luz Divina, na Lemúria, e não era um mero objeto ritualístico e de adoração, nem tampouco serviu posteriormente a este único propósito ao ser utilizado pelos Sumos Sacerdotes do Sol, entre os Incas do Peru. Aramu-Muru partiu para a nova terra em uma das naves cônicas prateadas daquela época.

Enquanto as últimas partes do velho continente se despedaçavam no Oceano Pacífico, terríveis catástrofes ocorriam em toda a Terra. A Cordilheira Andina de montanhas surgiu naquela época e desfigurou a Costa Oeste da América do Sul.

A antiga cidade de Tiahuanaco (Bolívia) era, naquele tempo, um importante porto de mar e uma cidade colonial do Império Lemuriano, de grande magnificência e importância para a Pátria Mãe. Durante os cataclismos que se seguiram, Tiahuanaco se elevou acima do nível do mar e do clima polar dos altos planaltos, eternamente varridos pelo vento. Antes que isso acontecesse não existia o Lago Titicaca, que agora é o lago navegável mais alto do mundo, acima dos 4 mil metros. Assim, o Senhor Muru, após sua saída da Lemúria submersa, chegou ao lago recém-formado. Aqui, no lugar hoje conhecido como o Lago Titicaca, o Mosteiro da Irmandade dos 7 Raios entrou em vigor, organizado e mantido por Aramu-Muru.

Esse Mosteiro, que foi a Sede da Irmandade ao longo das eras da Terra, estava situado em um imenso vale que se originou na época do nascimento dos Andes e era uma daquelas estranhas "crianças" da Natureza, o qual, pela sua exata localização e altitude, resultava num clima ameno, semitropical, que permitia que as frutas e nozes crescessem até alcançar um tamanho enorme. Aqui, no topo das ruínas que outrora estiveram no nível do mar, como a cidade de Tiahuanaco, o Senhor Muru ordenou que se construísse o Mosteiro com enormes blocos de pedra, cortados pela energia da força da luz primária. Esta construção ciclópica é a mesma hoje da que foi outrora e continua sendo um repositório da ciência, da cultura e do conhecimento arcano dos lêmures.

Os outros Mestres da Lemúria, o Continente Perdido, foram para outras partes do mundo e também estabeleceram Escolas de Mistérios, para que a Humanidade pudesse ter, por todo o tempo que passasse na Terra, o conhecimento secreto que havia sido escondido, não perdido, mas escondido, até que os filhos da Terra tivessem progredido espiritualmente, o suficiente, para estudar novamente e usar as Verdades Divinas.

A Ciência Secreta de Adoma, Atlantis e outras civilizações mundiais muito avançadas, podem ser encontradas hoje em dia nas bibliotecas dessas escolas, porque essas civilizações também enviaram homens sábios para encontrar Retiros Internos e Santuários em todo o mundo. Esses Retiros estavam sob a orientação direta e os cuidados da Grande Fraternidade Branca, Hierarquia dos Mentores Espirituais da Terra.

Tiahuanaco, a cidade dos Gigantes, é um antigo sítio arqueológico, situado no planalto boliviano, na margem oriental do Rio Tiwanaku, a 15 km ao Sudeste do Lago Titicaca, correspondente ao Departamento de La Paz. Foi o centro da civilização tiahuanaco, uma cultura pré-Inca, que baseou sua economia na agricultura e na pecuária e abrangeu os territórios do planalto de Collao, entre o Oeste da Bolívia, o Norte do Chile e o Sul do Peru, e espalhou sua influência tecnológica e religiosa para outras civilizações contemporâneas a ela. A cidade de Tiwanaku caracteriza-se por sua arquitetura decorada com relevos e desenhos entalhados, colocados em trilhas; composta por sete importantes construções arquitetônicas: Kalasasaya, Coreto Semi-subterrâneo, Pirâmide de Akapana, Cobertura do Sol e Puma Punku.

Extraído de: Cavaleiros da Ordem do Sol

A Irmandade dos 7 Raios trabalha atualmente em estreito contato com a Irmandade do Monte Shasta, na Califórnia, a Irmandade de Teton Real, no Oeste dos Estados Unidos, a Irmandade da Vestimenta Dourada, na Índia e muitas outras Irmandades e Ordens. É claro que a cooperação é completa com todos os membros da Hierarquia da Grande Fraternidade Branca.

Puma Punku

Pumapunku, também chamado "Puma Punku" ou "Puma Puncu", faz parte do complexo monumental de Tiwanaku, perto do povoado de Tiwanaku, no Departamento de La Paz, Bolívia. Em Aymara, seu nome significa, "A Porta do Puma". O complexo Pumapunku consiste em uma quadra a Oeste sem muros, uma praça central, um monte com terraços de pedras megalíticas, e uma quadra de paredes a Oeste. Com cerca de 14.000 anos, as ruínas de Puma Punku são as mais antigas e desconcertantes sobre a face da Terra. Ninguém sabe quem projetou e construiu este complexo de sofisticados acabamentos entre os blocos e, em seguida, desapareceu. Os pesquisadores investigam as ruínas, ao invés de analisar por computadores no Peru. Evidências forenses do solo, assim como os mitos e lendas locais, sugerem que este sítio pode ter sido projetado e, até mesmo, uma vez habitado por uma espécie de extraterrestres.

Extraído de: *O Segredo dos Andes (Parte IV)*
– O Foco de Iluminação do Novo Mundo. Brother Philip

História do Império Inca, Templos Solares, Disco de Ouro e a Irmandade dos 7 Raios

O Disco Solar de Ouro de Mu não era feito de ouro comum, mas de um ouro que tinha sofrido uma transmutação, tão incomum em suas qualidades, que era um metal translúcido, similar, evidentemente, o metal dos OVNIs, através do qual é quase possível ver.

O Senhor Muru trouxe esse Disco consigo quando viajou ao Lago Titicaca e o colocou no Templo Subterrâneo, no Mosteiro da Irmandade dos 7 Raios. Aqui, o usavam diariamente, não apenas dois dos discípulos da vida, mas também os Mestres e os Santos das Escolas de Mistérios de todo o mundo, para serem teletransportados, ida e volta, e assim ajudar ao Conselho ou participar em qualquer Cerimônia de Transmissão.

Quando os Incas chegaram ao Peru – o que na verdade aconteceu, porque eles não eram índios quíchuas nativos, mas, sim, vindos de uma terra situada do outro lado do Pacífico –, estabeleceram uma sociedade altamente espiritualizada acima das ruínas da grande cultura que havia pertencido ao Império Colonial da Lemúria. Os Sumos Sacerdotes do Sol de Tawantinsuyo – nome do Império Inca – construíram sua Coricancha, ou Templo do Sol, exatamente em cima da antiga estrutura que remontava a uma época muito remota.

Nos antigos arquivos do seu país natal, situado do outro lado do Pacífico, tomaram conhecimento da existência do Disco Solar de Ouro de Mu e sabiam que o tinham tirado do continente condenado e levado a uma nova terra, onde o Senhor Muru tinha fundado um Retiro Interior, ou Santuário.

Uma vez que estavam no Peru, os Sumos Sacerdotes Incas buscaram o Disco intensamente e por muito tempo, mas nunca foram capazes de localizá-lo. Entretanto, quando chegaram ao lugar no Caminho Espiritual onde podiam usar o Disco para o benefício de todo seu povo – os nativos, as tribos indígenas que haviam sido amalgamados em um Império – como era costume em Mu, ele lhes foi oferecido para seu uso diário em seu Templo do Sol, em Cuzco.

Naquela época, o Imperador Inca era um Místico Divino ou Santo, e fez uma peregrinação ao Mosteiro do Lago Titicaca e lá, Aramu-Muru, como Chefe Espiritual ou Abade da Irmandade, entregou o Disco ao Imperador. Ordens foram dadas para que vários Irmãos do Lago o acompanhassem em sua viagem para a Capital do Império, Cuzco.

Ali, o Disco foi colocado em um santuário que haviam preparado e foi mantido preso com cordas de ouro, tal como faziam na antiga Lemúria. Ainda hoje os buracos por onde passaram as cordas podem ser vistos no Convento de Santo Domingo de Cuzco, que foi erigido sobre o Templo do Sol pré-Inca e Inca.

Os Incas chamavam ao seu Templo do Sol de Coricancha, que significa Lugar de Ouro ou Jardim de Ouro. Isto se devia às magníficas figuras em tamanho natural de homens, animais, plantas e flores feitas de ouro, que estavam em um verdadeiro Jardim de Ouro adjacente ao Templo do Sol. Mas os cientistas-sacerdotes chamavam-no Templo Amarucancha.

Em algumas das pedras de Santo Domingo ainda são vistas serpentes esculpidas (amarus) e, por esta razão, dizem alguns, chamaram de Templo Amarucancha ou Lugar das Serpentes. No entanto, esta não é a verdadeira razão. Aramu é uma forma de Serpente, que é um dos nomes do Senhor Maru. Nos Andes há grandes serpentes que ainda são chamadas de amarus.

O nome do Senhor Maru tem a ver com a serpente, porque o seu título é similar ao de um outro Mestre Mundial, Quetzalcoatl, a Serpente Emplumada do Império Asteca, no México. Portanto, o Templo do Sol em Cuzco recebeu o nome de Amaru-Muru, Chefe do Mosteiro do Lago Titicaca, porque foi ele quem lhes permitiu, finalmente, ter o Disco de Ouro em seu Templo do Sol.

Dentro do Templo Maior haviam Templos menores ou Santuários consagrados à Lua, aos 12 Planetas (Estrelas) e aos 7 Raios. A Irmandade dos 7 Raios tornou-se a força condutora na vida espiritual dos Incas, e assim aprenderam o uso do Disco nos antigos códices deixados pelos Sábios pré-Incas, que eram colonos lêmures.

O Disco permaneceu em Coricancha, em Cuzco até que os sacerdotes souberam que Don Francisco Pizarro havia desembarcado no Peru. Sabendo muito bem o que iria acontecer, tristemente retiraram o Disco do seu Santuário em Cuzco e o devolveram ao seu lugar, o Templo Subterrâneo do Mosteiro. Os conquistadores espanhóis nunca o descobriram. Em 21 de janeiro de 1956, o Bem-Amado Arcanjo Miguel do Sol deu uma conferência em Seu Retiro de Banff, nas Montanhas Rochosas do Canadá.

O que segue abaixo é um trecho dessa conferência:

Muitos dos Templos usados na Atlântida e na Lemúria foram levantados nos Reinos Etéricos.

Algum dia, quando o homem estiver pronto para recebê-los, descerão suavemente. Uma ou mais das pedras preciosas usadas na construção desses Templos foram depositadas nas mãos de um Sumo Sacerdote ou de um Chefe de uma Ordem Espiritual, com a qual se colocam em conexão com a Hierarquia Celestial. Há várias dezenas de pedras do Meu Templo em posse de indivíduos que estão hoje em vários pontos da superfície da Terra...

O Disco Solar de Ouro de Mu é uma das pedras preciosas a que se refere o Lord Miguel e foi colocado nas mãos do Chefe da Irmandade dos 7 Raios, Aramu-Muru. O Disco vai permanecer no Lago Titicaca até o dia em que o homem esteja espiritualmente pronto para recebê-lo e usá-lo novamente. Nesse dia, o Disco de Ouro será removido da sua câmara subterrânea e será colocado no topo do Mosteiro da Irmandade.

Extraído de: *O Segredo dos Andes – Parte II – O Disco Solar de Ouro de Mu*.
Brother Philip – Evolucion de Ser – www.evoluciondelser.net

Amuru Muru

A poucos quilômetros da pequena cidade de Juli, perto do grande Lago Titicaca, no Peru, encontra-se um lugar muito estranho: o assim chamado Portal Aramu Muru, também chamado de Hayumarca, Cidade dos Espíritos, uma grande rocha perfeitamente polida, que foi esculpida em tempos antigos, nas partes laterais, até assumir a forma de um enorme "Portal".

A "porta" é um quadrado de 7 metros de lado, em cuja parte inferior, no centro, há uma seção oca sem saída, suficientemente ampla para que uma pessoa possa entrar, a qual, segundo as crenças dos Aymaras, conduz ao Mundo dos Espíritos.

O Peru é o guardião de um Portal Dimensional, guardado por um Cacique com muita presença (observe a imagem de toda a formação rochosa e verá o perfil de um homem). Este Portal é o útero da Mãe Terra e está intimamente relacionado com o Lago Titicaca. Estabelecer uma conexão com este ponto energético implica em se conectar com outros planos, consequentemente, vinculando-se com realidades não visíveis aos olhos.

Texto extraído do site: http://www.discossolares.com.ar
Pesquisa e tradução livre por Juciara Mazzucatto

Os 12 Raios Cósmicos

1º Raio Azul e Cristal

DIRETORES: Lord Sírius e Lady Sírius. Ajudam a entrar em contato com o Computador Central de Sírius, a fim de entrarmos em contato com o Túnel do Tempo: passado, presente e futuro – redirecionando nosso Sistema Solar com o Plano Divino de Criação e Formatação até atingir o Plano de Perfeição no físico.

ANTERIORES: Mestre El Morya e Lady Miriam.

ARCANJOS: Miguel e Santa Fé.

ELOHIM E ELOHA: Hércules e Amazon.

SIGNO: Leão (23 de julho a 22 de agosto).

DRAGÃO CYAN: equilibra e fortalece a nossa compreensão e amplia a responsabilidade para conosco, com os outros e com o Planeta.

DRAGONA SAFIRA: integração. Equilibra as energias femininas e masculinas e trabalha na polaridade inversa.

BABY SAFIRA: ajuste às mudanças em nossas vidas e integração com novos membros da família, diferentes culturas, raças, países, etc.

UNIDADE DA DIVINDADE SOLAR SOB SUA INFLUÊNCIA: Vontade de Deus.

RETIRO PLANETÁRIO: as Cidades Etéricas de João, o Bem-Amado.

QUALIDADES DIVINAS: Amor Confiança. Vontade de Deus, Fé Iluminada, Poder, Proteção, Decisão, Vontade para Fazer, Ordem Divina, Obediência, Intuição, Unidade, Discernimento, Discrição, Percepção, Vitória, Determinação, Direção, Confiança, Ânimo, Coragem, Destemor e Iniciativa.

PROPÓSITO DIVINO: a Majestade do Eu Sou, a Virtude de reconhecer o EU SOU acima de qualquer coisa: "Vós não deveis ter nenhum outro Deus além de Mim". Reconhecer que EU SOU o EU SOU o Infinito Alpha e Ômega, a Primeira Causa, o Primeiro Alento, conhecer o Todo de cada coisa.

MENSAGEM: devote seus melhores sentimentos a esse Raio, a fim de que não se perca, mas, se desviar do caminho, possa a força do Raio Azul trazê-lo de volta ao Caminho da Luz. Em suas meditações, apele para o Raio Azul e o Arcanjo Miguel e aproveite para aprimorar seu caráter, seu temperamento e recrie sua automelhora.

INVOCAÇÃO DOS CHOHANS DO 1º RAIO AZUL E CRISTAL:

EU SOU a Poderosa atuação do Raio Azul e Cristal do Amado Lord Sírius, carregando a nós, ao Planeta Terra e a toda Humanidade, com a qualidade de Fé Iluminada e do Poder Divino.

INVOCAÇÃO DOS ARCANJOS DO 1º RAIO AZUL E CRISTAL:

EU SOU a Poderosa Atuação dos Amados Arcanjos Miguel e Santa Fé e os Anjos da Primeira Esfera, envolvendo (falar o nome) com a Chama Azul da Proteção e da Fé no Poder total de Deus-Deusa.

INVOCAÇÃO AO ELOHIM E ELOHA DO 1º RAIO AZUL E CRISTAL:

EU SOU a Poderosa Atuação dos Amados Elohim e Eloha Hércules e Amazon e os Poderosos Devas do 1º Raio, envolvendo-me com a Chama Azul da Proteção, Coragem e Confiança Inabalável da Força da Fé a mim e a toda Humanidade.

INFORMAÇÕES GERAIS: o Mestre anterior, o Bem-Amado Mestre El Morya, ascensionado em 1898, já encarnou como Rei Arthur, como Melquior, um dos Reis Magos e como Thomas More; e Lady Mirian, Alma Gêmea do Mestre El Morya, teria sido Sir Lancelot, recentemente ascensionado, segundo se comenta em alguns grupos de estudo.

Sobre Lord Sírius, vou relatar o que aprendi de tanto convocá-lo em trabalhos paralelos, ocasiões em que sempre recebi seu auxílio prontamente. Nossa ligação da Terra com Sírius deve-se ao fato de que milhões de mulheres que aqui se encontram são originárias de lá. A ideia e a intenção são a de educar e promover a cura dos Seres Orianos e dos Seres Guerreiros. Em Sírius, nas Estrelas da Constelação, existe um grande computador central que está constantemente ligado e em conexão com a Terra. Ele nos ajuda com o Túnel do Tempo, através do qual limpamos o passado, reconectamos e modificamos para melhor o futuro e trazemos imagens mais perfeitas para o presente.

Use os 12 Planos da Criação para recriar sua automelhora no Túnel do Tempo. Aproveite para aprimorar seu caráter, seu temperamento, para curar-se no passado, presente, futuro e nas dimensões paralelas – por que não?

Meditação Acessando o Retiro Planetário do 1º Raio Azul e Cristal

Dirijam-se ao Templo de João, o Bem-Amado, do 6º Raio. João, que substitui a Mestra Nada, que substituiu Jesus – regentes do Amor Devocional, do Amor que cumpre o sagrado ministério do "servir" para "vir a ser". Que os Anjos do Bem-Amado João, aquele que foi o discípulo de Jesus, manifestem-se dentro do Raio Rubi-Dourado, sacramentando, enfim, o trabalho.

A Bem-Amada Mestra Nada também se aproxima para levá-los ao Templo nas Cidades Etéricas de João. Recebam ali todas as curas emocionais e todas as curas devocionais em todos os corpos – recebam isso amplamente em suas consciências, em seus chacras, em seus corações, em cada célula, em cada átomo, em cada pequenina partícula de vida que habita em vocês. Desejem isso de coração, com toda a sua força, agradecendo a grande prestação de serviço Humanitário, Angélico, Dévico, Elemental, de Intraterrestres e Extraterrestres de todas as Dimensões, de todos os Planos, em todos os Reinos e em todos os Níveis.

Tudo o que é fora, é dentro; e tudo o que é em cima, é embaixo, portanto, Eu Sou em cada um.

Conectados com o Portal e com as Forças do Túnel do Tempo de Lord e Lady Sírius nós saudamos todas as energias do Disco Solar, todas as Fontes de Luz e de Amor e da própria Vontade Divina dos Grandes Deuses Hélios e Vesta, o Deus Apolo, os Deuses do Sol.

Saúdem o Grande Sol Central de Alfa e Ômega, a nossa Fonte Suprema, os Sóis irmãos de Ísis e Osíris, Krishna e Sofia, Apolo e Diana, Aura e Auréola, Aurora e Luz, Hércules e Amazon – nossos Deuses-Sóis e Irmãos.

Saúdem o Grande Leão, símbolo da Vontade e Autoridade Divina do signo Solar; o Leão que impera no coração, que impregna o próprio templo do Egito, em Gizé – o primeiro templo que foi reconhecido com a primeira abertura dos onze portais. Quando este Leão Solar se ergueu, toda a Humanidade se levantou.

Que a generosidade de Deus-Deusa, através do Leão Solar, manifeste-se na Humanidade por Amor, por Amor Devocional, por Amor Sabedoria, simplesmente por Amor.

Agradeçam a todos os Seres que os assistirem nesse trabalho: aos Bem-Amados Arcanjos Uriel e Donna Graça, aos Elohins Tranquílitas e Pacífica, a todo esse Amor dispensado à toda a Humanidade; esse Amor que nós aprendemos a dispensar ao nosso próprio Cristo e quando reconhecemos a nossa própria tarefa, a nossa missão.

Agradeçam aos 12 Raios, a todos os chacras, a todos os Arcanjos e Arqueias, pela abertura desses templos. Agradeçam à Bem-Amada Mestra Pórtia, pela sua benevolência em atender ao Chamado de todos os Corações na Terra que clamam pela Oportunidade e pela Justiça Divina. Agradeçam à Senhora do Conselho Cármico, Alma Gêmea de Saint Germain, e também a esse Grande Mestre.

Transmitam seu eterno reconhecimento e reverência ao Espírito da Grande Fraternidade Branca Universal dos Planetas. Transmitam a eterna gratidão aos irmãos da Terra, pelo caminho trilhado e pelo caminho ainda a trilhar – que se estendam estradas de Luz para que os encontros sejam sempre Fraternos e Crísticos. Percebam a importância desses reencontros e dos ajustes, mesmo nas horas de conflito, mesmo nas horas difíceis.

Agradeçam ao Senhor do Carma, ao Bem-Amado Saturno, que ensina a lidar com o carma de forma alegre, pois esse é o verdadeiro ritmo: a possibilidade de remanejarmos a vida com a alegria, com sabedoria. Não a teoria dos livros, que ajuda e orienta, mas a verdadeira sabedoria interna, vivenciada no 8º Raio.

Transmitam uma eterna gratidão à própria Grande Consciência Universal de Alpha e Ômega; Hélios e Vesta; Áries e Thor; Netuno e Lunara; Virgo e Pelleur; e também às Zeladoras Silenciosas Imaculata; Circulata e Infinita; à Bem-Amada Amarílis, Deusa da Primavera; ao Bem-Amado Arcanjo Miguel e a todos os seus Anjos.

Devotem seus sentimentos mais profundos à manutenção desse eterno laço, a fim de que a Humanidade nunca mais fique desnorteada, pois esse foi o motivo pelo qual nos perdemos – por nos distanciarmos do Arcanjo Miguel e das Legiões de Luz.

Que daqui por diante permaneça para sempre em suas Almas o Selo do Amor, como um elo da ligação profunda, para que se lembrem dele e, imediatamente, retomem o caminho.

Que o Amor possa se estabelecer como uma grande fonte de Harmonia, de Alegria, de Companheirismo, de Cumplicidade e que esses laços jamais possam ser perturbados pelas pequeninas coisas, transformando-se em um grande laço de Amizade e de Amor. Agradeçam em voz alta, ou silenciosamente, aos seus Cristos e à Fraternidade.

Agradeçam e tragam a energia consciente de volta ao plano físico.

Que Assim Seja!

2º Raio Amarelo

DIRETORES: Mestre Lanto, Mestre Confúcio e seu Complemento Divino Lady Soo Chee. Mestre Djwhal Khul nos iluminam a mente, esclarecendo a alma e acessando o conhecimento espiritual ao nosso SER, corrigindo nossa personalidade com o discernimento, tornando-nos sensíveis, atentos e corretos.

ARCANJOS: Jofiel e Constância.

ELOHIM E ELOHA: Cassiopeia e Minerva.

SIGNO: Câncer (21 de junho a 22 de julho).

DRAGÃO YELLOW: libertador da mente. Libera a nossa mente de crenças antigas, argumentos mentais, pensamentos compulsivos decorrentes de sofrimento e drama. Planetariamente, trabalha com a limpeza da camada do consciente coletivo em volta da Terra.

DRAGONA YELLOW: traz leveza e assimilação de coisas novas, nas frequências de energia positiva. Ativa a Chama Amarela no Coração, conectando-a ao Eu Superior.

BABY YELLOW: clareia a mente, com alegria, amor pela vida, curiosidade e leveza, onde tudo é possível. Trabalha com a limpeza do inconsciente coletivo.

UNIDADE DA DIVINDADE SOLAR SOB SUA INFLUÊNCIA: Iluminação.

RETIRO PLANETÁRIO: o Templo da Consciência do Grupo Avatar/ Conselho Cármico (30/06).

QUALIDADES DIVINAS: Amor Sabedoria. Entendimento Iluminado, Iluminação Divina, Compreensão, Constância, Percepção, Estimulação e Identificação do Crescimento Espiritual, Momentum do Progresso, Precipitação, Consciência Crística, Paz, Discernimento, Intuição, Equilíbrio, Conhecimento, Vitória e Prosperidade.

PROPÓSITO DIVINO: visão da totalidade, fixar-se na Realidade Solar acima de todas as outras realidades, Conceito Divino Imaculado, Visualização, Percepção Iluminada do Plano Divino, Idealismo, Reino da Idealização, Clarividência, Conceber todas as coisas Imaculadas e Divinamente.

MENSAGEM: que a Divina Sabedoria e Iluminação se manifestem requalificando a energia do seu corpo físico, purificando-o de todas as imperfeições, enviando para todos os seus chacras toda a energia vital. Medite sempre e invoque os mestres e o Arcanjo Jofiel, para que as suas qualidades Divinas se manifestem.

INVOCAÇÃO DOS CHOHANS DO 2º RAIO AMARELO:

EU SOU a Poderosa Atuação do Raio Amarelo da Amada Lady Soo Chee, preenchendo a nós, o Planeta Terra e a Humanidade com a Chama da Iluminação e da Sabedoria Divina.

INVOCAÇÃO DOS ARCANJOS DO 2º RAIO AMARELO:

EU SOU a Poderosa Atuação dos Amados Arcanjos Jofiel e Constância e os Anjos da Segunda Esfera, preenchendo... (nome) com a Chama Amarela da Iluminação, do Entendimento e da Consciência no serviço à Luz.

INVOCAÇÃO AO ELOHIM E ELOHA DO 2º RAIO AMARELO:

EU SOU a Poderosa Atuação dos Amados Elohim e Eloha Cassiopeia e Minerva e os Iluminados Devas do 2º Raio, preenchendo-me com a Chama Amarela-Dourada do Discernimento e da Intuição Precisas no serviço à Luz e a toda Humanidade.

INFORMAÇÕES GERAIS: vários foram os Mestres desse Raio; primeiro, tivemos o Mestre Kuthumi, que foi São Francisco de Assis, Pitágoras e Gaspar, um dos Reis Magos; em seguida, o Mestre Lanto e, finalmente, o Mestre Confúcio, que antecedeu à Lady Soo Chee e é sua Alma Gêmea.

Meditação acessando o Retiro Planetário do 2º Raio Amarelo

Entrem em contato com a Consciência do Grupo Avatar Global. Sintam o Amor passando pelos ares, passando pelas águas, trazendo a Iluminação Divina e manifestando essa Iluminação em todas as Consciências Avatáricas, pois todo Ser Humano é um Ser Avatárico.

As energias se manifestam através do cone do Disco Solar – procurem trazê-las para seus corpos físico, espiritual, mental e emocional. Permitam que a própria energia da Presença Divina se manifeste em seus corpos, pois assim esse Templo vai manifestando toda a sua Luz e abrangendo completamente a sua Consciência e toda a Humanidade, manifestando a sua Sabedoria Interna, requalificando-a na condição Avatárica e proclamando a Independência, a Liberdade e a Igualdade Interna de todo Ser Humano.

Do centro do nosso Coração explode a mais linda bola Dourada, de onde se apresenta a nossa Sagrada Estrela, nosso Cristo Interno, nosso Amor Sabedoria manifestado na Terra.

> Amado e Sagrado Cristo Interno, Eu Sou no Coração de cada um de toda a Humanidade – eu Vos amo e Vos adoro!
>
> Apelo à Chama Dourada do Amor e da Iluminação do Cristo Cósmico para envolver-nos uns aos outros e a toda partícula de vida com a qual entremos em contato.
>
> Eu Sou a Iluminação e a Sabedoria; tudo o que fazemos, tudo o que tocamos, eu abençoo.
>
> Eu Sou consciente de que em nosso corpo físico vive a Chama da Cura, que nos restaura e purifica de toda imperfeição.
>
> Eu Sou consciente de que em nosso corpo físico vive o Infinito Poder do Suprimento para qualquer exigência e necessidade.
>
> Eu Sou consciente de que em nosso corpo físico vive a Iluminação de nossa Consciência Interna.
>
> Eu Sou consciente de que em nosso corpo físico vive a Inteligência que prova, através de cada forma, a perfeição que jaz na essência primeva.

Eu Sou consciente de que existe somente uma Força, um Poder Deus-Deusa em ação em nossos Corações, e que essa Força atua na medida em que nela depositamos Fé; portanto, manifestai o Sagrado Cristo Interno em nossos corações e deixai que se cumpra o Vosso Plano Divino em cada um de nós, aqui e agora.

Procurem sentir-se dentro do coração, com toda a Verdade do Serviço Crístico. Pensemos no Metre Jesus, trabalhando com o nosso Cristo e com o Cristo Cósmico, que é o Cristo Maitreya, e com o Cristo Solar, que é uma Hierarquia muito acima de todos nós, até mesmo de Maitreya. Formemos uma enorme corrente. Reunamos os Cristos de toda a Humanidade e formemos um Grande e Único Cristo.

Visualizemos uma grande Estrela Brilhante no centro da Terra e no centro dos nossos Corações, dando forma a esse Cristo Planetário que recebe as bênçãos de Jesus Cristo, de Maitreya e do Próprio Cristo Solar. Visualizemos nossas Estrelas, cada vez maiores, abrangendo a Terra em toda a sua Onipotência, Majestade, Glória e Esplendor. Que todo o Brilho e Potência de Luz sejam trazidos para a Terra através de nós.

Permaneçamos centrados no nosso Disco Solar, na Estrela do Cristo, nos nossos Corações – Eu Sou aqui, Eu Sou ali, Eu Sou em toda parte.

A leveza do Cristo é muito próxima da Alegria. O Cristo vai expandindo a Luz em todos os movimentos do corpo, em todos os sons dos corpos, em todas as cores e em todas as formas de todos os corpos.

Procurem sentir fisicamente o Cristo no Coração, enviando Luz para os chacras superiores. Respirem profundamente e, ao mandarem toda a Luz para cima, imediatamente os chacras de baixo também se acendem.

EU SOU, I AM, EU SOU, I AM, EU SOU, I AM.

DECRETO AOS ARCANJOS JOFIEL E CONSTÂNCIA

Amados Arcanjos Jofiel e Constância! Nós Vos amamos e Vos abençoamos. Agradecemos o Grande Serviço prestado a nós e a toda Humanidade, carregando nossos Corações com o vosso sentimento de Poder Divino para que, com o Poder da Luz e do Amor, sejamos Mestres de todas as circunstâncias da vida que estão em nosso caminho; que com essa Força e esse Poder nós sejamos capazes de realizar toda ideia celeste que recebemos do Coração Divino, concretizando-a na Terra.

DECRETO AOS ELOHINS CASSIOPEIA E MINERVA

Amados Elohins Cassiopeia e Minerva! Nós Vos amamos e Vos abençoamos. Agradecemos por tudo o que significais para a Terra e para a Humanidade. Ajudai-nos a aplicar a Ciência da Precipitação até o término e a receber diariamente a ideia do Coração de Deus Pai e Mãe e, com plena consciência, ajudai-nos a realizá-la.

DECRETO DE ILUMINAÇÃO PARA LÍDERES DA NOVA ERA DA LIBERDADE

Com todo Poder e Autoridade da Amada Presença de Deus-Deusa Eu Sou, nós decretamos a Iluminação Divina para os líderes que recebem os ensinamentos da Nova Era nos níveis internos. Mandamos que se ponham em contato com os indivíduos já despertos e alertas em suas consciências exteriores e sob a ação do Fogo Violeta, de forma que o processo purificador, transmutador e iluminador possa ser difundido rapidamente entre todos. Nós aceitamos esse decreto, realizado no mais sagrado nome de Deus-Deusa. EU SOU, I AM, EU SOU, I AM, EU SOU, I AM. Eu Sou um discípulo da Luz! Eu Sou um discípulo da Luz!

Assumam internamente suas posturas. Não se permitam ser consumidos por energias vindas do exterior; tenham o controle e o domínio da energia. Concentrem, agora, toda a energia nos seus afazeres dos próximos dias; concentrem-na em todas as coisas que precisam ser resolvidas e coloquem tudo à sua frente. Coloquem soluções e problemas e sintam-se grandes o suficiente para resolvê-los.

Um Cristo encarnado na Terra nos lembra muito o que o Mestre Jesus fazia há 2 mil anos; só que há 2 mil anos não havia tecnologia, transporte, comunicação, nem tampouco tempo para pensar. Então, pensem agora na solução de seus carmas, nos que foram pagos e nos que serão pagos com a solução de seus problemas pessoais, deem-se a merecida atenção – todos os seus carmas serão pagos, e o que tem que ser pago agora é o planetário. Só podemos ajudar o carma planetário resolvendo nossos problemas pessoais. Em cada um de nós está a solução do mundo, com Amor e Vontade Divina: não pode ser nada mais, nada menos que isso.

Olhem bem para as soluções de todos os problemas e carreguem-nas de Energia Crística, iluminem com Dourado e sintam tudo se resolver. Recebam a mensagem mentalmente, pois o Cristo Interno é o próprio Eu Superior, aquele que lida com a mente mais elevada. Então, vamos dar espaço para essa mente superior comunicar-se conosco.

Sempre que precisarem de solução para algum problema, peçam ajuda aos seus Cristos; Ele a buscará em outro nível, em outra dimensão e a trará preparada. Agora, assumam o comando. Comandem seus Cristos, pois com esse tipo de ajuda não há nada que não possa ser resolvido.

Eu Sou a solução desse problema aqui e agora.

Eu Sou a resolução de tudo aquilo na minha vida, em qualquer assunto. Que Assim Seja!

3º Raio Rosa

DIRETORES: Mestra Rowena e Bem-Amado Maha Chohan. Transmitem o Amor Incondicional, é a força que sustenta a tudo e a todas as coisas, ser ou pessoa. Na Terra, amamos e sustentamos muita coisa com que compactuamos. E você? É hora de escolher ser Feliz, Belo, Educado, Cortês e Diplomata – consigo mesmo!

ARCANJOS: Samuel e Caridade.

ELOHIM E ELOHA: Angélica e Orion.

SIGNO: Gêmeos (21 de maio a 20 de junho).

DRAGÃO PINK: dragão do coração. Amplia a capacidade de dar e receber Amor. Silencia a voz do crítico interior. Cicatriza o coração partido.

DRAGONA PINK: ajuda encontrar a chave para resolução de problemas como rejeição, dor, manipulação, vingança, punição e ódio. Convida-nos a interagir e amar nosso lado negro para trazê-lo para o Amor.

BABY PINK: trabalha com o amor próprio e incentiva a se manter verdadeiro consigo mesmo e seguir o próprio coração. Abre o coração para nos aceitarmos e nutrirmos do jeito que somos.

UNIDADE DA DIVINDADE SOLAR SOB SUA INFLUÊNCIA: Amor Divino.

RETIRO PLANETÁRIO: Lord Maitreya e seu Templo do Dourado Equilíbrio, é o Cristo Cósmico e Guru de Jesus.

QUALIDADES DIVINAS: Amor Universal. Amor Divino, Harmonia, Adoração, Beleza, Tolerância, Tato, Compreensão, Diplomacia, Abundância, Humanitarismo, Reverência por toda a vida, Equilíbrio do Corpo Emocional, a Sagrada Substância da Natureza Sentimental da Humanidade.

PROPÓSITO DIVINO: o Ser Deus Individual dentro do todo, personificação Divina, reconhecer o "EU SOU" em cada plano de existência, Diferenciação, Singularidade, Identidade Divina, Eu Divino, Evolução em Pessoa Divina.

MENSAGEM: que o aprendizado trazido de outras vidas possa ativar a generosidade existente dentro do seu ser e que a sua personalidade dúbia possa se disciplinar para receber as bênçãos do Amor e da Gratidão que o libertarão do carma adquirido pelo egoísmo. Busque dentro de si a conexão com o Raio Rosa e os Mestres que o dirigem, e também com o Arcanjo Chamuel (Samuel), e o Amor será uma constante em sua vida.

INVOCAÇÃO DOS CHOHANS DO 3º RAIO ROSA:

> EU SOU a Poderosa Atuação do Raio Rosa da Amada Mestra Ascensionada Rowena, preenchendo a nós, o Planeta Terra e a Humanidade com a Chama do Amor Cósmico Incondicional e Adoração Divina.

INVOCAÇÃO DOS ARCANJOS DO 3º RAIO ROSA:

EU SOU a Poderosa Atuação dos Amados Arcanjos Samuel e Caridade e os Anjos da Terceira Esfera, envolvendo........ (nome) com a Chama Rosa do Amor Divino e Adoração.

INVOCAÇÃO AO ELOHIM E ELOHA DO 3º RAIO ROSA:

EU SOU a Poderosa Atuação dos Amados Elohim e Eloha Orion e Angélica e os Amorosos Devas do 3º Raio, envolvendo-me com a Chama Rosa do Amor, Gratidão e Reverência a toda Vida.

INFORMAÇÕES GERAIS: a Mestra Rowena veio de Vênus e partilha a atuação neste Raio com a Mestra Nada, que era do 6º Raio.

A Mestra Nada é cerca de 4 mil anos mais antiga que Jesus. Na sua última encarnação, todas as suas irmãs (4 ou 5) eram artistas: uma cantava, outra pintava, outra dançava... todas tinham alguma forte manifestação artística. Nesta encarnação, Mestra Nada tinha um problema na coxa. Não se sabe qual era o seu carma nem o porquê de ela ter vindo com o problema na perna, pois, sendo a sua última encarnação, supõe-se que seus dotes deveriam ser melhores que em outras vidas. Contudo, ela só limpava a casa, enquanto as irmãs desenvolviam talentos artísticos; à noite, sua função principal era rezar nos pés da cama de cada uma delas para que atingissem a perfeição artística através do Amor. E ela o fez todas as noites dessa sua vida. Foi assim que ela conseguiu a sua mestria, pois suas irmãs foram brilhantes nas suas expressões artísticas.

Quando ela ascensionou do seu corpo físico, perguntaram-lhe qual o nome cósmico que ela gostaria de receber. Sua resposta foi que seu nome era Nada, porque ela nada tinha feito – apenas amado.

A Mestra Nada também atua na linha da Justiça.

Certo dia, enquanto eu refletia no meio do caos, dentro de um ônibus, com barulho, bagagem e filho no colo, pensei Nela e em poucos segundos recebi a seguinte mensagem: "Quem nada tem, tudo igualmente lhe pertence. Creia-me, fui muito mais feliz assim do que podes imaginar!" E pensei comigo: um dia eu chego lá...

Meditação Acessando o Retiro Planetário do 3º Raio Rosa

Dentro do templo de Maitreya existe um Fogo Dourado. Todos estão convidados a entrar no Fogo Crístico.

Ao lado de Maitreya está o Mestre Jesus e todos os Seres aos quais nós servimos durante 2 mil anos. Quem sabe quantas vidas nós levamos nos preparando para o momento de hoje. Desde 2 mil anos atrás! Dediquemos nosso Eterno Amor e Gratidão a esses Grandes Seres Avatáricos.

Dirijamo-nos ao nosso próprio Cristo Interno. Que o Fogo Violeta atue agora liberando nossas falhas de vidas passadas para que possamos aprender a generosidade para com o nosso próprio ser, a conexão e a disciplina para com a nossa própria personalidade e o nosso próprio ego, que muitas vezes, tentando corrigi-lo, nós os massacramos.

E ao nosso ego, que ele tenha a flexibilidade de perceber os momentos críticos e os ultrapasse, abençoando-os.

Procurem receber ao máximo as bênçãos, ampliando a função do Disco Solar. No centro do Disco Solar, onde está o cristal, o diamante poderoso, o diamante do próprio Grupo Avatar, que é a composição de todos os diamantes internos de todas as pessoas; e dentro desse diamante manifesta-se a mais bela Chama Trina, o Templo do Equilíbrio manifestado na Terra de Maitreya do próprio Cristo Planetário.

Sintam bem as forças deste Cristo atuando: o Cristo Avatárico e o Cristo Maitreya, com o Cristo Jesus e com o Cristo Individual de cada um da própria Humanidade.

Expandindo, expandindo, expandindo agora como fonte universal de todas as coisas boas. Amor Divino e Iluminação vão se manifestando e nosso coração entra em Estado de Graça, de Gratidão e de Amor, pelas oportunidades oferecidas à própria Terra e à própria Humanidade; pela Requalificação, Regeneração e Reconstituição, estruturando totalmente o nosso caminho.

Que assim seja!

Meditação de Conexão com o 1º Raio Azul, 2º Raio Amarelo e 3º Raio Rosa

Dentro de uma pirâmide Azul, vamos nos encontrar com nosso trabalho interno. Visualizem o Sol Dourado, bem firme, forte.

Respirem profundamente pelo nariz e soltem as tensões pela boca, suavemente, soltando o Cordão de Prata, acendendo todos os chacras: Portão Estelar, Estrela da Alma, Coronário, Frontal, Causal, Coordenador, Laríngeo, Cardíaco (acendam a Chama Trina), Plexo Solar, Umbilical, Genético, Básico e Estrela da Terra, para nos dar a ancoragem necessária. Quem quiser pode unir os dedões dos pés para fechar o circuito, para ficarmos dentro de uma energia mais pessoal, dentro do próprio corpo.

O Grande Cone Dourado se apresenta como a Luz do próprio Cristo; a nossa Chama Trina vai se acelerando e vamos procurando manter toda a Consciência Nela, no Azul, Dourado e Rosa, proporcionando-nos o Perfeito Equilíbrio Interno.

Vamos sentindo as Chamas Azul, Dourada e Rosa subindo pelas nossas cabeças, equilibrando os hemisférios direito e esquerdo. A Chama Solar vai subindo, bem no centro da cabeça; a energia vai se elevando até o Sol da Presença Divina do Eu Sou. O grande cone vai nos deixando cada vez mais equilibrados e energizados.

Dentro da linhagem do Amor e da Sabedoria, saudemos o Bem--Amado Mestre Kuthumi, Mestre Lanto, Mestre Confúcio, Lady Soo Chee, Djwhal Khul, Buda Gautama e toda a linhagem do Dourado: os Bem-Amados Arcanjos Jofiel e Constância, os Elohins Minerva e Cassiopeia. Saudemos o Deva Bem-Amado Lemuel, Chefe de todos os Devas Elementais.

Saudemos o Centro da Terra, o eixo de Polaris e Magnus.

Saudemos o Grande Sol Central Interno e o Grande Sol Central de Alfa e Ômega.

Saudemos, agora, o nosso Cristo Interno, o Sol que habita dentro de nós, que mora na profundidade das nossas costas. Em uma atitude de

Humanidade, Amor e Sabedoria, peçamos licença e penetremos nessa Chama Crística, certos da volta do Amor Maior e do aconchego interno.

Que o Equilíbrio, a Iluminação, a Percepção, a Atenção e a Intuição voltem-se para dentro de nós.

Vamos nos conectar com Lord Maitreya ao mesmo tempo em que estamos no Centro da Terra. Estamos aqui e estamos no Templo Dourado do Equilíbrio de Maitreya, aquele que foi o guru de Jesus, que ficou no corpo de Jesus dos 30 aos 33 anos e que é o Cristo Cósmico da Terra – procurem sentir-lhe a Força, a Luz, a Energia, a Vibração e a Consciência Crística dentro da maior humanidade possível. Nós desejamos ser Cristos em ação, ao lado dos 10 bilhões de Almas encarnadas na Humanidade; todos são Cristos.

Eu e o Cristo somos Um.

Eu, a Humanidade e o Cristo somos Um.

Que a segunda vinda do Cristo se manifeste amplamente pelo Disco Solar agora!

Nós entramos em contato com o Reino Físico da Terra, com a nossa Chama Trina, com a Chama Trina de toda a Humanidade Terrestre, com a Fraternidade Crística em Shamballa e, neste momento, com o Templo Planetário de Maitreya e com Terceiro Aspecto de Deus, que é o Amor Divino, regido por Gêmeos, onde os Deuses Áries e Thor se manifestam pelo Ar. Que todo esse Amor, esse Amor Divino, misture-se ao Amor Sabedoria de Maitreya; e nós, no Centro da Terra, do Disco Solar, nos colocamos à disposição desse Amor, para atingirmos o Centro Crístico de toda a Humanidade.

Que Assim Seja!

4º Raio Branco

DIRETORES: Mestre Serapis Bey e Ísis. Sustentam a perfeição, para ser atingida tem que passar pela pureza. Esta, por sua vez, tem que passar a harmonia pelo conflito. Você sabe o porquê? Pense num diamante e siga seu processo de nascimento e existência. Ao se dar esse trabalho, você está burilando a melhor parte de você! Do carvão ao diamante e deste ao brilhante. Entregue-se à sua Vontade.

ARCANJOS: Gabriel e Esperança.

ELOHIM E ELOHA: Claire e Astréa.

SIGNO: Touro (20 de abril a 20 de maio).

DRAGÃO WHITE: Luz Purificadora. É o que voa mais alto, encontrando as vibrações necessárias no Universo para nos ajudar com nossos propósitos. Libera bloqueios no corpo que causam dor, fazendo fluir a energia. Trabalha os limites para que não haja invasões de uns com os outros. Ótimo onde há superaquecimento.

DRAGÃO CRYSTAL: renova a confiança no Mundo espiritual. Conecta--nos com a versão curada de nós mesmos para andarmos nessa direção.

DRAGONA WHITE: nos ensina que a reclusão e o desapego, às vezes, são importantes, e nos ajuda a purificar as nossas relações.

DRAGONA CRYSTAL: permite-nos fazer amizades verdadeiras com pessoas diferentes de nós, auxiliando o progresso das conexões materiais e interdimensionais.

BABY WHITE: energia de Pureza e Inocência. Libera choques, traumas ou passado e relembra nossa essência verdadeira: luz e amor.

BABY CRYSTAL: deixa entrar Luz para quebrar padrões de comportamento e traz confiança na capacidade de superar bloqueios. Quando achamos que tentamos tudo e nada deu certo, ele aparece com a solução, renovando a confiança no mundo espiritual, permitindo-nos fluir de novo na nova energia.

UNIDADE DA DIVINDADE SOLAR SOB SUA INFLUÊNCIA: Pureza.

RETIRO PLANETÁRIO: um Foco Solar e Planetário ou Espírito Santo

Espírito Santo Cósmico – Santo Aéolus

Espírito Santo da Terra – Maha Chohan

QUALIDADES DIVINAS: Amor Puro. Pureza, Artes, Esperança, Ascensão, Ressurreição, Conceito Imaculado, Restauração, o Sagrado Alento, a Sagrada Substância da Natureza da Mente da Humanidade.

PROPÓSITO DIVINO: investidura, tomar posse das "Dádivas dos Reinos", ser lotado pelo Grande Universal "I AM", autorizado (autoridades) para agir como Deus/Deusa, Evoluir para ser Soberano na Evolução em Pessoa Divina.

MENSAGEM: procure alcançar sua divina determinação através da sabedoria da Lei Divina e estará liberando sua força interior. Dessa forma, entrará em harmonia consigo mesmo e com o seu meio ambiente. Mentalize a dissolução das divergências, transforme tudo em Amor e encontrará a Plenitude. Atue com os Mestres deste Raio e com o Arcanjo Gabriel e as alegrias serão anunciadas.

INVOCAÇÃO DOS CHOHANS DO 4º RAIO BRANCO:

EU SOU a Poderosa Atuação do Raio Branco do Amado Mestre Ascensionado Serapis Bey, preenchendo a nós, o Planeta Terra e toda a Humanidade com as Chamas Cósmicas da Pureza, da Esperança, da Força e da Ascensão.

INVOCAÇÃO DOS ARCANJOS DO 4º RAIO BRANCO:

EU SOU a Poderosa Atuação dos Amados Arcanjos Gabriel e Esperança e os Anjos da Quarta Esfera, carregando.... (nome) com a Chama Branca Cristalina da Pureza e Esperança e o vigor da Chama Madrepérola da Ressurreição e da Ascensão.

INVOCAÇÃO AO ELOHIM E ELOHA DO 4º RAIO BRANCO:

EU SOU a Poderosa Atuação do Elohim e Eloha Claire e Astréa e os Transparentes Devas do 4º Raio, carregando-me com a Chama Azul, Branco-Cristalina da Ascensão Absoluta com Pureza Cristalina e Todos os Seres da Criação.

INFORMAÇÕES GERAIS: o Mestre Serapis Bey, Osíris no Egito, foi um grande lutador. Foi Epaminondas, um grande guerreiro, segundo a linha de Mestres da Unificação Cultural de Portugal. Também no 4º Raio temos a atuação do Mestre Leonardo da Vinci, em prol das artes, do Planeta e do Brasil.

Meditação Acessando o Retiro Planetário do 4º Raio Branco

Vamos entrando no Retiro Planetário – um Foco Solar, o Retiro do Espírito Santo.

Ó Magnificente Espírito Santo, com todos os olhos de nosso Deus Pai-Mãe! Amado Maha Chohan, Espírito Santo para este Planeta: EU SOU a Ressurreição e a Vida do Santo Alento em nossos pulmões e nos pulmões de todo Grupo Avatar e de todo o Grupo dos Novos Servidores do Mundo.

Eu Sou a Ressureição e a Vida do seu Santo Alento, através de nossa voz e através da voz de todo o Grupo Avatar e de todo Grupo de Novos Servidores do Mundo.

Eu Sou a Ressureição e a Vida do Santo Alento, carregando-se através de nossa mente e através da mente de todo Grupo Avatar e de todo Grupo de Novos Servidores do Mundo.

Eu Sou a Ressureição e a Vida do Santo Alento, carregando-se através de nossos chacras e através dos chacras de todo Grupo Avatar e de todo Grupo de Novos Servidores do Mundo.

Eu Sou a Ressureição e a Vida do Santo Alento, penetrando nossos sentimentos e os sentidos de todo Grupo Avatar e do novo Grupo de Servidores do Mundo.

> Eu Sou a Ressureição e a Vida do Santo Alento em cada uma de nossas casas e em cada célula de todo o Grupo Avatar e do novo Grupo de Servidores do Mundo.
>
> Eu Sou a Ressureição e a Vida do Santo Alento, preenchendo todo o nosso ser e o ser total de todo Grupo Avatar e do novo Grupo de Servidores do Mundo.
>
> Assim Seja! Com Amor Divino em ação, EU SOU, I AM, EU SOU, I AM, EU SOU, I AM.

Respirem profundamente e vamos agora trabalhar com o Templo da Consolação do Bem-Amado Maha Chohan, que fica na Ilha Sri Lanka, ao Sul da Índia, em meio a uma plantação de chá, oculto aos olhos curiosos e incrédulos.

Neste aprazível local, avistamos o mar, onde o Oceano Índico forma a bacia de Bengala. Na entrada do átrio, vemos sete expressivas estampas da Santíssima Trindade, cada uma representando um degrau mais alto no caminho que une o discípulo ao seu Divino Eu.

Santo Aeolus, predecessor dessa cidade de Luz, ocupou por longo tempo o posto de Maha Chohan. Seu sucessor nesta função é o Chohan que, em tempos idos, ocupava o 3º Raio – é o Mestre Paulo Veneziano.

Esse Foco de Luz, que é o Raio do Consolo, é atraído e ancorado neste Planeta desde longas eras.

Os Dirigentes dos 7 Raios Cósmicos estão subordinados ao Maha Chohan, ou seja, o Grande Dirigente, e dele recebem sua parte na Irradiação Cósmica. Cabe a cada um dos dirigentes vivificar e reforçar o Raio ao qual serve.

Todos os Senhores dos 7 Raios reúnem-se no recinto desse Foco de Luz, o templo de Maha Chohan, para estudar e analisar, em conselho, a possibilidade do auxílio mais intensivo à Humanidade, auxílio este que deve ser derramado em toda a parte, que deve abençoar e renovar a irradiação do Espírito Santo para este Planeta.

O reino da natureza também recebe a abençoada corrente de energia vitalizante, a fim de completar sua tarefa.

O Maha Chohan espera que os discípulos que o cercam se prontifiquem a ser os Guardiões de seus irmãos; isto quer dizer que, toda criação desarmônica dos homens, projetada na aura dos discípulos, deve imediatamente ser dissolvida e transmutada em Amor, através do Fogo Violeta, evitando, assim, que o corpo emocional do discípulo vacile e recaia em novas causas desarmônicas; todavia, isso requer uma mente atenta e repleta de Amor Impessoal, atitudes que não são praticadas normalmente. Lembremo-nos dos Raios Sutis.

PALAVRAS DO MAHA CHOHAN:

O perdão oriundo do Amor e da Sabedoria da Lei Divina é o meio eficaz para os discípulos liberarem a Força Interna; somente quando o discípulo estiver em plena sintonia com seus semelhantes poderá ser Amor, com condições primordiais a serem saudadas.

É uma sábia organização a natureza, pois toda a vida evolutiva anela somente a perfeição, e esta apenas poderá ser alcançada se a lei da Harmonia estiver presente.

O homem também se adapta a essa lei. Se ele quiser conquistar sua Divina Determinação, ele deverá esforçar-se em gerar ordem e paz em seu próprio mundo; só então é que seus corpos inferiores, mental e emocional estarão em harmonia entre si – só quando o seu corpo físico reage ou conforta-se dentro de um agradável instinto perfeito.

Esse é o meio gratuito para se restabelecer a saúde perdida: examinando as divergências que vêm de nós ou do nosso próximo e que ainda não foram dissolvidas e transformadas em Amor. E se persistirem os maus pensamentos, sublimai-os; sublimai tudo o que prende à inveja, ao ódio ou à malícia de toda natureza. Usai o misericordioso Fogo Violeta, pois ele liberta não só a nós, mas também as pessoas com as quais por ventura tivermos algum tipo de desentendido.

Repito: o remédio mais eficaz é o Amor, que dilui todo o ódio.

Amado Maha Chohan Paulo, o Veneziano – nós vos amamos e vos abençoamos; agradecemos a tudo o que tendes feito por nós e por toda a Humanidade. Ensinai-nos a ser Nobres e que tenhamos o privilégio de possuir as Vossas virtudes, como a Tolerância, o Tato, a Diplomacia, a Paciência, a Gratidão e a capacidade de Saber Conviver com nossos semelhantes.

Que assim seja!

Vinde, Espírito Santo! Trazei-nos o vosso Amor, magnífico Aeolus! Servimos aos Céus como Filhos do Amor.

Amado Paulo, Maha Chohan! Cálice do Espírito Santo para este Planeta! Em nome de Deus e Deusa vivente, nós atraímos vossas línguas de Fogo e Consolo para oferecer a todos os homens, mulheres e crianças.

Ó Amada Chama I AM em nossos corações! Desabrochai e expandi, desabrochai e expandi, desabrochai e expandi em cada um de nós o sentido do Amor e da Gratidão, porque é através desse Grande Poder que poderá fluir a Chama da Maestria. Esse sentido de Amorosa Gratidão está no âmago do nosso ser.

Sem essa irradiação em nossas vidas, poderíamos nos perder no véu de Maya novamente.

Sejamos gratos por haver encontrado a Senda do Fogo Sagrado, que nos levará de volta ao Lar do Coração de Deus-Deusa.

Sejamos gratos, imensamente gratos, por haver encontrado a razão de ser e, com ela, a profunda paz em nossas Almas. (Mesmo após experiências difíceis no dia a dia, sempre poderemos retornar a essa Paz que reside na Senda do Fogo Sagrado, na qual encontramos a Luz).

Eu Sou Grata! Eu Sou Grata! Eu Sou Grata!

Eu Sou infinitamente grata! Assim Seja, Amado I Am.

Repitam e respirem profundamente. Procurem sentir a energia Rosa misturando-se dentro da Chama da Ascensão e da Ressureição. Vejam-nas misturando-se: Rosa, Dourado, Branco...

Que todo Amado Discípulo diga convicto: Eu Sou a Luz do Mundo. Se assim o fizerem, permitirão que suas forças positivas fluam livremente, abençoando toda a vida na ressureição de todas as forças.

Aceitai meu Amor, Amigos da Luz! Colocai vossa Energia e vosso Tempo no Serviço Prestado à Vida! Já desponta a Ressurreição no túmulo da intolerância, da impaciência e da falta da amabilidade, trazendo o impulso dos primeiros e tímidos rebentos à Luz do Conhecimento e da Ressurreição do Ilimitado Pensamento. Andai somente dentro do seu próprio círculo de vivência e na intenção do Amor ao próximo. A Ressurreição e a Convicção de que o Bem ainda vive, impulsionam mais e mais suas raízes dos corações dos homens.

Assim fala Mãe Maria, quando nos dirigimos ao Templo da Ressurreição, que está sobre a Cidade Santa.

A Chama da Ressureição põe em movimento uma acelerada vibração de efeitos benéficos que se irradia através das células do corpo, facilitando-lhe elevar-se da sua autocriada limitação e permitindo-lhe livrar a sua Luz Interna de todas as trevas.

Como sempre, quando chega a primavera em nosso hemisfério, a natureza desperta e atuam as forças da Chama da Ressurreição, dando novo impulso ao desenvolvimento generalizado no reino da natureza vegetal e na vida em geral.

Deste modo, cada ser, quando recebe por meio dessa força incentivadora e renovadora um novo estímulo evolutivo, deve assimilá-lo muito bem e permitir que ele extravase de si para toda a vida.

Em tempos remotos, enquanto o homem ainda vivia consoante as Leis Universais, não existia para ele qualquer necessidade adicional da Força da Ressurreição e suas irradiações apenas promoviam um novo despertar no reino da natureza.

O Foco de Luz da Primavera, a Chama da Ressurreição na Terra, foi dirigido por Krishna e, desde então, tem sido sustentada e mantida com a Força e o Poder dos Grandes Seres Celestiais. A Força dessa Chama é parte integrante do evento da Ressurreição do Bem-Amado Jesus.

O Templo pulsa no reino etérico sobre a Cidade Santa. Vê-se o gigantesco edifício arredondado, construído com substâncias autoiluminada que se assemelham à madrepérola. No centro, onde a Chama está ancorada, vemos diversos corredores em forma circular, que é por onde os discípulos poderão acessar as Forças da Ressurreição e, dentro da Luz Maior, assimilá-las!

Quanto mais o discípulo conseguir elevar a sua própria vibração, tanto mais poderá cercar-se do Fogo Central da Nave desse Templo, pois lá cada um encontra o ambiente de estudo correspondente à sua evolução e recebe instruções e auxílio dos irmãos e irmãs para elevar-se em suas tarefas.

Todo discípulo que, noite após noite, frequentar o Templo da Ressurreição com o firme desejo de ser auxiliado, perceberá, no final do período de 30 dias, que acumulou uma grande reserva de força. Cabe-lhe, então, retornar ao seu círculo de atividades e distribuir as bênçãos recebidas, transformando-se em um Poderoso Foco de Luz atuante da Força da Ressurreição.

Palavras do Arcanjo Gabriel, que é o Hierofante desse Trabalho:

Compreensão é um conceito que os homens precisam aprender, incluindo basicamente decidir sobre o perdão e se querem, realmente, ser homens e não agir como animais irracionais.

Nesta época em que predomina o egoísmo, dificilmente encontra-se calor humano e compaixão, qualidades essas que os discípulos se propuseram reviver; são estas as virtudes que apontam o verdadeiro homem.

Por esse meio e, por meio da constante expansão das forças emitidas pelos Raios Cósmicos, o mundo irá restaurar-se; pouco a pouco o sentimento de Humanidade e o caráter humanitário irão se sobressair. Contudo, a impaciência e o descontentamento dos povos andam de mãos dadas! Tudo isso deve ser mudado em favor do bem comum, e só a divisão e a distribuição de trabalho para benefício e proveito comum é que trará maior equilíbrio em todos os sentidos.

Sabe-se que, para muitas pessoas, tal mudança será dolorosa, pois o tão apreciado luxo dará lugar a uma atuante participação do reerguimento do Planeta perfeito e belo.

Desejamos que haja discernimento e aprendizado de desapego.

Considerando-se tudo isso dentro do conceito de Ressurreição, de coisas boas: a hora chegou, a Humanidade deve despertar e começar a decidir.

Lastimavelmente, a maioria das pessoas não está preparada para cumprir uma ordem que não é capaz de entender. É preciso que sobressaiam as coisas boas que até agora não tiveram a possibilidade de se manifestar por falta de um portal aberto e receptivo.

O começo é comprometedor, meus amigos! Essa Vontade deve ser orientada e conduzida através do reto caminho; então, muita coisa positiva poderá se desenvolver.

Multiplicai vosso serviço prestado em favor das Forças da Luz, a Ressurreição do início dos séculos irá acontecer. A força destrutiva perderá a sua essência à medida que o poder aumentar; mas tudo isso necessita de um trabalho contínuo, esta obra somente poderá ser feita com muita Paciência e Amor, que nunca falham!

Que todo amado discípulo possa dizer convictamente – Eu Sou a Luz do Mundo – permitindo às forças positivas fluírem livremente na forma de bênçãos à toda vida, na Ressurreição de todas as coisas boas.

Lembremo-nos dos nossos irmãos; atuemos em nossos amigos, companheiros, familiares... que todas essas forças possam movimentar todos os lugares que trabalhamos, frequentamos e habitamos em nossas cidades, bairros e ruas; que se estendam às escolas das crianças, a todos os Prestadores de Serviços, enfim, a toda a Humanidade.

Que essa força atinja a todos os Trabalhadores da Luz! Que atinja qualquer lugar em que se façam trabalhos de Luz, de Conhecimento, de Cura, de Amor, de Liderança! Qualquer lugar que trabalhe para a Nova Era!

Que o Disco Solar nos beneficie tremendamente com todas essas forças e que possamos recebê-las multiplicadas em nossas auras. Tudo multiplicado no poder de 3 x 3 da Poderosa Chama Trina Eu Sou, I AM, em nossos corações, e no poder de 12 mil x 12 mil de Lord Maitreya.

Está Feito, Selado, Decretado e Autossustentado por Buda Gautama e por Sanat Kumara; com todo Amor, Alegria, Paz, Força e Autoridade Divina, até que somente a Vontade Divina se manifeste amplamente neste Planeta.

EU SOU, I AM, EU SOU, I AM, EU SOU, I AM.

Que Assim Seja! Amém!

5º Raio Verde

DIRETORES: Mestre Hilarion e Palas Athena. Direcionam a Verdade Suprema, Iluminada e Crescente, presentes de tal forma neste início de século e milênio, que não há quem não se questione em busca de verdadeiras respostas. Ilumine seus passos na Terra a fim de concretizar a missão.

ARCANJOS: Rafael e Regina (Mãe Maria).

ELOHIM E ELOHA: Vista e Cristal.

SIGNO: Áries (20 de março a 19 de abril).

DRAGÃO GREEN: encoraja a buscar este conhecimento para melhorar sua saúde, descobrir seu próprio potencial autocurativo e energizar seu espírito.

DRAGONA GREEN: Curadona. Traz uma conexão mais profunda com as energias da Terra. Conhecedora de todos os segredos curativos de todas as plantas, flores e árvores, ela sabe utilizar as energias da natureza para melhorar o bem-estar de todos que habitam o Planeta.

BABY GREEN: ajuda nos processos de cura, reabilitação física e energética, lembrando-nos de dedicar espaço e tempo para cuidarmos de nós mesmos.

UNIDADE DA DIVINDADE SOLAR SOB SUA INFLUÊNCIA: Verdade.

RETIRO PLANETÁRIO: as atividades do 4º Raio da Ressurreição e Ascensão com o Mestre Serapis Bey e o Arcanjo Gabriel.

QUALIDADES DIVINAS: Amor Verdadeiro. Verdade Iluminada, Cura, Consagração, Ciência, Concentração, Dedicação, Prosperidade, Visão Interna, o Olho de Deus que tudo vê, ser empossado com todas as Qualidades Divinas na Terra.

PROPÓSITO DIVINO: sabedoria sobre a Verdade Divina; tornar-se a Mente – Conhecimento Divino, ser Incisivo, Certeza, Confiança, Resolução, Independência consciente, Imparcialmente consciente e Serena Força de Vontade (vontade, decisão e determinação).

MENSAGEM: as pessoas só se dão conta que devem contatar as Grandes Forças do Universo quando sofrem abalos, desalentos e desassossegos. Para se atingir as metas almejadas é necessário buscar a Verdade Cósmica e a Purificação da Energia Vital, requalificando-a e preparando-a para que a Luz Divina possa iluminar os caminhos que vão ao encontro do objetivo maior. Coloque o seu plano em ação, mentalizando a Luz da Verdade do Ser Cósmico Palas Athena, o poder da cura do Mestre Hilarion e do Arcanjo Rafael.

INVOCAÇÃO DOS CHOHANS DO 5º RAIO VERDE:

> EU SOU a Poderosa Atuação do Raio Verde do Amado Mestre Ascensionado Hilarion carregando a nós, o Planeta e toda a Humanidade com as Chamas da Verdade Divina, Cura e Consagração.

INVOCAÇÃO DOS ARCANJOS DO 5º RAIO VERDE:

> Eu Sou a Poderosa Atuação dos Amados Arcanjos Rafael e Regina e os Anjos da Quinta Esfera, preenchendo... (nome) com a Chama Verde da Consagração, da Cura e da Verdade Divina.

INVOCAÇÃO AO ELOHIM E ELOHA DO 5º RAIO VERDE:

EU SOU a Poderosa Atuação dos Amados Elohim e Eloha Vista e Cristal e os Dedicados Devas do 5º Raio, carregando-me com a Chama Verde da Dedicação Contínua à Verdade Focada, que cura Toda Humanidade.

INFORMAÇÕES GERAIS: o Mestre Hilarion foi Paulo, o Apóstolo. Como tinha um gênio muito forte, Hilarion resolveu queimar seu carma de uma maneira dolorosa, pois sabia que se assim não fizesse, poderia regredir facilmente; então, decidiu pedir grandes carmas e grandes testes para acelerar e conseguir ascensão.

Por ter tido muitas pessoas sob suas ordens, uma vez que antes de converter-se ele era oficial de impostos e comandava um grande exército que perseguiu cristãos na época de Jesus, ele comprometeu-se a dar assistência a todos com quem tivesse se envolvido. O Mestre Hilarion presta auxílio a todos aqueles a quem teria perseguido e que porventura ainda resta algum carma, não pessoalmente com ele, mas remanescente da época; Ele e Mãe Maria, em ação na Terra até hoje, trabalham na recuperação de todos os seres que, de alguma maneira, passaram por sacrifícios na época de Jesus e a todas as pessoas que houveram estado sob as ordens de Paulo, ou que passaram por mortes em decorrência delas.

Ele afirmou que não deixaria sem assistência qualquer Ser que ainda tivesse algo a ver com essa história; e continuaram arregimentando discípulos através desse selo: ele e Mãe Maria, sendo que o envolvimento dela prende-se mais aos meninos da época de Herodes.

Para maiores esclarecimentos, pode-se ler o 12º Raio, onde está em atividade o seu Retiro Planetário, na Ilha de Creta.

Meditação Acessando o Retiro Planetário do 5º Raio Verde

Vamos adentrar no 5º aspecto de Deus, nas atividades do Retiro Planetário do 4º Raio da Ressurreição e da Ascensão.

Amado Mestre Ascensionado Serapis Bey, nós vos saudamos e vos abençoamos. Agradecemos pela Chama da Ascensão, que é o caminho de volta ao lar, tanto para nós como para toda a Humanidade!

Em nome da Amada Presença Divina Eu Sou, em nós e em toda a Humanidade, apelamos por vós, Bem-Amado Serapis Bey, e pela vossa Fraternidade da Ascensão: mantende a Chama da Ascensão flamejando, mantende a Chama da Ascensão flamejando, mantende a Chama da Ascensão flamejando através de nossos corpos emocional, mental, etérico e físico; através de nossos lares, negócios, finanças e interesses; deixai por meio de vosso impulso e poderosa ação, ascensionar tudo em nossas Vidas: Amor, Felicidade, Abundância, Saúde, Vitória e Perfeição.

Mantende isso por toda a eternidade e acrescentai ainda a Glória da nossa Ascensão quando terminarmos o nosso trabalho na Terra.

Mantende a Chama da Ascensão Flamejando, mantende a Chama da Ascensão Flamejando, mantende a Chama da Ascensão Flamejando através de toda a Vida que aqui se desenvolve, para que em toda parte haja perfeição.

Que assim seja, Amado I AM!

Cerca de 500 milhas acima do Rio Nilo avistamos o deserto de areia; as ruínas dos Templos de Luxor anunciam à Humanidade atual o apogeu que reinava em épocas passadas. Hoje, sobrexistindo nos reinos do plano etérico, pulsa o Foco de Luz da Chama da Ascensão, que outrora fora salvo das águas tempestuosas ao emergir do oceano, no Continente Atlântico.

Quando viajamos em consciência projetada para essa Cidade de Luz, avistamos um enorme edifício branco em perfeito alinhamento quadrado, sustentado por enormes muralhas, de cujos quatro cantos, erguem-se gigantescas torres, que representam ou servem de condutoras às forças de energia eletrônica em constante movimento descendente e ascendente, as quais sustentam por tempo indeterminado.

Os grandes construtores desse Planeta previram a necessidade de ancorarmos a característica e energia ascensora desse Templo Sagrado.

Atravessando o pórtico de ferro belamente fundido e ornamentado, somos amavelmente saudados por um jovem guardião de semblante nobre.

Os portões se abrem de par em par e deparamo-nos com um jardim paradisíaco, que nos encanta, preenchendo-nos com a sua bela e sublime irradiação. Em seguida, somos conduzidos e levados à entrada do luminoso salão santificado, onde pulsa a gigantesca irradiação da Chama da Ascensão; portanto, uma energia devidamente qualificada.

Todos da Fraternidade de Luxor zelam para que a força dessa torrente de Energia/Luz se fortifique mais e mais, investindo a sua própria Energia Ascensora neste Fogo Sagrado, aumentando o Poder da Chama da Ascensão.

Quando o discípulo decide percorrer o caminho de volta ao lar espiritual, para realizar o seu Plano de Vida, então lhe é dado o impulso adicional, quer no Templo do plano etérico, quer na sua vida terráquea, a fim de que a Força da Ascensão mantenha a disciplina e a pureza em todos os seus atos, realizando de forma visível a sua ascensão.

Uma vez que o discípulo tenha atravessado o Dourado Pórtico da Ascensão, seu acesso permanecerá eternamente livre, tal como o de seus precursores; tão logo alcance a Vitoria Final, ele também contribuirá com sua Energia Ascensora, aumentando a Força da Chama da Ascensão.

Os exercícios, a prática e a disciplina exercidas em Luxor consistem no autodomínio e na atenção concentrada de Sentimento e Pensamento do ser externo, dirigidos e focalizados para dentro de si a ponto de a Luz em seu Coração ser tão intensa que sobressaia a tudo o que for necessário para realizar seu Plano Divino; e para realizar a autodisciplina, a harmonia e a Paz Interna, o discípulo deverá aprender a expandir sua Luz até que suas condições primordiais se manifestem em cada atividade e experiência da vida cotidiana.

Cada pessoa que conquista a sua Vitória na Ascensão propicia a seus seguidores um modo mais ameno de alcançar sucessos idênticos, pois, à medida que ascensiona cada Ser, humano, angélico ou dévico, a Força da Ascensão aumenta consideravelmente.

Os três reinos em Ascensão paralela ou equilibrada influenciam todo o Planeta; algum dia, quando chegar a hora do discípulo conquistar a sua maestria, ele agradecerá o privilégio de poder aceitar e usar as Forças Ascensoras que aqui são zeladas.

A condição primordial para se alcançar essa auspiciosa meta ainda é a Purificação da Energia Vital, que usamos ao nosso bel-prazer durante inúmeras encarnações, requalificando-a e preparando-a para a Ascensão na Luz.

Luxor é a última estação para todos aqueles que, após sucessivas viagens terráqueas, desejam terminá-las e, finalmente, atravessar o portal da Ascensão à Liberdade.

Vibram na tônica cármica desse ambiente, muitos sonhos e esperanças, tanto quanto desilusões dos vários discípulos de todos os templos que a ele se dirigem e que não têm condições para suportar a sua disciplina; contudo, em Luxor também vibram Forças Ascensoras de incalculáveis Seres de Iluminação Espiritual, que atuam auxiliando e elevando aqueles que se apresentam e, conforme a vibração de cada um, é concedida a permissão de frequentar esse Sagrado Templo.

O magnânimo Mestre Serapis Bey, cujo nome expressa disciplina, observa o Coração do candidato e o conduz à disciplina e à tarefa que forem necessárias ao desenvolvimento do seu Cristo Interno. Quando o discípulo se coloca diante dos seus olhos descrustadores, sentirá que se tornam visíveis todas as maldades, vilezas e escórias que acumulou por milênios.

Será que, como discípulos, reconheceremos nossos erros? Será que saberemos purificar a nossa natureza humana? Será que teremos vontade de seguir adiante no caminho já iniciado? Sorrindo, o Mestre nos abençoará e nos animará a prosseguir.

PALAVRAS DO MESTRE SERAPIS BEY:

Uma nova ideologia referente à concepção mundial dificilmente poderá manifestar-se plenamente, pois a maioria dos homens é indiferente e indolente dentro de seu habitual conceito, porque simplesmente lhe é mais agradável e conveniente viver conforme o preconceito de seus avós.

Uma boa ação, que edifique o modo de pensar, implicará enérgicas e sérias consequências para aqueles que estão pouco preparados e dispostos a enfrentar mudanças, mesmo sabendo ser para o seu próprio bem. Essa ainda é e continua sendo a grande concepção de parte da Humanidade; para que se modifique alguma coisa, é necessário que essa parte tenha uma forte vibração, como abalos, desalentos, desassossegos – só assim é que seus olhos se abrirão para aceitar algo novo. Entretanto, antes que isso ocorra, a Força da Luz qualificada negativamente tenta introduzir-se, por outros meios, em tudo que possibilite a mudança do processo mental.

Assim, o nosso ato de união durante todos esses anos e por vários caminhos diferentes, tornou-se bastante conhecido através da Antiga Sabedoria que, deste modo, foi introduzida na consciência dos Homens; portanto, é bem natural que a busca pela Ascensão tenha aumentado consideravelmente, pois um grande número de pessoas já está apto a aceitá-la.

Nós não podemos saber quantas pessoas serão tocadas ou quais, até o presente momento, conseguiram chegar a estes elevados conhecimentos; entretanto, o nosso empenho em despertar as inúmeras pessoas adormecidas será modificado à medida que observamos o desempenho de nossos discípulos na divulgação desses ensinamentos.

Nossas ideias serão levadas aos seres que, ainda hoje, relutam em aceitá-las; depende de cada discípulo saber até que ponto quer criar uma missão espiritual, isto é, qual é a sua disposição para colocar em andamento a Força da Luz, esclarecendo as mentes nebulosas para que possam aceitar os ensinamentos, colher novos conhecimentos e, desta forma, encontrar o caminho ideal para transpor os grilhões da ignorância e do fanatismo autocriado.

O êxito conquistado até agora é seu, vencedor! Eis porque vos convido a colocar as Forças da Chama da Ascensão em atividade, tantas vezes quantas forem necessárias para ascensionar todos os obstáculos que impedem o aceleramento da purificação dos invólucros do pensamento e do sentimento, preparando-os para aceitar os recursos da Nova Era. Deixai-a fluir através de vossas vidas, para renová-las e purificá-las – esta Chama vos traz novo impulso!

Animai-vos, Queridos Discípulos, a adentrar em Luxor! Sê como fortificantes vivificados que afugentam a nebulosa massa que envolve a Terra.

Respirem profundamente e procurem receber de Luxor, e do próprio Mestre, a Força Ascensora para fazer todo o trabalho que nos é destinado – tudo aquilo que já realizamos nesta vida, em todos os caminhos que já trilhamos nesta e em todas as nossas vidas passadas, em todos os encontros com nossos Mestres, e nesse instante especial, com o Mestre Serapis Bey.

Recolhamos as energias de Luxor em nós mesmos, tragamos a nós esse novo impulso, tragamos a Chama da Ascensão para o centro do nosso Coração. Sintamos a nossa Chama Trina misturando-se à Chama da Ascensão, deixemos que elas se trancem rapidamente e se transformem numa Força Branca, bem brilhante e bem iluminada – vejamos o Branco se espalhando em todas as direções, de forma bem grandiosa e expandida, tendo, atrás, o Cristo Dourado assumindo o controle de toda a nossa energia.

Amada e Misteriosa Presença de Deus-Deusa, Eu Sou em nós e em toda a Humidade!

Amado e Poderoso Serapis Bey e a Fraternidade da Chama da Ascensão: selai, selai, selai nossa querida Terra, sua atmosfera, todos os governos, povos, nações, religiões, todos os lares e tudo o que é construtivo – transformai em Oceanos da Poderosa Chama da Ascensão! Permiti que a essência ardente dessa Poderosa Chama penetre e sature a todos; que leve e eleve toda a Vida na Terra, do Humano para o Divino. Sustentai isso para sempre, fazendo com que a Chama da Ascensão seja conhecida e amada por todas as evoluções pertencentes ao Planeta Terra! Deixai que essa Magnífica Chama reforme a casa de Pai e Mãe de onde vieram e permaneça para sempre na Plenitude da Vitória Eterna, no plano Divino da Terra!

Nós aceitamos essa realização porque a fizemos em nome de Deus-Deusa Eu Sou, I AM, e no mais sagrado nome EU SOU, I AM, EU SOU, I AM, EU SOU, I AM.

(Respirem bem fundo.)

Que assim seja!

DECRETO EU SOU A RESSUREIÇÃO E A VIDA

EU SOU a Ressurreição e a Vida de todo o Bem em minha vida, atingindo agora a Chama da Ressurreição.

(No centro da Chama Branca em nossos Corações se apresenta a Chama Perolada; uma Chama Cor de Pérola, esbranquiçada – essa é a Força da Ressurreição.)

EU SOU a Ressurreição e a Vida de todo o Bem na minha Vida!

EU SOU a Ressurreição e a Vida de minha Juventude e Beleza!

EU SOU a Ressurreição e a Vida de minha Perfeita Visão!

EU SOU a Ressurreição e a Vida de minha Perfeita Audição!

EU SOU a Ressurreição e a Vida de minha Perfeita Saúde!

EU SOU a Ressurreição e a Vida de minha Ilimitada Força, Energia e Ânimo!

EU SOU a Ressurreição e a Vida de minha Invisível Proteção!

EU SOU a Ressurreição e a Vida do meu Ilimitado Suprimento de Dinheiro e de todas as Coisas Boas!

EU SOU a Ressurreição e a Vida de minha Paz e da Liberdade sobre a Terra!

EU SOU a Ressurreição e a Vida da Luz de Deus-Deusa, que nunca falha!

EU SOU a Ressurreição e a Vida da Vitoriosa Expansão da Luz do Mundo, em todo Mundo!

EU SOU a Ressurreição e a Vida de Amor da Mãe Divina para curar este Planeta, suas Raças, Nações, Povos e Famílias, restabelecendo na Terra a eterna Primavera Espiritual!

EU SOU a Ressurreição e a Vida da Liberdade Espiritual para o Brasil, para as Américas e para o Mundo Inteiro!

EU SOU a Ressurreição e a Vida da manifestação do Cálice de Luz, que é o Brasil!

EU SOU a Ressurreição e a Vida da porta aberta da Oportunidade para a Manifestação do Plano Divino para o Brasil, e que nenhuma condição pode fechar!

EU SOU a Ressurreição e a Vida da Honestidade e da Honra requeridas neste Planeta, para colocar todas as Correntes de Vida a salvo de todas as forças destrutivas!

EU SOU a Ressurreição e a Vida da Eterna Primavera sobre a Terra!

Em nome do Poder e da Autoridade da Presença de Deus-Deusa,

EU SOU, I AM em cada um de nós e em nome do Santo Ser Crístico de todo homem, mulher e criança encarnados e de todos os que estão neste Planeta, nós invocamos os Bem-Amados Mestres Ascensionados e Bem-Amado Mestre Jesus – o Cristo, para impregnar os quatro veículos de todos os Seres com o Selo do Cristo Cósmico; permiti que cada Corrente de Vida saiba da verdadeira Essência da Consciência Crística, para que nunca mais a Humanidade seja capaz de dar poder aos conceitos humanos!

Permiti que cada homem, mulher e criança possam sentir a Presença do Cristo dentro de si e que, pela magnífica Chama da Ressurreição, cada um eleve a sua gama vibratória, a tal ponto que nunca mais possam ser capazes de regressar à natureza de uma ação vibratória inferior!

Chamejai a Chama de nosso Coração através dos corpos emocional, mental, etérico e físico de todas as Correntes de Vida sobre o Planeta e através daqueles que ainda virão!

Ancorai, dentro de cada ser, a Luz, o Amor e o Equilíbrio, através da Pureza Crística Cósmica e através de nossos quatro veículos inferiores; através dos nossos cérebros, dos nossos mundos de sentimento e pensamento e das nossas auras – através da Ascensão da nossa Luz, expandi a Pureza em cada célula de cada Ser, até que não mais exista qualquer sombra da aparência humana!

Amado e Sagrado Cristo Interno, identificai a Luz do Cristo Cósmico através da nossa Consciência Externa até que a Vossa Presença Interna seja compreendida!

Assim Seja, porque EU SOU todo o Poder de Deus-Deusa agindo aqui e agora, sempre sustentado através do Cristo I AM que vive em cada um de nós!

Eu renuncio agora, em profunda humildade, a cada pensamento, sentimento, palavra e ato que seja menos do que a Pureza Crística Cósmica e caminho, através da Volta Dourada da Aceitação Divina, para o Coração de Deus!

Reivindico a nossa Herança Divina!

EU SOU Livre, EU SOU Livre, EU SOU Livre!

EU SOU Eternamente Livre, Poderoso e Universal I AM!

Assim Seja!

6º Raio Rubi-Dourado

DIRETORES: João, O Bem-Amado – (Anterior: Mestra Nada e Jesus). Manifestam o serviço aplicado, que promove, especialmente, a cura emocional. Você já provou deste Momentum de Luz para isto? Envolva seu corpo emocional num ovo Rubi-Dourado e sinta-o enxugar-se. Expanda a Chama Trina como outro Ovo de Luz no lugar do emocional.

ARCANJOS: Uriel e Donna Graça.

ELOHIM E ELOHA: Tranquílitas e Pacífica.

SIGNO: Peixes (19 de fevereiro a 19 de março).

DRAGÃO RUBY: apaziguador. Cura feridas com os homens que estão ou passaram pelas nossas vidas, além de tendências agressivas. Trabalha padrões cármicos de poder e dominação.

DRAGONA RUBY: estabelece conexões saudáveis com pessoas do sexo masculino. Energia relacionada ao Masculino Sagrado.

BABY RUBY: conecta-se com a alegria da junção do Sagrado Masculino com o Sagrado Feminino.

UNIDADE DA DIVINDADE SOLAR SOB SUA INFLUÊNCIA: Graça.

RETIRO PLANETÁRIO: o Templo da Consagração do Serviço Crístico com ANJO MICAH – Identidade Angélica de Jesus.

QUALIDADES DIVINAS: Amor Gracioso. Paz, Devoção, Graça, Cura, Sagrado Ministério, Serviços Prestados, Ministração da Graça, Serviço Desprendido, Culto Devocional, Foco do Amor, o Homem Cristo Trabalhando através da personalidade, a Imagem Divina encarnada na carne.

PROPÓSITO DIVINO: Espírito Santo, Conforto Cósmico. Glorificar, Santificar, Exaltar, fazer-se Sagrado, o Bem-Aventurado de Deus I AM, Graça, Santidade, Pureza, conhecer a continuidade de Deus em todas as coisas, Intuição ou Conhecimento Emocional, Sabedoria Emocional de que o Amor é a Força de Deus/Deusa que mantém todas as coisas em Unidade, Eternidade, Tranquilidade, Paz, Calma, Sossego, Serenidade.

MENSAGEM: a sua função para o Novo Milênio é colaborar com o Universo, fazendo com que o Plano Divino evolua a curto prazo. Significa que é preciso voltar-se para o desenvolvimento de um trabalho de aprimoramento da humanidade. Fazendo um elo entre as forças do Infinito e a Terra, aliviando-a do desespero e das dificuldades emergentes neste início de século, dando lugar à Esperança e à Justiça Suprema. A sua colaboração deve ter como princípio a perfeita fusão entre o homem e Deus: a oração. Conte com a proteção do Arcanjo Uriel para a conclusão do seu Plano Divino.

INVOCAÇÃO DOS CHOHANS DO 6º RAIO RUBI-DOURADO:

EU SOU a Poderosa Atuação do Raio Rubi-Dourado do Amado Mestre Ascensionado João, o Bem-Amado, preenchendo a nós, o Planeta Terra e a toda Humanidade, com as Chamas da Paz Cósmica, Cura, Graça Divina e do Sagrado Ministério.

INVOCAÇÃO DOS ARCANJOS DO 6º RAIO RUBI-DOURADO:

EU SOU a Poderosa Atuação dos Amados Arcanjos Uriel e Donna Graça e os Anjos da Sexta Esfera, preenchendo...... (nome) com a Chama Rubi-Dourada da Paz, da Cura e da Verdade Divina.

INVOCAÇÃO AO ELOHIM E ELOHA DO 6º RAIO RUBI-DOURADO:

EU SOU a Poderosa Atuação dos Amados Elohim e Eloha Tranquílitas e Pacífica e os Devas Prestadores de todo tipo de Culto ou Serviço do 6º Raio, preenchendo-me com a Chama Rubi-Dourada do Ministério do Serviço Prestado à Paz e à Cura Emocional de Toda Humanidade e Vida Elemental.

INFORMAÇÕES GERAIS: Mestre João – o Bem-Amado, teria sido um discípulo de Jesus. Na direção desse Raio já tivemos o Mestre Jesus e, mais recentemente, a Mestra Nada.

O templo da Consagração do Serviço Crístico é o nosso próprio Templo Interno prestando serviço ao Cristo Planetário em ação, com o trabalho da Era de Peixes, o que significa que a Velha Era está entrando em ação na Nova Era.

Terminada a época de sofrimento, de dor, de suor, entramos no trabalho novo de Peixes, de Netuno, que é o de trazer alta Espiritualidade para a Terra. É como se estivéssemos vivenciando um novo momento pisciano, uma Nova Era Aquariana; trabalhando, porém, com a nossa própria espiritualidade e individualidade, tanto coletiva quanto separadamente, de outra forma.

Trabalha-se, neste Templo, a nossa parte Crística através do processo verbal, pois é falando que nós pegamos a energia mais forte e com maior vibração.

MEDITAÇÃO ACESSANDO O RETIRO PLANETÁRIO DO 6º RAIO RUBI-DOURADO

Façamos a pirâmide Azul de Proteção. Peçamos a Proteção do Arcanjo Miguel, formemos o nosso Manto de Luz Protetor e o nosso Círculo Máximo de Proteção.

Dentro da pirâmide Azul, acendamos o Sol da nossa Presença Divina Eu Sou manifesta aqui, na 3ª dimensão, entrando em ação agora. EU SOU, I AM, EU SOU, I AM, EU SOU, I AM. Eu Sou o Círculo de Proteção que nos mantém invisíveis e invulneráveis à toda criação humana, agora e para sempre.

O Manto de Luz vai descendo e se manifestando até os nossos pés, vai abrangendo os nossos corpos físico, espiritual, mental e emocional; acende em nós todos os chacras: Portão Estelar, Estrela da Alma, Causal, Coordenador, Frontal, Laríngeo e Cardíaco; acende a Chama Trina Poderosa; acende todo o Cordão de Prata, por onde sentimos descer a energia lá do Sol, do Grande Sol Central!

Respirem e recebam toda essa energia que vem descendo pelo Cordão de Prata através do chacra Gástrico do Plexo Solar, do

Umbilical, do Genético, do Básico e do Estrela da Terra, levando as nossas energias para o Centro da Terra e trazendo-a de volta, jogando-a novamente para o Sol!

Sintam o Amor se manifestando. Saudemos os Templos da Consagração do Sagrado Cristo Interno, que presta serviço ao Cristo de toda a Humanidade! Saudemos a todos os trabalhadores da Luz, aos Cristos de toda a Humanidade, ao novo Grupo de Servidores do Mundo, a todos os discípulos, aspirantes, iniciados.

DECRETO DE APLICAÇÃO DA CONSCIÊNCIA DIVINA NA ERA DO PLANO DIVINO

Eu Sou a Chama de Doze Aspectos do Grande Sol Central, cuja esfera de influência estabelece os níveis de energia, vibração e consciência para todas as coisas do Universo Alpha e Ômega.

Eu Sou a Chama de Doze Aspectos no Sol, cuja esfera de influência estabelece os níveis de energia, vibração e consciência para todas as coisas do Sistema Solar de Hélios e Vesta.

Eu Sou a Chama de Doze Aspectos no Eterno Sol de Igual Pressão no Centro da Terra, cuja esfera de influência estabelece os níveis de energia, vibração e consciência para toda a força de vida do Planeta Terra.

Eu Sou a Chama de Doze Aspectos da Presença I AM coletiva da Humanidade, governando agora como o Senhor do Mundo, cuja esfera de influência estabelece os níveis de energia, vibração e consciência para a evolução espiritual da Humanidade.

Eu Sou a Chama de Doze Aspectos dentro do meu próprio Ser Crístico e do coletivo Cristo Cósmico da Humanidade, cuja esfera de influência estabelece os níveis de energia, vibração e consciência para a vida diária da Humanidade.

Eu Sou a Chama de Doze Aspectos dentro do meu veículo emocional, agora estabelecendo a órbita, polaridade e espiral dos elétrons para os níveis do Espírito Santo Cósmico.

Eu Sou a Chama de Doze Aspectos dentro do meu veículo mental, agora estabelecendo a órbita, polaridade e espiral dos elétrons para o nível da Mente de Deus-Deusa.

Eu Sou a Chama de Doze Aspectos dentro do meu veículo elétrico, agora estabelecendo a órbita, polaridade e espiral dos elétrons para o nível do Plano de Deus-Deusa.

Eu Sou a Chama de Doze Aspectos dentro do coração de cada célula do meu ser como o DNA Solar, cuja esfera de influência estabelece o nível de energia, vibração e consciência para todas as moléculas, átomos e elétrons do meu corpo, como expressões da minha perfeita saúde, vitalidade e beleza.

EU SOU, I AM, EU SOU, I AM, EU SOU, I AM.

Assim Seja!

7º Raio Violeta

DIRETORES: Saint Germain e Pórtia, seu Complemento Divino; Mercedes e seu Complemento Divino Maitreya e Kwan Yin e Príncipe Oromasis. Todos trabalham sob a insígnia da Liberdade, orientam a nos dirigirmos para o nosso verdadeiro caminho e ao desapego do que ainda nos prende em todos os sentidos.

ARCANJOS: Ezequiel e Santa Ametista.

ELOHIM E ELOHA: Arcturos e Diana.

SIGNO: Aquário (21 de janeiro a 18 de fevereiro).

DRAGÃO VIOLET: desmaterializador. Transmuta energias densas, desmaterializa lixo energético.

DRAGONA VIOLET: prepara o caminho para o trabalho a ser feito e purifica ambientes e terapeutas, antes e após consultas.

BABY VIOLET: estabilidade e força para completar uma tarefa até o fim. Limpa obstáculos e bloqueios dentro de nós.

UNIDADE DA DIVINDADE SOLAR SOB SUA INFLUÊNCIA: Libertação.

RETIRO PLANETÁRIO: Retiros do Fogo Violeta com Mestre Saint Germain e Mãe Kwan Yin.

QUALIDADES DIVINAS: Amor Libertador. Misericórdia, Perdão, Purificação, Transmutação, Libertação, Ritmo, Cerimonial, Inovação, Oportunidade, Compaixão, o Poder da Inovação, Justiça Divina e Liberdade.

PROPÓSITO DIVINO: Transformação, Transmutação, Aceleração, Mudança Avatárica Catalítica Ascendente, Avanço, Progresso, Aceleração, Fusão, Sinergismo (interação com a Divindade), traz Mudança Alquímica ou Evolução Alquímica, Harmonia.

MENSAGEM: você foi enviado ao Mundo, através de uma Bênção especial. Trouxe consigo: Amor, Luz e Entusiasmo. No Novo Milênio, contará com o Amor do Mestre Saint Germain e da Chama Violeta da Libertação. Uma sensação de liberdade irá se apossar de você e fará com que sinta a assistência de toda a Hierarquia do Raio Violeta. Em suas meditações, procure visualizar a Chama Violeta beneficiando toda a humanidade, purificando e transmutando toda a negatividade sobre o Planeta e verá uma Nova Era envolvida em Amor, Sabedoria e Poder em um mundo melhor.

INVOCAÇÃO DOS CHOHANS DO 7º RAIO VIOLETA:

EU SOU a Poderosa Atuação do Raio Violeta da Amada Lady Mercedes, Mãe Manu da Sétima Raça, carregando a nós, o Planeta Terra e a toda Humanidade com o Poder Transmutador, Libertador e Transfigurador do Fogo Violeta e envolvendo toda a Terra com o Manto Sagrado da Chama da Misericórdia Divina.

INVOCAÇÃO DOS ARCANJOS DO 7º RAIO VIOLETA:

EU SOU a Poderosa Atuação dos Amados Arcanjos Ezequiel e Santa Ametista e os Anjos da Sétima Esfera, preenchendo.... (nome) com o Poder Libertador e Transmutador do Fogo Violeta.

INVOCAÇÃO AO ELOHIM E ELOHA DO 7º RAIO VIOLETA:

EU SOU a Poderosa Atuação dos Amados Elohim e Eloha Arcturus e Diana e os Devas Transmutadores, Libertadores e Purificadores do 7º Raio, preenchendo-me com o Poder Libertador, Transmutador e Purificador do Fogo Violeta, à Toda Vida existente no Planeta Terra.

INFORMAÇÕES GERAIS: a Amada Lady Mercedes é a Mãe Manu da 7º raça-raiz; ela é a Alma Gêmea de Lord Maitreya. Manu são Seres que se ocupam de toda a evolução de uma raça. No caso, Lady Mercedes é a Manu da 7º raça-raiz, que ainda deveria nascer, mas cuja evolução está precipitando os nascimentos atuais. Inclusive, algumas sub-raças estão deixando de nascer para que a 7º possa fazê-lo mais rapidamente.

Os Manus são como pais, que acompanham toda a evolução de uma raça; enquanto houver um único ser de uma raça encarnado na Terra, o Manu responsável continua conosco e presente.

Lord Saithru é a personificação de Lord Maitreya; porque os Seres, quando ascensionados, podem assumir várias personificações. Eles se utilizam de várias outras Hierarquias e de outros nomes. Vejamos, por exemplo, Jesus, que é Chamado de Ananda ou Sananda, em algumas linhas de trabalho e que, pelo grupo Avatar, é Micah – o Anjo da Unidade.

É até normal que um Ser tenha duas, três ou quatro atividades diferentes. Isso é natural porque o nível de consciência deles é completamente diferente do nosso, ou seja, existem várias possibilidades de atuar em dimensões diferentes.

É claro que Lady Mercedes continua ajudando Mestre Saint Germain, que é o titular do 7º Raio, o Avatar da Nova Era. Ele ainda tem 2 mil anos do próximo trabalho, ou seja, é o responsável pelos próximos 2 mil anos. É natural que, neste seu trabalho, Ele tenha muitos Seres ajudando e é possível que existam ainda mais Seres hoje do que na época de Jesus, pois estamos fazendo a virada, tem muitos Seres Humanos e Ascensionados à disposição agora.

MEDITAÇÃO ACESSANDO O RETIRO PLANETÁRIO DO 7º RAIO VIOLETA

O Chohan da Nova Era do signo de Aquário mais uma vez abriu aos Discípulos e Buscadores da Luz Maior os Portais de seu campo de força, o Foco de Luz do Fogo Violeta.

Há séculos o Mestre Saint Germain vem se dedicando à liberdade em favor do bem aos povos da Terra.

Seguidamente, Ele encarnava e levava uma vida através da qual podia aumentar seu Momentum de Liberdade; seu Lar Espiritual no coração da Transilvânia, na Romênia. Relaciona-se com o seu trabalho à vida. Em todos os séculos têm nascido Almas dedicadas à liberdade; pessoas com uma ocupação espiritual para dar impulso à evolução da Terra.

Como Almas, são atraídas ao Templo da Libertação e, através deste parentesco espiritual, recebem aqui a sua instrução e são incentivadas a concretizar ideais elevados.

Os Grandes Dirigentes e Governantes dos Povos foram hóspedes desse Templo, muitas vezes assimilaram, inconscientemente, as Vibrações da Liberdade e carregaram consigo ao seu mundo o estímulo e ideias que aqui receberam.

Mestres e Discípulos encontram-se aqui. Cada um pode mergulhar na Irradiação da Chama da Liberdade e tornar-se um estímulo e colaborador consciente, enquanto leva o ideal de liberdade ao ambiente de suas atividades.

A Irradiação da Chama na profunda cor Púrpura Rei, e a penetração dessa Luz, expande-se amplamente em volta da região etérica deste Templo e acolhe todo espontâneo discípulo ou adepto, enviando-os ao mundo, após uma bênção especial.

Quem deseja concentrar a sua consciência neste Sacrossanto Santuário da Liberdade, pode atrair as suas vibrações.

Deixa-vos preencher com Amor e Entusiasmo do Poderoso Mestre Saint Germain e esforçai-vos para serdes como Ele, um baluarte da Liberdade. As valsas de Strauss, de suave beleza, foram amadas por ele e podem ser ouvidas nitidamente em todo o Templo.

PALAVRAS DO MESTRE SAINT GERMAIN:

Eliminar pensamentos negativos e neutralizar a energia que os caracteriza produz, muitas vezes, uma acelerada melhora de todas as eventuais doenças mentais e corporais.

Este princípio há muito já vos é conhecido através da ciência médica. Discípulos! Deveis analisar e descobrir o que isto significa para vós; não é necessário conscientizar-vos das recordações, mas podeis dissolvê-las e consumi-las com o auxílio do Fogo Violeta.

Se tendes uma perturbação corporal da qual até agora não conseguistes ser o senhor, gostaria de fazer-vos uma proposta: tentai visualizar de que consiste o nosso corpo etérico. Ele se compõe de uma leve substância que corresponde à forma do vosso corpo físico. Senti-a dentro de uma delicada névoa de suave cor Violeta e observai se apresenta nódoas ou manchas escuras, que denotam distúrbios, mas que também poderíamos qualificar como marcas ou lesões incrustadas, que podem ser traduzidas por mágoas, injúrias ou amor próprio ofendido. É impreterível a necessidade de afastar todas as mágoas.

Perdoai-vos e visualizai, sistematicamente e com toda nitidez, os Raios Violeta que pondes em movimento; visualizai-os consumindo e purificando novamente todo vosso corpo etérico até deixá-lo sem mágoa, sem defeito algum. Reluzindo, cientificamente. Ireis vivenciar uma sensação de liberdade que se apossará de vós e afastará, por meio de um trabalho metódico, todas as manchas e cicatrizes de vosso corpo etérico.

Diletos amigos! Nesta época de Atividade de Fogo Violeta, trabalhemos mutuamente. Eu vos ofereço a minha assistência como colaborador e o faço aos Discípulos que se dedicam ao trabalho da nossa obra de Liberdade para a Terra. Vossa deficiência, indisposição ou mal-estar são causas remotas que desejamos neutralizar.

Fazei uso do meu auxílio, exercitai a faculdade de visualização – talvez reconheçais os defeitos do nosso corpo etérico.

Concentrai-vos no trabalho de purificação, projetai a irradiação transformadora para dentro do corpo etérico e vede vosso corpo vital se tornando sutilizado e luminoso – com isso serão afastadas as aparentes situações de doença física.

Experimentai, Diletos Discípulos, esse trabalho edificante.

Vamos sentindo a Ação do Fogo Violeta em todos os nossos carmas, em todas as nossas dores, em todos os nossos problemas e em qualquer situação de nossas vidas que ainda não tenhamos conseguido equilibrar. Respiremos profundamente pelo nariz, soltando o ar pela boca.

Peçamos ao Grande Mestre Saint Germain que nos assista com o Poderoso Fogo Violeta, para que ele nos envolva e percorra todo o nosso corpo etérico, purificando-o, transmutando... sintamos bem onde está a nossa dor física e vamos limpá-la no campo etérico.

E a Chama Violeta vai se transformando agora na Atividade Purificadora, Transmutadora e Libertadora do Amor Libertador do Fogo Violeta, que entra em ação como se fosse um furacão de Fogo Violeta, subindo e descendo pelo corpo etérico.

Vamos expandir isso aqui, no Templo do Mestre, com a Chama Trina Pessoal e com a Chama Trina Coletiva, como se fosse uma Única Chama Trina, unindo-se à Chama Trina Avatar Global e trazendo a Dispensação do Fogo Violeta do Bem-Amado Mestre Saint Germain para toda a Humanidade, para o corpo etérico da própria Terra e da própria Humanidade, através do Amor, da Sabedoria e do Poder das nossas Próprias e Sagradas Chamas Trinas Cósmicas.

Eu Sou Transmutando, Eu Sou Transmutando, Eu Sou Transmutando todas as energias aqui presentes e enviando-as de volta ao Coração da Terra e ao Grande Sol Central, para que sejam repolarizadas e nunca mais tenham que servir à criação humana, mas somente ao Plano Divino.

Respirem bem. Sintam a transmutação que se dá através do Amor, Sabedoria e Poder de nossas Próprias e Sagradas Chamas Trinas Cósmicas. Respirem profundamente. Transmutando, transmutando, transmutando; Consumindo, consumindo, consumindo; Libertando, libertando, libertando; Perdoando, perdoando, perdoando todos os nossos carmas e liberando em nós todos os nossos medos, limitações e dificuldades de nos aceitarmos tal qual somos. O Fogo Violeta vai transmutando e liberando em nós o nosso Ser Divino, Ser Crístico, a

Poderosa Presença Divina Eu Sou, a Chama Trina, o Ser Solar – tudo através do Amor, da Sabedoria e do Poder de nossas Próprias e Sagradas Chamas Trinas Cósmicas.

Eu Sou transmutando, Eu Sou transmutando, Eu Sou transmutando essas energias e enviando-as de volta ao Coração da Terra e ao Grande Sol Central, para que sejam repolarizadas e nunca mais tenham que servir à criação humana, mas somente ao Plano Divino.

Sintamos isso de forma planetária. Recorramos agora, ao Mestre Confúcio e ao Mestre Djwhal Khul, para nos colocarem nas montanhas rochosas do Royal Teton. Sintamos as energias Verde e Dourada à medida que entramos em contato com o Royal Teton e com o Bem-Amado Mestre Confúcio, sempre um Mestre muito querido e muito sorridente!

Saudemos o Bem-Amado Mestre Lanto e o Mestre Djwhal Khul. Peçamos ao Bem-Amado Mestre Saint Germain, ao Bem-Amado Buda Gautama e aos Bem-Amados Mestres do Templo da Precipitação do Raio Dourado que nos ajudem dentro das transformações e curas que estamos precisando. Que todos sejam modificados, transformados e curados!

Que o trabalho do Disco Solar se manifeste amplamente para o Planeta! E, assim, vamos entrando em contato com a Bem-Amada Virgo, no seu Templo Solar.

Conectemos a Bem-Amada Virgo no Templo Solar, ao mesmo tempo em que o fazemos no Templo Planetário, no Centro da Terra. Que a Bem-Amada Virgo se apresente nesses dois aspectos, Terra e Sol, e que todas as sementes que estão sendo plantadas em nós e na Humanidade possam ser colhidas daqui a pouco, com muito Amor.

Respirem bastante. Existem muitos Instrutores entre nós; Instrutores do Fogo Violeta, Instrutores de Luz, Instrutores do Fogo Verde-Dourado do Bem-Amado Buda Gautama.

Recebamos suas bênçãos e as coloquemos para a própria Mãe Virgo e para nós mesmos, auto perdoando-nos e devolvendo-nos o trabalho de Amor, de Consciência, de Luz, de Forças Internas resgatadas. Permitamos isso a nós mesmos; resgatemos a nossa Espiritualidade Maior – a nossa e a de todo o Planeta Terra!

Sintamos o Amor saindo de nós; Amor, Sabedoria, Curas, Transformações – no centro de nosso Coração se expande o nosso Disco Solar de todas as cores e se irradia para a toda Humanidade.

Vamos respirar profundamente para expandir a energia e soltá-la para toda a Humanidade e para a Terra. Que a energia de Virgo Solar seja trazida para Virgo Terrena! Doemos com as nossas mãos – doa-se com mão direita e capta-se com a mão esquerda, para que haja um equilíbrio perfeito de todas as energias.

Sintamos o nosso Cristo Interno manifestando-se em nosso peito, abrindo a todos a oportunidade de, estando encarnados no Planeta Terra, terem esse momento de Grande Transmutação.

Devagar, retornem e tragam de volta suas energias.

Durante 2 mil anos, Jesus preparou a energia deste momento que vivemos hoje, e a nossa maior dificuldade está justamente em transmutá-la. Quando fazemos o trabalho da Chama Violeta, tudo o que estiver escondido vem à tona; portanto, quem tiver muitos problemas para resolver, trabalhe bastante com ela, que é para liberar e requalificar as energias.

DESFAZENDO O NOVELO DE LINHA CÁRMICA

Através desse exercício, podemos desfazer alguns carmas. Vamos nos exercitar? Então, vamos soltar um átomo de Luz de cada um dos nossos chacras, especialmente dos sete que nos são mais conhecidos.

Vamos lidar aqui com os sete chacras básicos: Coronário, Frontal, Laríngeo, Cardíaco, Gástrico-Umbilical, Plexo Solar, Esplênico e Básico. Soltem o Átomo de Luz pela frente e pelas costas, através dos mesmos chacras, porque atrás, nas costas, está representado o nosso passado.

Na frente, nós desfazemos o novelo de linha cármica do presente, dessa vida, daquilo que nós já criamos para a futura vida, enquanto atrás, esses átomos que soltamos por todos os nossos chacras, representam os carmas de vidas passadas que vamos transmutar, simultaneamente – na frente e atrás.

Sintam essas duas linhas bem sujas e bem frias que saem de nós. Primeiro, sintam-nas saindo da cabeça, só do Coronário, que é onde podemos sentir exatamente, uma só linha que não tem qualquer problema, pois é a linha que vem de cima. Sintam uma linha que se enrosca ao redor do Átomo de Luz; esse Átomo vai suportar tudo, sem que precisemos nos preocupar, pois o fio de linha que começa a se enroscar não vai escapar, mas, sim, enrolar todas as nossas dúvidas em relação à nossa Espiritualidade, que vem dessa e de outras vidas e que não permitem que recebamos todas as informações vindas do alto, do Portão Estelar e da Estrela da Alma, impedindo o desenvolvimento da nossa Espiritualidade Física aqui na Terra e da sua manifestação.

Enrolem bastante todo o carma que tenha a ver com este nosso impedimento Espiritual aqui na Terra, decorrente dessa e de outras vidas. Respirem bastante, pois a respiração ajuda a formar um novelo bem grande. Deixem que o novelo cresça sem se preocupar, pois seus guardiões estão presentes para ajudar.

Enquanto isso, no Frontal, as linhas da frente e de trás vão se enroscando nos dois Átomos de Luz e também começam a girar, formando seus novelos de linha cármica.

Tudo o que tem a ver com os nossos pensamentos, com os maus pensamentos que geraram carmas negativos para nós, dessa e de outras vidas, vai se enrolando. Ao mesmo tempo, o Laríngeo também vai soltando seus fios, que vão se enrolando nos Átomos de Luz que têm a ver com a verbalização, com toda a criatividade que não vai para frente por causa de coisas que nós falamos agora ou tempos atrás.

Soltem bastante; deem bastante linha para que o novelo fique bem grande e bem cheio de linhas bem sujas. Não se preocupem. Deixem bem solto e bem sujo para poderem se libertar de tudo isso.

Vamos, agora, fazer o novelo no nosso chacra Cardíaco, que tem a ver com nossos sentimentos, rancores, raivas, mágoas, dissabores, aflições, desilusões... seja qual for o nível do sentimento de desamor, de desconfiança ou de ignorância. Agradeçamos por tudo o que temos e que somos; nós temos tanto, somos tanto e, muitas vezes, nem nos lembramos de agradecer.

Façam a mesma coisa com o Plexo Solar, pois ele é a sede das emoções e vem sendo muito bombardeado nos últimos dois mil anos. Soltem as linhas de maneira bem firme. Respirem para soltar a energia, mas mantenham seus corpos bem firmes; sintam-se no controle, sintam-se o Cristo encarnado na Terra – lembrem-se de fazer tudo isso do tamanho da Presença Eu Sou, e de que a presença Eu Sou é maior e comanda tudo.

Retomem as emoções mal dirigidas, mal qualificadas, cientes de que isto ajuda ao corpo emocional e de que todos precisam de Ajuda, Autodomínio, Sabedoria, Paz e Harmonia.

Soltem bastante o chacra Genético, o Sexual, libertando a sexualidade mal utilizada de outras vidas, ou mesmo dessa, e que lhes impedem a utilização, especialmente na linhagem da criatividade e da manifestação.

Soltem os traumas de vidas passadas em todos os sentidos; seja trauma, carma, mau uso para magia sexual ou magia negra, enfim, soltem a remanência de qualquer coisa que um dia foi perdida, consciente ou inconscientemente, com ignorância. Se se puder despender uma gota de energia que seja em função disso, pode-se obter essa libertação agora; qualquer coisa que se tenha feito de uma maneira pouco feliz, que seja libertada agora!

E agora soltem bem os novelos; olhem-se e sintam o Fogo Violeta se movimentando, subindo e se manifestando internamente como a Água. Ele vem em forma de Fogo e se transforma em Água, como se fosse uma grande onde aquática, quase tangível. Procurem sentir isso. Procurem passar por todos os novelos e, por onde essa onda passar, sintam que ela vai transmutando, transmutando, transmutando; purificando, purificando, purificando; libertando, libertando, libertando... Sintam a ação do Fogo Violeta e da Água Violeta juntos: a Água vai limpando o corpo emocional, enquanto o Fogo vai queimando.

Respirem profundamente e coloquem-se embaixo de uma cachoeira. Sintam a pressão da água no corpo emocional.

Respirem. Sintam os novelos transmutarem.

Percebam a presença do Bem-Amado Príncipe Oromasis nessa cachoeira; um Grande Ser Elemental de Fogo, de Puro Fogo Violeta, onde é possível ver-se uma grande coroa e dois olhos brilhantes. Sintam a amorosa bênção desse Ser liberando-lhes o corpo físico, muito embora Ele esteja trabalhando junto ao Espírito e à Emoção.

Saiam da água e imaginem que um furacãozinho lhes invade o corpo, aliviando imediatamente o corpo mental. Esse furacãozinho vai passando para baixo e para cima, libertando-lhes o corpo mental. Continuem o processo e sintam que os novelos vão ficando cada vez mais leves e mais branquinhos, mais limpinhos.

Respirem com consciência e mantenham as cabeças eretas. Sintam a Presença Divina trazendo o Manto de Luz Branca – assumam seus Mantos. Vejam os novelos de linha cármica. Vejam que todo carma foi transmutado, resultando em uma Veste de Pureza, da Pureza que Deus deu a cada ser humano e que precisa retornar ao reino humano – recebam essa pureza e digam a si mesmos:

Eu Sou um Ser do Fogo Violeta,
Eu Sou a Pureza que Deus Deseja!

Eu Sou um Ser do Fogo Violeta, Eu
Sou a Pureza que Deus Deseja!

Eu Sou um Ser do Fogo Violeta,
Eu Sou a Pureza que Deus Deseja!

Agora, soltem-se e sintam-se livres como pássaros! Como pássaros livres que podem voar. Voem, então, até o Grande Sol Central com todos os novelos pendurados dentro do Manto de luz Branca e lá, de onde viemos um dia, peçam aos Amados Pais que abençoem cada novelo limpo e puro com os 12 Raios Solares.

Desejem que isso aconteça imediatamente e que possamos ser canais para toda a Humanidade, para todo o Grupo Avatar Global. Sintam-se colorir em todos os chacras trabalhados.

Sintam-se renascidos, renovados e tragam os novelos de linha cármica colorida para dentro de si. Aquele Átomo de Luz emitido vai atraindo tudo de volta para os corpos físico, espiritual, mental e emocional. Sintam-se preenchidos, amados, iluminados e amorosos.

Sintam as energias se misturarem e, harmoniosamente, iluminarem Plexos, Glândulas... visualizem tudo bem iluminado, tranquilo, harmonizado e em paz. Enviem, conscientemente, as energias do alto para cá. Tudo com muita consciência: Eu Sou aqui, Eu Sou lá. Estejam em dois lugares ao mesmo tempo; recebam as energias aqui, conscientemente, e doem para os seus próprios seres físicos de lá, Seus Seres Solares, com as bênçãos de Deus e Deusa. Sintam a descida da energia através do som de uma música, pelo ar e pelo Cosmo; sintam os ventos do Espírito Santo – ventos do Santo Aeolus, que é o Ser Cósmico dos Ventos e dos Ares, que nos acalma a mente e se junta a Saint Germain para trabalhar no campo mental superior da Humanidade.

Sintam-se atuando como canais de recepção. Deixem fluir, através da mente e do coração, toda a positividade ancorada no inconsciente coletivo da Humanidade. Soltem tudo o que foi recebido. Não há nada que não possa ser feito agora! Coloquem-se à disposição de suas próprias Divindades. Sintam-se ultrapassar pela energia; sintam e irradiem Amor, sejam realmente o Amor.

A insustentável leveza do Ser é o que se experimenta agora. Os Anjos estão próximos porque a vibração está muito Amorosa e Harmoniosa – bem acima do normal. Nessa vibração, o contato com os Anjos fica muito fácil. Sintam todos os Anjos da Humanidade numa só Corrente Angélica. Sintam revoadas de Anjos invadindo o Planeta e indo para a América do Norte, América Central, América do Sul, Europa, Ásia, África, Nova Zelândia... indo para todas as águas de todo o Planeta: oceanos, mares, lagos, rios, afluentes, córregos...

Abençoem o corpo emocional da Terra que vem através das correntes das águas! Abençoem Netuno e Lunara! Abençoem Iemanjá e Oxum! Abençoem as Sereias, as Ondinas, as Náiades, os Tritões... Banhem a Terra nas águas emocionais da própria Humanidade, em tons de Pérola. Imaginem tons perolados de todas as cores invadindo o Plano Emocional da Humanidade.

Visualizem o Plano Emocional da Humanidade; não tenham medo de encará-lo, pois ele é feio mesmo! Vamos limpar com águas coloridas. Limpem, lavem, pois, esse direito foi conquistado agora!

Aquele que consegue fazer esse trabalho para si, consegue fazê--lo para o próximo. Visualizem os chacras do Corpo da Humanidade, do corpo de um Grande Ser que está precisando e querendo evoluir; um corpo do qual somos células incentivadoras da sobrevivência e da ressurreição.

Nós somos as células de Lázaro; então, vamos ativar, estimular e impulsionar a vida!

Vamos colorir toda a Humanidade, abençoar o eixo terrestre de Polares e Magnus, abençoar o eixo de todas as pessoas – todas as colunas, Kundalinis, Cristos de Consciência Divina, fazendo-se aqui e agora no Emocional!

Jatos de Luz, de Amor, de Harmonia, de Paz... conseguindo isso, podemos conseguir tudo. Digamos para a Terra quanto a amamos, quanto respeitamos essa casa, esse lar que acolheu e ainda acolhe tantas Almas de tantos lugares.

Sintam-se Células Solares do Grande Corpo Divino! Sintam Raios de Sol saindo desse Grande Corpo. Sintam-se dentro desse Corpo, no lugar que mais lhes agradar.

E Eu, neste momento, invoco Maitreya, Buda Gautama e Sanat Kumara! Que Eles utilizem toda energia gerada com esse trabalho e todas as outras de uma mesma frequência que estiverem sendo geradas neste mesmo momento, para a reconstrução total da Terra e da Humanidade, a fim de que não se precise sentir ou sofrer os efeitos destrutivos dos Elementais! Que os Elementais voltem a obedecer aos humanos, que têm o controle sobre eles, e que nós possamos voltar a ter controle e domínio sobre nós mesmos!

O Grande Sanat Kumara, Poderoso Melchizedek, envia de Vênus, junto à sua Amada Lady Vênus, todo o Amor, Esperança e Renovação necessários a este Planeta. Que Seu trabalho aqui na Terra possa ser realizado através de nós, pelo grande Amor que nos dedicou e a toda Humanidade!

Sintam as bênçãos desse Amor que desce de Sanat Kumara, passa por nós e sela, finalmente, esse trabalho, abençoando, abençoando, abençoando a Humanidade. E nós aceitamos esse Amor, recebemos esse Amor e também doamos esse Amor, porque Eu Sou o Eu Sou e nenhum outro Poder pode atuar.

Eu Sou o Eu Sou dentro dessas afirmações e sei que o Eu Sou está atuando através do Grande Disco Solar, dentro de toda a Humanidade e ampliando os seus efeitos no poder de 12 mil vezes 12 mil de Lord Maitreya, até que tudo seja manifestado fisicamente; até que o Grande Amor sustente tudo isso fisicamente.

Está feito, selado e decretado, porque eu falei no mais sagrado nome de Deus. EU SOU, I AM, EU SOU, I AM, EU SOU, I AM.

Coloquem as duas mãos no peito, respirem profundamente e agradeçam por mais essa oportunidade de colaborar com a Hierarquia Cósmica Espiritual e com a nossa própria educação.

Em Nome de Deus Pai-Mãe, Deus Filho, Deus Espírito Santo, está Feito, Selado e Decretado.

EU SOU, I AM, EU SOU, I AM, EU SOU, I AM.

Repondo as Energias

Respirem fundo, mas com tranquilidade.

Agradeçam de todo o coração aos Deuses Pais Hélios e Vesta, e a Alfa e Ômega pela oportunidade oferecida, pois, sem dúvida, o trabalho com o Novelo de Linha Cármica, instaurando-o em nós, é uma das mais belas formas de se transmutar o carma. Através dele, consegue-se transmutar várias partes e várias fases do nosso carma, e pode-se realizá-lo em um chacra de cada vez, até que se sinta a total liberação da energia.

É um exercício prático e pode ser usufruído por todos que desejam acelerar a requalificação de suas energias, vibrações e consciências.

Estamos prontos. Vamos soltar Pérolas de Amor dos nossos corações! Pérolas de muito Amor, feitas com as nossas energias, vibrações e consciência.

Sintam a Chama Trina sendo redirecionada pelo Cristo Pessoal. Visualizem o equilíbrio dos corpos e sintam a expansão de todos eles até que se atinja uma feliz expansão de consciência. Expandam suas consciências até senti-las nas das outras pessoas, como uma única consciência. Expandam e olhem-se, abençoando-se! E abençoem aos seus pais, às suas famílias, aos parentes, amigos e inimigos, que são os nossos verdadeiros mestres.

Avancem e olhem para trás. Vejam as energias de vidas passadas requalificadas, gerando energias positivas para as futuras encarnações. Abençoem tudo o que encontrarem. Abençoem a Presença Divina e o Cristo de cada Mentor, de cada Guia, de casa Presença Divina que encontrarem. Abençoem, saúdem e agradeçam pela oportunidade de um dia terem vivido juntos, mesmo sem a consciência disso em outras vidas.

Sintam a quantidade de pessoas e seres que povoam seus mundos sem que tenham consciência; olhem para isso com muito carinho e olhem para todos os mundos invisíveis presentes em suas vidas, sem que os vejam! Olhem sem qualquer julgamento, sem crítica apenas olhem como crianças e abençoem-se mais uma vez.

Trabalhos como esses mudam o nível de consciência, de forma que, após essas práticas, assume-se uma nova consciência, assume-se um outro reinado – um Reinado Crístico dentro do Reino Humano, onde reina a Presença Eu Sou na 4ª dimensão, dentro da consciência humana.

Sintam o Amor e a Sabedoria expandirem através de si, através dos tempos.

Abençoem cada passo dado nesse Planeta. Novamente, abençoem todos os Seres e lembrem-se, mesmo que essa lembrança não tenha a profundidade da consciência humana, lembrem-se da primeira vez em que desceram ao Planeta Terra. Lembrem-se disso com carinho.

Foi o pedido, o desejo e a vontade de cada um de vocês o que os trouxe aqui, neste mundo de experiência. Amem-se muito por isso, inundem-se de Amor. Inundem de Amor todas as suas passagens pelo Planeta Terra e olhem-se como parte de um Todo; abriguem-se no Colo Divino e, ali alinhados, perguntem ao Deus e à Deusa o que devem fazer agora, qual deve ser o próximo passo.

Aguardem a resposta com muita Paciência e Harmonia.

Renovem os compromissos assumidos com seus próprios Cristos, com suas Presenças Divinas e com os nossos superiores: com os Pais Hélios e Vesta, Alpha e Ômega e com todos os Seres junto aos quais, um dia, assumimos um compromisso.

Um dia nós saímos do Grande Sol Central para vivenciar experiências na Terra, e um dia deveremos retornar com a missão cumprida; contudo, a exigência para a nossa volta é a conquista da Maestria, portanto, vejam o caminho que ainda falta trilhar!

Cheios de Sonhos, de Vontade, de Imaginação e de Querer, mergulhem de volta para a vida de agora e observem lá de cima, de onde estamos, aquilo que realmente é necessário para que se cumpra o compromisso. Olhem para quem realmente são e assumam seus papéis na Terra.

Construam de maneira planejada para que as expectativas sejam todas alcançadas nesta vida e, em vidas futuras, que haja coragem para se reconhecerem. Não é preciso que nos reconheçam para que nós nos reconheçamos. Façam primeiro esse reconhecimento e assim teremos um reconhecimento maior.

Recomecem a cada dia o princípio de uma vida nova. Sigam para frente e para cima, na beleza dos dias, para sermos felizes!

Que a energia das Crianças e dos Anjos, que o Entusiasmo e o Propósito Divino, que todas as Virtudes e Qualidades do Disco Solar nos guiem de volta ao Amor Eterno, para realização da Missão do Plano Divino e do Projeto de Vida individual e coletivo.

Aceite tudo isso como realizado e manifestado concretamente e, para sempre, autossustentado e autoexpandido dentro do Amor, do Poder e da Vontade de Deus.

Na Luz do Mestre Gautama, do Bem-Amado Maitreya e do Bem--Amado Sanat Kumara, está Feito, Selado e Decretado, porque eu falei no mais Sagrado Nome de Deus,

EU SOU, I AM, EU SOU, I AM, EU SOU, I AM.

Respirem profundamente, energizando bem o Decreto.

8º Raio Turquesa Água-Marinha

DIRETORES: Mestre Solar Kenich-Ahan e Bem-Amada Serena. Direcionam o princípio espiritual como prioridade e nos move em direção ao Progresso Cósmico. Aqui se descobre isso com Clareza, Firmeza, Honra e Dignidade. Sua alma lhe agradece por isso.

ARCANJOS: Aquariel e Claridade.

ELOHIM E ELOHA: Príncipa e Princípio, Devas.

SIGNO: Capricórnio (22 de dezembro a 20 de janeiro).

DRAGÃO TURQUESA: viaja no tempo para buscar partes da sua alma presas no passado. Assim como viaja para o futuro ajudando você a atingir o seu potencial máximo.

DRAGONA TURQUESA: equilíbrio. Ajuda a restabelecer uma conexão rápida com a essência do Seu Ser, para manter ou recuperar o equilíbrio. Ajuda a encontrar o equilíbrio interno, para que se sustente internamente com a sua espiritualidade e tira os desenganados de sua posição.

BABY TURQUESA: conecta-nos com nossa intuição, harmonia, equilíbrio e estabilidade. Ótimo para encontrar atalhos na vida.

UNIDADE DA DIVINDADE SOLAR SOB SUA INFLUÊNCIA: Claridade.

RETIRO PLANETÁRIO: ROYAL TETON / Conselho Kármico (31/12).

QUALIDADES DIVINAS: Amor Organizador ou Clarificador. Clareza, Vivificação, Percepção Divina, Discernimento, Talento, Lucidez, Dignidade, Cortesia, Sabedoria Equilibrada e as qualidades de um Ser Espiritualmente Livre.

PROPÓSITO DIVINO: direcionar o Princípio Espiritual como prioridade, movendo-nos em direção ao Progresso Cósmico. Aqui se descobre isso com Clareza, Firmeza, Honra e Dignidade. Sua alma lhe agradece por isso.

MENSAGEM: você está sendo apadrinhado pelos Mestres deste Raio, o Raio da Claridade. Isso incentiva a atividade da Luz interior com radiações de Turquesa Água-Marinha, que levam ao Crescimento e ao Progresso Espiritual através da Clareza Divina. Medite sempre, mentalize os Arcanjos Aquariel e Claridade e verá como tudo fica transparente e muitas oportunidades lhe serão abertas.

INVOCAÇÃO DOS CHOHANS DO 8º RAIO TURQUESA ÁGUA-MARINHA:

EU SOU a Poderosa Atuação do Raio Turquesa Água-Marinha do Amado Mestre Solar Kenich-Ahan, preenchendo a nós, o Planeta Terra e a Humanidade com a Força do Crescimento Cósmico, Progresso Espiritual e Clareza Divina.

INVOCAÇÃO DOS ARCANJOS DO 8º RAIO TURQUESA ÁGUA-MARINHA:

EU SOU a Poderosa Atuação dos Amados Arcanjos Aquariel e Claridade e os Anjos da Oitava Esfera, carregando...... (nome) com a Chama Turquesa Água-Marinha, do Crescimento, Progresso Espiritual e Clareza Divina.

INVOCAÇÃO AO ELOHIM E ELOHA DO 8º RAIO TURQUESA ÁGUA-MARINHA:

EU SOU a Poderosa Atuação dos Amados Elohim e Eloha Príncipa e Princípio e Devas da Ordem Divina Solar do 8º Raio, carregando-me com a Chama Turquesa Água-Marinha do Crescimento com Ordem e Progresso Espiritual, Dignidade, Honra e Majestade Real.

INFORMAÇÕES GERAIS: o Amado Mestre Solar Kenich-Ahan vem dos templos do Sol e trabalha no Lago Titicaca, sem, contudo, ter aparência Inca.

Meditação Acessando o Retiro Planetário do 8º Raio Turquesa Água-Marinha

Sobre a vasta extensão de terra da América do Norte, eleva-se uma majestosa montanha rochosa da cordilheira, que guarda no interior das suas montanhas, uma das mais antigas Deidades da Luz, o Templo da Precipitação. A entrada externa é vedada aos curiosos, todavia, se o discípulo tiver a permissão para entrar neste Sagrado recinto, então é removido um gigantesco bloco de rocha, que, até então, lhe era desconhecido e invisível. Entretanto, quem, em consciência elevada, deseja frequentar à noite essa Cidade Luz, poderá fazê-lo à vontade.

Uma luz suave ilumina o magnifico átrio. O visitante deverá elevar lentamente a sua frequência vibratória para não ser fulminado e poder usufruir da beleza sem par das obras de arte que se lhe apresentam.

Pinturas e esculturas em predominante estilo chinês, inclusive belíssimas joias de inestimável valor, aqui estão protegidas da ganância de muitas pessoas; contudo, mais tarde, tudo isso ficará à disposição da Humanidade; basta que ela passe a um grau mais elevado de evolução.

A Hierarquia Espiritual e o Conselho Cármico da Terra reúnem-se aqui, neste recinto, para delinear o programa semestral de trabalho a ser executado pelos Seres de Luz, visando auxiliar a evolução espiritual dos homens. Atualmente, reúne-se também o Conselho Dhármico, composto de Seres Intergalácticos, além da própria Humanidade.

Os discípulos presentes às reuniões também são convidados a expor suas ideias e seus desejos, contribuindo, assim, para que seja encontrada uma solução que elimine os sofrimentos e as desgraças da Humanidade.

Nessas reuniões, as ideias e sugestões dos discípulos são analisadas e, se aceitas, se forem consideradas viáveis, o Conselho Cármico lhes franqueia uma energia adicional para sustentar a execução do Projeto; mas não sem antes analisar, através da energia do discípulo, se ele está em condições de conduzir tal projeto.

Quem, acompanhado de seu padrinho espiritual, consegue transpor o átrio de entrada, poderá, se for merecedor, mirar-se no Espelho Cósmico e ver os acontecimentos do passado que se relacionam à sua própria vida.

Podemos, todos, tentar essa visão! Tentem colocar-se em frente ao Espelho Cósmico e peçam aos seus mentores e padrinhos espirituais que lhes permitam aflorar ao nível da consciência atual para que haja uma transmutação eficaz, verdadeira, positiva; alguma coisa necessária para criar uma nova visão do futuro. Pode ser que ante seus olhos desfilem várias oportunidades já tidas para trabalhar em benefício de todos e de sua evolução espiritual; não se preocupem se essas visões não ficarem gravadas na consciência, pois elas são como sementes que, uma vez lançadas, germinarão; e quando germinarem, o resultado virá prontamente. A recordação que jaz na Consciência Superior se manifestará na hora prevista para que a missão se realize.

O Hierofante desse Templo que estamos visitando é o Mestre Confúcio, sucessor do Mestre Lanto; contudo, muitas vezes o Mestre Lanto está presente nos cerimoniais festivos aqui realizados. Esses dois Grandes e Amorosos Seres são os auxiliares-instrutores que protegem e envolvem com seu Amor os discípulos que, escolhidos, permanecem em observação.

Esse Antigo Foco de Luz sustenta o Plano Perfeito para cada ser humano que tenha, sinceramente, resolvido peregrinar no caminho espiritual e unir-se, em consciência, à sua Presença Divina Eu Sou.

A Sagrada Chama da Precipitação e a Chama da Força Criadora conferem ao discípulo aspirante forças adicionais, e uma acelerada vibração, que incentiva a atividade da Luz Interna.

Deve-se estar muito atento e afastar todos os pensamentos negativos dos corpos inferiores antes de entrar nesse Recinto Sagrado, pois aqui tudo é fortemente incentivado, tanto o positivo quanto o negativo, e esta é a razão pela qual necessitamos da grande faculdade do Discernimento para incentivar apenas o bem. É por isso que uma visita a esse local deve ser decidida após uma intensa e vigorosa fluidificação pelo corpo.

Voltem lentamente e tragam consigo todas as irradiações do Royal Teton.

MESTRE DJWHAL KHUL E O TEMPLO DA PRECIPITAÇÃO

Royal Teton é o Templo do Mestre Confúcio que, atualmente, conta com a grande ajuda do Mestre Djwhal Khul, que tem se dedicado a auxiliar a Hierarquia Planetária há uns 20 anos, mais ou menos. Ele está ajudando especialmente os Mestres El Morya, Saint Germain e Kuthumi.

Djwhal Khul é um Mestre que está atuando em nível intermediário. Como existe um excesso de trabalho no Plano Espiritual dos Mestres Ascensionados e uma carência de pessoas tralhando do lado de cá, é comum que as pessoas, quando ascensionam, prontifiquem-se a ajudar os Mestres, porque realmente faltam Trabalhadores da Luz.

Por isso, é muito importante que nos dediquemos a conhecer os Templos, pois assim teremos uma maior Consciência para cooperar nesses trabalhos.

DECRETO AO MESTRE DJWHAL KHUL E O TEMPLO DA PRECIPITAÇÃO

Em nome da poderosa Presença Divina Eu Sou, chamemos o Bem-Amado Djwhal Khul e a Fraternidade do Royal Teton; chamemos pela Chama Dourada da Precipitação; apelemos pela Força e pelo Poder dessa maravilhosa Chama para criarmos somente o Bem, o Belo e a Harmonia em nossas vidas.

Eu Sou a Chama Verde e Dourada da Precipitação que faz surgir a criação em nossas vidas. Eu Sou a Chama Criadora de todo o Bem em nossas vidas. Eu Sou a Chama que precipita os Bens de nosso próprio Corpo Causal agora mesmo. Eu Sou com o Mestre Ascensionado Djwhal Khul e que Assim Seja Poderoso I AM!

9º Raio Magenta

DIRETORES: Senhora Magnus e o Bem-Amado LaMorae. Manifestam a integridade total do ser, promovendo seu centro e seu eixo do Céu e da Terra.

ARCANJOS: Anthriel e Harmonia.

ELOHIM E ELOHA: Energia e Matéria.

SIGNO: Sagitário (22 de novembro a 21 de dezembro).

DRAGÃO MAGENTA: ajuda todas as minorias a se libertarem dos condicionamentos impostos pela sociedade e a ser verdadeiro consigo mesmo.

DRAGONA MAGENTA: liberadora. Traz autoconfiança, aceitação de como você realmente é e ajuda a ficar em paz com as escolhas que você fez. Trabalha a alegria, a criatividade e a felicidade.

BABY MAGENTA: tem um potencial criativo gigante. É um Ser muito diferente e muito feliz.

UNIDADE DA DIVINDADE SOLAR SOB SUA INFLUÊNCIA: Harmonia.

RETIRO PLANETÁRIO: SHAMBALLAH/Chama da Fraternidade.

QUALIDADES DIVINAS: Amor Harmonioso. Harmonia Divina, Equilíbrio, Estabilidade Divina, Segurança, Entusiasmo, Estímulo, Restauração e Ressurgimento.

PROPÓSITO DIVINO: manifestam a integridade total do ser promovendo seu centro e seu eixo de Céu e Terra.

MENSAGEM: esta Chama Magenta faz com que o eixo vertebral do corpo seja retificado e ande na Terra, manifestando o Plano Divino e o Poder da Energia Fluídica, que expande e manifesta-se na aura através de vibrações positivas.

Meditar e afirmar sempre: "Que a energia da Harmonia e do Equilíbrio possa envolver a mim, ao Planeta Terra e à Humanidade com a Chama da Graça Divina e com os Arcanjos Anthriel e Harmonia".

INVOCAÇÃO DOS CHOHANS DO 9º RAIO MAGENTA:

EU SOU a Poderosa Atuação do Raio Magenta da Amada Senhora Magnus, envolvendo, nós, o Planeta Terra e toda a Humanidade com a Chama da Graça, Harmonia, Transformação e Equilíbrio Solar Perfeito.

INVOCAÇÃO DOS ARCANJOS DO 9º RAIO MAGENTA:

EU SOU a Poderosa Atuação dos Amados Arcanjos Anthriel e Harmonia e os Anjos da Nona Esfera, carregando...... (nome) com a Chama Magenta da Harmonia, Equilíbrio Solar e da Transformação da Humanidade na Graça Divina.

INVOCAÇÃO AO ELOHIM E ELOHA DO 9º RAIO MAGENTA:

EU SOU a Poderosa Atuação do Elohim e Eloha Energia e Matéria e de todos os Elementais e Substâncias da qual fazem parte o 9º Raio, carregando-me com a Chama Magenta da Harmonia, Equilíbrio Solar, Integridade e da Transformação da Humanidade na Graça Divina.

INFORMAÇÕES GERAIS: Lady Magnus é a polaridade no campo do eixo da Terra, do Polo Sul. É a Alma Gêmea de Polaris, que rege o Polo Norte.

Quando fizer uma meditação com os 5 Raios sutis, observe: sentiu afinidade com o Raio Magenta da Senhora Magnus? Então é porque houve um endireitamento do seu eixo (além da sua Coluna Vertebral), eixo este que está diretamente ligado ao seu objetivo na Terra, com a sua compreensão de estar aqui com uma missão definida. Quando temos essa compreensão, estamos nos enraizando na Terra por Amor, com Amor e através do Amor. É quando estamos prestando um serviço para a própria Senhora Magnus. Então, quando sentir afinidade com o Raio Magenta, pode-se realizar um trabalho com assiduidade, porque é isso que vai trazer a pessoa para o seu eixo.

A Era de Peixes foi marcada por sangue, suor e lágrimas. Agora, na Era de Aquário, águas novas estão rolando, águas de purificação.

Essa purificação nos chega através da mente, de forma que precisamos nos acertar emocionalmente para que o ar possa entrar, do contrário, pode ficar difícil acompanhar os novos tempos. Temos, então, que dirigir a nossa mente para o trabalho emocional.

O movimento agora é de Soltar, porque nós sempre retivemos tudo. O trabalho que temos a fazer, neste momento, é trazer de cima, porque o que está em cima pode ser assumido e expandido embaixo. Temos que expandir sempre.

Está errado pensar que tudo se expande e acabou-se a história. Isso não é verdade. Temos que estar com a cabeça totalmente aberta e conectada. Para fazer isso, podemos permanecer quietos, em paz e em silêncio; podemos ativar os chacras, especialmente o Portão Estelar, que nos conecta com o Cosmo e o Chacra Causal, que ajuda a nos aquietarmos, mesmo em meio ao caos e, assim, vamos ativando todos os outros chacras; podemos até mesmo ir lá para cima, pegar os outros Raios (partículas, átomos) e trazer as energias para os chacras, meridianos, sistemas nervoso, endócrino e glandular, inclusive para os chacras transpessoais. Com tudo isso, vamos ter livre acesso às energias dos 12 Raios.

Essas energias estão ao inteiro dispor de quem as quiser utilizar. Podemos pegá-las e trazê-las para os trabalhos e, depois, irradiar a Luz aqui embaixo, na Terra. Isso faz um bem enorme para todo mundo, inclusive para nós mesmos.

Esse procedimento é característico do Corpo Causal – são os tesouros que temos à nossa disposição. Então, podemos trazer tudo, passando pela Presença Divina, entrando nos chacras, expandindo, descendo e extravasando.

Quem fizer tudo isso e, ainda assim, sentir que não está doando energia para a Terra, é porque talvez precise primeiro preencher o seu próprio corpo com essas energias. Uma vez preenchido o próprio corpo, a energia começará a expandir, extravasar para a Terra. Isso é muito natural, pois se estivermos carentes, temos que nos suprir. Nós só damos o que temos, e se não tivermos, primeiro temos que nos abastecer, para depois poder doar.

Meditação Acessando o Retiro Planetário do 9º Raio Magenta

Fechem os olhos e acendam todos os seus chacras: desde o Portão Estelar até o Estrela da Terra. Ativem a Pirâmide Azul e preencham todos os seus corpos através da Presença Divina Eu Sou.

Largai tudo o que ainda vos prende aos desejos e pensamentos mundanos e purificai vossos corpos interiores antes de penetrardes neste recinto...

Os Discípulos da Luz estão cientes do grande significado destas palavras e da graça especial que se recebe em Shamballa, Foco de Luz situado no Reino Etérico, por cima do deserto de Gobi, na Ásia. Shamballa é o mais poderoso e maravilhoso Templo sobre o Globo Terrestre. Desde os tempos remotos, ali se reúne toda a Hierarquia Espiritual, sob a regência do Bem-Amado Lord Gautama, o Senhor do Mundo; é onde a Fraternidade Branca se reúne, especialmente para fazer os trabalhos do Governo Oculto do Mundo. Pessoas de todas as regiões do mundo dirigem seus corpos sutis a Shamballa no final de cada ano, de acordo com o calendário cristão. Cada qual leva consigo a colheita anual, o acréscimo da sua substância de Luz, decorrente do último ano.

Todos, embora o número ainda seja pequeno, são bem-vindos a Shamballa, e ninguém tem privilégios; todos contribuem para aumentar a Chama de Shamballa, que forma o inesgotável Elixir da Vida para o nosso Planeta Terra.

Qualquer vida na Terra é suprida pelas Chama Rosa, Dourada e Azul. Os discípulos que zelam pela energia de sua Luz não a esbanjam; na realidade, eles são a causa do constante aumento de Luz sobre a Terra.

Plenos de Esperança e Reverência, deixem-se conduzir à mais santificada Cidade Luz. Deixem que Anjos e Seres Protetores os mergulhem na Luz Dourada, para que possam captar a crescente vibração de frequência mais elevada.

Observem, em volta, que existem muitos Discípulos da Luz também envoltos com o Manto de Luz Dourada. Conscientizem-se desse Manto de Luz Dourada e, automaticamente, conscientizem-se de que estamos todos juntos e protegidos na Grande União com a Criação Divina; que cada emanação de vida joga uma célula no Luminoso Coração em atividade.

Respirem e sintam a energia da Shamballa.

Atravessem a Ponte de Luz vertical que conduz ao Fogo Sagrado e vejam uma cascata de água furta-cor e a cintilante Flor de Lótus nas cores Azul, Rosa e Dourada. Procurem visualizar bem a Flor de Lótus maravilhosa que existe nessa cascata!

Sintam essa energia penetrar no Chacra Cardíaco, acelerando imediatamente a Chama Trina. Insistam! Absorvam toda essa energia.

Mais adiante, ergue-se uma escadaria que conduz para dentro de uma primorosa obra arquitetônica, que se assemelha a filigranas de mármore opalino bem claro: esta obra é constituída pelas dádivas de Luz de inúmeros filhos e filhas de Deus. Os Portais se abrem! Vejam a beleza da visão interior desta cidade única. Deixem-se surpreender pela sua indescritível beleza e comparem-na com as circunstâncias e condições da vida cotidiana que nos rodeia no Plano Etérico. Portem-se com humildade ante essa grandiosa perfeição jamais vista ou sonhada!

No ápice da entrada de Shamballa está a poderosa estátua de ouro do Bem-Amado Gautama, cravejada de pedras preciosas, no centro do símbolo sagrado de Lótus. É deste modo que os incansáveis Buscadores da Luz reconhecem o Fogo de Luz da Eterna Divindade, que expande constantemente o seu brilho, na mesma proporção com que o Buscador se une à sua Luz.

Na realidade, ninguém que não seja ascensionado jamais penetrou neste Sacrossanto Foco de Luz de Shamballa, onde o Átomo Permanente deste Planeta está ancorado na Chama Trina. Qualquer outro ser que lá penetrasse não suportaria a intensa e fortíssima radiação dessa Luz. Nos ambientes de estudo, a frequência vibratória é reduzida até um certo grau, de forma que possa ser suportada pelos discípulos desejosos de lá estar e, a cada um, é dada a oportunidade de calcular o seu estágio evolutivo para doutrinação dos seus corpos emocional e etérico.

Vamos! Sintam bem a energia se expandindo pelo corpo emocional e etérico. Recebam essa Luz Dourada como uma dádiva – uma dádiva do Equilíbrio Perfeito – e sintam a Iluminação desse Equilíbrio se expandindo em suas auras.

Sintam o próprio Buda Gautama em suas auras, sintam-se assumindo a postura de Senhores do Mundo. Sintam a energia fluindo pelos chacras e corpos, aumentando e manifestando o Equilíbrio Perfeito. A boa colheita anual de um agricultor não é avaliada pela quantidade, mas pela qualidade e crescimento de suas sementes. O Discípulo que normalmente apresenta a sua colheita anual em Shamballa precisa provar as mais variadas características do bem praticado.

Voltem agora e agradeçam a oportunidade de ter conhecido a energia de Shamballa.

Retornem a Shamballa sempre que necessitarem do Equilíbrio do Caminho do Meio e, mais ainda, quando necessitarem de Amor – de muito Amor e Sabedoria.

Respirem pelo nariz, segurem a energia e depois soltem, trazendo-a para cá!

Esse trabalho foi sustentado com a energia da Harmonia, além da de todos os Raios e também por todos os Templos Solares e Planetários, Mestres, Chama Trina e Fraternidade de Shamballa.

O trabalho da Harmonia, quem sustentou foi o Mestre La Morae – era a única maneira de sustentar o Disco Solar quando ele estava sendo reimplantado na Terra para que houvesse Harmonia e Equilíbrio no uso de um instrumento possuidor de tantas Forças variadas.

Quando se pensar em Harmonia do 9º Raio, é muito importante pensar no Mestre La Morae.

AFIRMAÇÃO:

Chegando a ser a Vibração da Chama Crística, em nome da Presença de Deus-Deusa individualizada que Eu Sou, em cujo abraço entrego minha emoção espiritual, afirmo e reconheço dentro do meu coração:

Eu Sou a Vibração do Amor, Eu Sou a Vibração do Amor,
Eu Sou a Vibração do Amor da minha Chama Crística em ação.
(Respirem).

Eu Sou a Vibração da Sabedoria, Eu Sou a Vibração da Sabedoria,
Eu Sou a Vibração da Sabedoria da minha Chama Crística em ação,
três em um. (Respirem).

Isso é o Eu Sou manifestando-se através
de tudo o que faço, penso e sinto.

Eu Sou a Vibração do Amor, Eu Sou a Vibração do Amor,
Eu Sou a Vibração do Amor de Shamballa em Ação.

Eu Sou a Vibração da Sabedoria,
Eu Sou a Vibração da Sabedoria,
Eu Sou a Vibração da Sabedoria de Shamballa em Ação.

Eu Sou a Vibração do Poder, Eu Sou a Vibração do Poder,
Eu Sou a Vibração do Poder de Shamballa em Ação.

Essa é a minha vibração, a minha radiação e,
à medida que mantenho em silêncio tudo mais em meu mundo,
consigo concretizar e realizar tudo de que preciso.

Eu Sou o Amor, Eu Sou o Amor,
Eu Sou o Amor de nossos Deuses Pais em Ação.

Eu Sou a Sabedoria, Eu Sou a Sabedoria,
Eu Sou a Sabedoria de nossos Deuses Pais em Ação.

Eu Sou o Poder, Eu Sou o Poder,
Eu Sou o Poder de nossos Deuses Pais em Ação, três em um.

Isso é o que Eu Sou.
Minha Herança Divina e Eu Sou esse Eu Sou!
(Respirem profundamente).

10º Raio Dourado Solar

DIRETORES: Deusa Alexa e Deus Ouro. Promovem a consolidação na renovação dos votos da Paz Solar, encontramos a Verdadeira Prosperidade e o Consolo Cósmico, sem meias medidas.

ARCANJOS: Valeoel e Paz.

ELOHIM E ELOHA: Luz e Esplendor.

SIGNO: Escorpião (23 de outubro a 21 de novembro).

DRAGÃO GOLD: o Dragão Sábio. Tem conexão direta com os planos mais altos da Espiritualidade. É um estado de Perfeição, Paz e Comunhão consigo e com o Cosmo. Guia nossas ações para o bem-estar de todos os seres vivos no Planeta. Ajuda a acessar nossa Sabedoria em situações de desafio. Traz inspiração para que se cresça espiritualmente e dê o nosso melhor em todas as circunstâncias. Estipula o "padrão ouro" em tudo o que se quer alcançar. Conecta-nos à energia de prosperidade e de abundância.

No nível individual, abre-nos para que possamos enxergar as coisas dentro de uma perspectiva mais ampla, muito além da nossa pequena perspectiva e contexto individual.

DRAGONA GOLD: acorda nossa responsabilidade para com as coisas que estão acontecendo com o Planeta, com as outras pessoas e com os outros seres que aqui vivem, visíveis e invisíveis. Traz a consciência para as questões ambientais, alerta para a destruição do Planeta e a importância da Paz e Cooperação entre todos que aqui vivem.

BABY GOLD: encoraja a ter autoconfiança e a escolher o que é melhor para nós. Compreende e tolera as diferenças entre as pessoas. Acorda talentos e ajuda a encontrar dons preciosos dentro de nós, sonhando mais alto e encontrando a própria sabedoria.

UNIDADE DA DIVINDADE SOLAR SOB SUA INFLUÊNCIA: Paz Eterna.

RETIRO PLANETÁRIO: TEMPLO DA PAZ / 6º Raio.

QUALIDADES DIVINAS: Amor Confortador. Paz Eterna, Conforto, Pureza, Calma Interior, Opulência, Abundância, Prosperidade e Suprimento Divino.

PROPÓSITO DIVINO: uma Luz Solar Líquida que escorre do Girassol, a regar nossas vidas, corpos, chacras e entranhas, promovendo a consolidação na renovação dos votos da Paz Solar, encontrando a verdadeira Prosperidade e o Consolo Cósmico em sua totalidade.

MENSAGEM: a prosperidade só é notada quando transformamos nossa forma de vida. Nesse momento, sentimos a necessidade de nos requalificar para evitar processos cármicos. Precisamos estar atentos e nos empenharmos através de reflexões e de meditações, pois o silêncio ajuda-nos a enxergar o que estamos vendo. Além dos Mestres que dirigem esse Raio, é importante apelarmos para a ajuda dos Arcanjos Valeoel e Paz.

INVOCAÇÃO DOS CHOHANS DO 10º RAIO DOURADO SOLAR:

EU SOU a Poderosa Atuação do Raio Dourado da Amada Deusa Alexa, carregando, nós, o Planeta e toda a Humanidade com as Chamas da Pureza, Coragem Divina e Conforto e Paz Solares.

INVOCAÇÃO DOS ARCANJOS DO 10º RAIO DOURADO SOLAR:

Eu Sou a Poderosa Atuação dos Amados Arcanjos Valeoel e Paz e os Anjos da Décima Esfera, preenchendo...... (nome) com a Chama Dourada do Conforto e Paz Solar, Purezas e Coragem Divinas.

INVOCAÇÃO AO ELOHIM E ELOHA DO 10º RAIO DOURADO SOLAR:

EU SOU a Poderosa Atuação dos Amados Elohim e Eloha, Luz e Esplendor e todas as Forças Internas Ressurgindo do 10º Raio, preenchendo-me com a Chama Dourada do Conforto e Paz Solar, Pureza, Prosperidade e Coragem Divinas em toda Humanidade.

INFORMAÇÕES GERAIS: a Deusa Alexa rege os Raios Dourados e, com ela, faremos os trabalhos de prosperidade.

Transmutação para a Prosperidade

Para prosperar, temos que transmutar e requalificar direito, pois o grande problema é transmutar e deixar espaços abertos – isso acaba nos trazendo problemas cármicos.

Se estamos precisando resolver uma questão financeira, por exemplo, nós transmutamos – fazemos o trabalho com a Chama Violeta de Proteção. Transmutamos uma energia que está presa e que não permite que o dinheiro chegue até nós.

Transmutando a energia, ela fica livre, limpa, neutra, mas se não a requalificarmos para que ela possa descer, isto é, se não a convidarmos a vir até nós, não adianta. Tem-se, então, que requalificar a energia com Prosperidade, dando especial atenção àquilo que se está querendo – é preciso colocar mais energia no que queremos.

VEJAMOS, NA PRÁTICA:

Primeiro, façam todo o trabalho de proteção pessoal, colocando-se dentro da Pirâmide Azul de Proteção, acendendo a Chama Trina e todos os chacras, conectando-se ao Cordão de Prata, envolvendo-se no Manto de Luz. Isso é importante para criar um limite de espaço, para nos impormos, para termos uma noção da nossa aura e para sabermos que esse é o nosso espaço, que esse é o nosso tamanho. Quando sabemos o espaço que ocupamos, prontamente identificamos quando outra pessoa entra no nosso campo áurico.

Depois, busquem atrair toda a energia cármica da falta de prosperidade para poder transmutá-la!

Em seguida, coloquem tudo dentro da Pirâmide e tragam para dentro de si, assumindo aquela energia de verdade. Lembram do trabalho com o novelo de linha cármica? Pois bem! Façam um bolo de linha cármica com toda a energia da falta de prosperidade (o bolo pode ficar bem escuro, que não faz mal) e transmutem com a Chama Violeta!

Agora, peguem algum Decreto. Um Decreto através do Amor, da Sabedoria e do Poder, e façam-no três vezes. Enquanto estiverem Decretando, vão soltando a energia, vão limpando e já comecem a colocar a Energia da Prosperidade no lugar, com muita fé e sabendo que vai dar certo. Só não vai acontecer nada se não for colocada Atenção e Energia na vibração do que se quer. É tudo uma questão de atenção! A energia vai estar exatamente onde a colocarmos.

Enquanto fazemos esse trabalho e, por exemplo, o telefone toca, temos de atendê-lo, e isso nos distrai. Aí, já perdemos um pouco da atenção. Se não conseguirmos permanecer atentos e concentrados no que se faz por 5 minutos, pelo menos, então não dá para fazer bem feito; mas se conseguirmos, se fizermos bem feito e com atenção, a energia flui e receberemos aquilo que pedimos.

Se não nos empenharmos em fazer algo para nós, se não tivermos certeza de que podemos, devemos e queremos mudar, a Chama Violeta acaba transmutando por conta própria, pois esta é a sua função, mas sem o nosso controle sobre a energia transmutada. Então, por que não limpamos nós mesmos a energia e a direcionamos para onde queremos? Essa é a maior bruxaria que existe, é a melhor magia – é a melhor coisa que podemos fazer por nós, que é resolver nossos problemas pessoais, dando atenção ao que realmente queremos.

Na Transmutação, coloca-se a Chama Violeta, e na Requalificação para a Prosperidade, colocam-se as palavras Paz e Prosperidade. Cada um tem de transmutar a sua própria energia e ajudar a transmutar a do outro.

Para nos requalificarmos, devemos trabalhar, treinar e insistir muito. Nós nos desqualificamos muito por causa dos medos, das limitações. É muito importante que nos transmutemos e nos curemos desses males, porque eles nos colocam contra nós mesmos. Todas as células que estavam contrárias a nós, hoje estão a nosso favor e sequer temos consciência disso. Se as nossas próprias células estão a nosso favor, então temos que pegar a energia mal qualificada, mal gerada, e passar a amá-la; a trazê-la para junto de nós como se fosse um filho malcriado que vai ser reeducado. O esforço vale a pena. Devemos mexer com ela, colocar a mão na massa e começar tudo de novo. Essa preguiça que temos para conosco tem que ser posta de lado.

Se passarmos a nos olharmos com Amor, a nos respeitarmos e dizer que não vamos mais nos maltratar, não vamos deixar que a nossa própria energia nos maltrate, passaremos a ter domínio sobre ela e não mais permitiremos que as coisas ao nosso redor nos desqualifiquem.

Agora nós somos os Mestres. Existem os Mestre Ascensionados com seus trabalhos, mas nós também somos Mestres. Cada um de nós é um Deus, uma Deusa.

Em nome de Saint Germain ou em nome de Jesus, ou do Arcanjo Miguel – nós continuamos o trabalho, mas as nossas Forças hoje são Nossas. O Poder que nos foi tirado em vidas passadas, até por mau uso da nossa parte ou por várias outras razões, tem que voltar para nós. Não podemos cair no fatalismo e no carma. Saint Germain foi muito claro nisso:

> Não importa se ontem você foi assassino. Se hoje você quer reconstruir a sua vida, use a Chama Violeta e ative imediatamente os 5 Raios Sutis. Não fique olhando para trás.

AFIRMAÇÃO:

Mais radiante que o Sol,
mais puro que a neve,
mais sutil que o éter, é o Ser,
o Espírito dentro do meu coração:
Eu Sou esse Ser,
Esse Ser Sou Eu.
(Repita três vezes)

Respirem profundamente a cada afirmação. No final, coloquem as mãos no coração, respirem longamente e, com tranquilidade, deixem o ar sair, ampliando-se. Sintam-se abrangendo todos os limites além do próprio corpo, além da sua casa, da sua cidade e do seu País; sintam-se expandindo em direção ao próprio Planeta Terra, ao Disco Solar e, no centro do Disco, abençoem o próprio Ser perante a Mãe Virgo.

Abençoem-se, sacramentem-se e tornem-se pessoas consagradas, transformadas e curadas.

EU SOU, I AM, EU SOU, I AM, EU SOU, I AM.

Meditação Acessando o Retiro Planetário do 10º Raio Dourado Solar

Sentem-se com a coluna ereta, silenciem a mente, acalmem-se, respirando pelo nariz e soltando o ar pela boca.

Respirem e imaginem-se dentro da Pirâmide Azul. Entrem em contato com a Energia da Paz e iluminem-se desde o Portão Estelar até a Estrela da Terra, como se fosse uma Linha de Luz lá de cima, que desce do Sol, passa pela Presença Divina Eu Sou e vai soltando um Grande Manto de Luz bem bonito, bem brilhante e bem forte.

Deixem-se envolver na respiração. Respirem profundamente, relaxando e distensionando todo o corpo. Sintam a Paz Eterna e o Amor Cósmico que vêm de dentro do seu interior. Sintam a Harmonia e que suas vibrações mudam profundamente, com Amor! Sintam bem os seus Tubos de Luz firmemente ancorados no chão.

Imaginem-se pequenininhos dentro do Sol e comecem a descer rapidamente, iluminando-se pelo Cordão de Prata, iluminando todos os corpos, todos os chacras. Desçam até seus Corações e ponham os pés bem firmes no Chão do Coração. Visualizem esse Chão bem iluminado, bem bonito, bem firme – plantem os pés ali!

E quem não encontrar esse Chão, construa um, peça ajuda a algum Mestre, trabalhem. Não fiquem sem Chão. Sem Chão não se fica! Então, quem não tiver Chão, construa um! Comecem colocando o Azul, deixando que ele fique bem firme, e depois, mantenham contato com Deus-Deusa dentro de si.

Quando uma pessoa não está muito bem, ela deve colocar a Vontade de Deus em primeiro lugar. A vontade de Deus deve ser a sua causa primeira, pois estamos aqui por uma única causa: a do Desenvolvimento Evolutivo. A nossa causa tem que ser a Vontade Divina e, se ficamos mal, devemos fazer todo o possível para recuperar a Tranquilidade e a Paz. Devemos nos colocar de frente para os nossos corações, de frente para as nossas Chamas Trinas e sentir o Azul, Dourado e Rosa saindo como jatos de Luz fluorescente, bem brilhantes e bem bonitos, representando a causa da Paz, do Amor, da Luz, da Força, do Poder e da Vontade Divina.

Sintam-se fortes. Visualizem seus quatro corpos fortemente Iluminados, Amorosos, Pacíficos, Tranquilos e Harmoniosos. Imaginem que a Luz do Mestre está descendo, a Luz do Mestre de cada um, mas que também temos que subir. Assim, elevem suas vibrações!

Ao lado da Chama Trina existe um corredor, um túnel com uma Luz no final – percorram-no até o fim. Dirijam-se para a Luz! Entrem à direita, atravessem uma salinha bem pequena e continuem adiante, até chegar a um grande salão. Chegando lá, respirem profundamente! O salão é bem grande. Pode ser que tenha gente, pode haver algumas coisas, como também pode estar absolutamente vazio, sem nada.

O salão de cada um é do jeito que é. À direita da entrada desse salão tem uma porta, que pode estar aberta ou fechada. Se estiver fechada, batam e entrem... pois todos sabem que quem bater à porta será atendido! Se ela estiver aberta, entrem e dirijam-se Àquele que realmente é a parte da Centelha Divina mais Poderosa dentro de vocês – o Sagrado Cristo Interno. Esse é o seu Templo e seu Espaço. Esse é o Pássaro Dourado da Gaiola de Ouro. Entrem em comunhão com Ele através da respiração. Respirem. Comunguem.

Sintam que a unidade com o Cristo os envolve em um forte tom Dourado, que abre totalmente seus corações para o Amor e a Sabedoria. Entrem e façam com que o Cristo saia do seu pequenino recanto; libertem seus Cristos – eles esperam muito por esse momento. Abram-se e libertem-no, porque, libertando a causa primeira do Amor, estarão libertando a si mesmos!

Aproveitem para limpar qualquer tipo de ressentimento ou de mágoa que tiverem contra si mesmos, aquela corrente de medo. É justamente isso que deve ser iluminado para voltar a brilhar. Iluminem tudo o que deu errado, pois isso só aconteceu, porque não se comungou com a Parte Divina.

Se olharmos bem, veremos que somos muito pequenos, que esse é o nosso momento, que somos humanos; mas veremos também que, além de humanos, somos Crísticos e Divinos!

Houve o Tempo dos Deuses e o Tempo dos Homens. Agora, é chegado o tempo de os Homens e Mulheres se tornarem Deuses e Deusas. Sintam a Paz Profunda invadindo-lhes as vidas.

Respirem profundamente e aceitem a condição de suas Linhagens Divinas, da Linhagem Universal, Linhagem Amorosa e Sábia. Aceitem esse poder e permitam-se receber esse poder. Recebam uma Coroa do Cristo, o Manto da Cristandade, o Cetro da Cristandade.

Recebam o Ouro em seus corpos físico, espiritual, mental e emocional. Ouro! Ouro puro! Ouro em pó! Ouro em barra! Ouro em joias! Recebam moedas de Ouro para serem colocadas em seus chacras! Saúdem ao Deus do Ouro, porque o Ouro é um metal importante nos nossos corpos.

Que o Ouro entre, limpe e purifique o nosso sangue, as nossas células, as nossas moléculas, átomos e elétrons. Que purifique as nossas vidas, clarificando e iluminando!

Sintam-se crescer. Projetem-se. Fiquem do tamanho da própria Presença Divina. O Cristo cresce também. Libertem o Cristo, deixem-no ser quem Ele é. Deixem que o Cristo cresça até a potência da Presença Divina, até a dimensão do Núcleo Central de Deus-Deusa.

Nós somos o Eu Sou. Então, "Eu Sou" a Centelha Divina dentro de mim, dentro de cada um de nós, e Eu Sou assumindo também toda a periferia à minha e à nossa volta – nada está fora do Controle Divino. Se o Ego Pessoal diz "não sei fazer isso", o Deus dentro dele e ao redor o sabe; o Núcleo Central de cada um é o próprio Ser Criador e Criativo, e sua periferia somos nós, que estamos começando a ter consciência dessa responsabilidade.

Respirem e assumam a responsabilidade de estar ativos, revivendo seus reais papéis na Terra. É por isso que somos a imagem e semelhança do Criador – nós somos a perfeição física manifestada na Terra e a causa é Espiritual e Divina. Nada pode sair errado. Que a própria Presença Divina Eu Sou e o Cristo possam estar conosco.

Deixem que uma forma-pensamento do Deus do Ouro se manifeste; aceitem a manifestação da Prosperidade do Deus do Ouro, porque Ele traz o Ouro como um incentivo à Prosperidade.

A Fraternidade precisa muito de Seres Prósperos para realizar trabalhos aqui na Terra. Nós podemos receber, doar e ser o Próprio Ouro em ação; portanto, sintam correntes de Ouro em suas mentes, no sangue, em seus chacras, no véu que os ilumina, nos sentimentos puros, nas emoções, nas vivências criativas da Terra e na coragem.

Sintam a Estrela da Terra recebendo um impulso de Ouro, essa energia desce do Portão Estelar e atravessa todos os chacras, recebendo as moedas de ouro, mais uma vez sendo alimentados pelo Deus do Ouro.

Peçamos que, em qualquer lugar do Planeta – desde o Brasil até a totalidade do Planeta –, onde seja requerido este Ouro, que ele seja enviado, e que a energia do poder monetário desse País e de qualquer outro lugar no mundo seja requalificada na Luz, no Amor e no Poder da Vontade Divina.

A Luz Dourada-Verde vem se manifestando no tom da criação. Sintam a Estrela da Terra ampliando esse movimento, recebendo para o inconsciente coletivo as Forças da Prosperidade!

Que sejam saldados todos os débitos de energia monetária a toda a Humanidade, de uns para os outros.

Para que essa grande corrente monetária possa se apresentar e reverter todo o quadro de miséria do mundo, é preciso lembrar que a Verdadeira Humildade perante o Criador está em reconhecer a Majestade, a Glória e o Esplendor da Abundância, Fartura, Fortuna, Opulência e Riquezas Ilimitadas; pois suas Leis Cósmicas são baseadas na Prosperidade Infinita – Deus-Deusa é uma multiplicidade sem fim! É preciso que manifestemos a Prosperidade.

Sintam a Prosperidade descendo, atuando, irradiando-se, expandindo-se e manifestando-se.

Em nome da Poderosa Presença Divina Eu Sou, o comando está feito, Selado e Decretado, porque eu falei na palavra mais sagrada do vocabulário humano.

EU SOU, I AM, EU SOU, I AM, EU SOU, I AM.

Respirem e vamos voltando.

Assim seja!

11º Raio Laranja/Pêssego

DIRETORES: Mestre El Morya e Lady Miriam. Nos ajudam a Reatar com o nosso Propósito Divino, com alegrias e com Entrega. Portanto, a verdade cada vez mais se manifestará.

ARCANJOS: Perpetiel e Alegria.

ELOHIM E ELOHA: Elétrom e Elétra, Átomo e Átma.

SIGNO: Libra (23 de setembro a 22 de outubro).

DRAGÃO ORANGE: ajuda a reprogramar o inconsciente para aceitar o novo. Facilita os recomeços e as fundações dos novos projetos, para começarmos com o pé direito. Ajuda a lidar com traumas de abusos humanos e planetários, inclusive sexuais.

DRAGONA ORANGE: criatividade. Forte, gentil, entusiasmada e prazerosa. Ajuda a recomeçar e a parir ideias e projetos. Tem um senso de justiça muito forte. Remove as energias pesadas que possam estar presas em nosso corpo, que nos enfraquecem e privam de uma vida prazerosa.

BABY ORANGE: desperta entusiasmo, curiosidade e criatividade. Ajuda a criança que comete o mesmo erro a tomar uma atitude diferente. Altamente energizante, impulsiona a ação, limpando o chacra sacral e queimando a bagagem negativa que não é mais necessária. Equilibra o desenvolvimento da sexualidade em crianças e pré-adolescentes.

UNIDADE DA DIVINDADE SOLAR SOB SUA INFLUÊNCIA: Propósito Divino.

RETIRO PLANETÁRIO: o maior Foco de Iluminação Divina – o Retorno dos Deuses MERU no Lago Titicaca.

QUALIDADES DIVINAS: Amor Feliz. Alegria, Entusiasmo, Eternidade, Serviço Desinteressado, Felicidade, Vitória, Liberdade e Libertação Espiritual.

PROPÓSITO DIVINO: ajuda-nos a entrar em contato com o nosso Propósito Divino, com Alegrias e com Entrega. A Verdade cada vez mais se manifestará.

MENSAGEM: o Raio Laranja/Pêssego, conhecido como o Raio do Milagre, sugere que as energias cósmicas estarão presentes e um grande milagre acontecerá em nossas vidas. Mas para que tudo ocorra de acordo com o Plano Divino, é preciso conscientização do que você realmente quer da vida. Descubra isso, canalize promovendo em si um equilíbrio perfeito. Busque a ajuda dos Mestres Dirigentes do Raio que o apadrinhou e dos Arcanjos Perpetiel e Alegria e aguarde o grande milagre. O Propósito Divino aliado à nossa Responsabilidade na Alegria com Entusiasmo e Jovialidade, desperta-nos a verdadeira Saúde e Felicidade!

INVOCAÇÃO DOS CHOHANS DO 11º RAIO LARANJA/PÊSSEGO:

> EU SOU a Poderosa Atuação do Raio Laranja/Pêssego do Amado Mestre Ascensionado El Morya e Mestra Miriam, preenchendo, nós, o Planeta Terra e a toda Humanidade com a Chama da Eternidade e Propósito Divino.

INVOCAÇÃO DOS ARCANJOS DO 11º RAIO LARANJA/PÊSSEGO:

> EU SOU a Poderosa Atuação dos Amados Arcanjos Perpetiel e Alegria e os Anjos da Décima Primeira Esfera, carregando......
> (nome) com a Chama Laranja/Pêssego da Eternidade, Entusiasmo e Propósito Divino.

INVOCAÇÃO AO ELOHIM E ELOHA DO 11º RAIO LARANJA/PÊSSEGO:

> EU SOU a Poderosa Atuação dos Amados Elohins e Elohas Elétron e Elétra, Átomo e Átma e Tudo que é parte da Criação e Pulsa Vibrante nos Próprios Elohins em nós do 11º Raio, carregando-me com a Chama Laranja/Pêssego da Eternidade, Entusiasmo e Propósito Divino.

INFORMAÇÕES GERAIS: a coloração em tons de pêssego desse Raio também pode associar-se às cores laranja e salmão.

Compreendendo o Disco Solar

DE ONDE VEM A ENERGIA?

As energias cósmicas fluem do Sol para o Disco Solar e descem à Terra através dos Templos Planetários e pela Chama da Fraternidade Crística de Shamballa, os reinos internos da Terra, também chamada de Agartha, o Centro da Terra. Agartha e Shamballa são os dois Centros da Terra.

A Fraternidade Branca trabalha mais em Shamballa, a Cidade Revelada, enquanto Agartha é tida como a Cidade Oculta. Normalmente, fala-se mais em Shamballa do que em Agartha, pois é em Shamballa que entramos em contato com o Governo Oculto do Mundo – é ali que os Mestres se reúnem em níveis internos para decidir as coisas do Planeta.

Além dessa Cidade de Luz, desse Foco de Luz para o Planeta Terra, a energia flui para nós através dos Templos dos Seres Divinos, da Chama Trina do Grupo Avatar Global, que é a Unidade das Chamas Trinas de toda Humanidade e, finalmente, da Chama Trina Individual de cada ser humano.

Trabalhando com o Disco Solar

As forças vêm de fora, ativam o Disco Solar e nos ativam imediatamente! Esse movimento está muito ativado em nós atualmente: ele vem, sentimos a pressão e temos que respirar. Respirando, entramos em contato com a energia do Disco Solar e nos abrimos para a nossa intuição e para o trabalho a ser feito.

Nós estamos no Reino Físico, e quando se fala nesse Reino, automaticamente fala-se dos quatro elementos – Terra, Fogo, Água e Ar; daí a importância de trabalharmos de maneira organizada e harmoniosa.

No Reino Físico, a atuação mais importante é a do Verbo. A ação Verbalizadora é muito forte. É claro que a meditação ajuda, mas o poder maior está no Verbo, na Palavra Falada.

Visualizem, Harmonizem e Verbalizem!

Sempre que estivermos harmonizados e equilibrados poderemos fazer meditações, apelos e decretos, e também trabalhar com a Rede de Cristal, com o Disco Solar e com outros instrumentos de apoio; entretanto, se os fizermos sem nos equilibrarmos, poderemos até ficar "tontos" e sentindo-nos oscilando em um grande vazio, tamanha a diferença energética que atingimos. É por isso que a utilização prática do Disco Solar deve vir depois de estarmos mais equilibrados com os chacras e corpos alinhados, pois ele modifica e equaliza tudo.

Todo início de trabalho com a própria energia é mais ou menos assim: jogamos tarot, fazemos banhos de ervas (arruda, guiné, sálvia, alecrim, manjericão, etc.), com sal grosso ou marinho, tomamos Florais, utilizamos incensos especiais de limpeza, aromas, cristais e massagens, adequamos a alimentação, reeducamos a respiração, procuramos terapias energéticas, valemo-nos da radiestesia e radiônica para equalizar nossas energias, estudamos astrologia e numerologia, alinhamo-nos com nossas verdades... enfim, preparamo-nos e nos harmonizamos.

Quando o caminho é trilhado dessa forma, fica muito mais fácil entrar em contato adequadamente com o Disco Solar, pois o Reino Físico é o campo Elohínico, dos Elementais, dos Animais, dos Minerais, dos Vegetais (visíveis e invisíveis), dos protetores de Gaia – a Mãe Terra.

A Proteção devida com decretos, apelos e visualizações tem que ser feita, primeiro, com o Arcanjo Miguel, Tubo de Luz Eletrônica ou Manto de Luz, Pirâmide Azul e o Sol Dourado; depois, com a Chama Trina Pessoal em atividade com a Chama Trina Planetária da Humanidade e com a do Grupo Avatar Global – todas unas em uma Única Chama que se expande com a Fraternidade Crística de Shamballa e, por fim, nos Retiros Planetários, Signos Solares e Aspectos de Deus correspondentes ao mês em que estivermos ou a alguma energia, força ou trabalho que estivermos criando ou precisando.

Com essa atividade Solar, entramos em contato com o máximo do Nosso Ser Solar Pessoal. Quando chegamos a tal plenitude é porque estamos em contato com os nossos 12 corpos e entramos no aspecto do Ser Solar, que é maior do que a própria Presença Divina Eu Sou; pois esta encontra-se na 4ª e 5ª dimensões e, neste contato, atingimos as 12 dimensões, que é uma totalidade.

Vimos, então, que o começo é com a nossa Chama Trina, depois passamos para a Chama Trina do Grupo Avatar Global, em seguida trabalhamos com a Unidade Crística e nos dirigimos ao Retiro Planetário no Templo do Sol – aí, nós estamos simultaneamente em todos os lugares: o Eu Sou Aqui e o Eu Sou Lá é simultâneo em todos os tempos e dimensões.

Se quisermos, por exemplo, fazer um trabalho de Paz, vamos colocar o esquema de trabalho descrito nos padrões da energia do 10º Raio; vamos nos dirigir, em Unidade Crística, ao seu Retiro Planetário e pedir ao 10º Aspecto de Deus e da Paz Eterna que estabeleça a conexão entre os Templos daqui e de lá, fazendo todos os contatos para que possamos disponibilizar a energia da Paz na Humanidade de um modo geral, ou onde nos interessar.

É claro que, quando pedimos Paz, ela vai chegar aos lugares que queremos, mas vai chegar também para todos, porque é através de Um que se faz o Todo.

História de Peixes para Aquário

Na época de Jesus, tinha que vir um Ser Avatárico para reunir os pecados e fazer a transmutação do carma; mas esse trabalho, agora, é todo feito pelo Grupo de Servidores do Mundo que atua como um Cristo Planetário a serviço do Cristo Cósmico.

Então, mudou completamente!

Agora, os Cristos Planetários somos nós – todos juntos formamos um único Cristo Avatar Global Planetário; enquanto o Cristo Cósmico Maitreya e o Cristo Solar, que vibram nos Templos Solares, são os nossos padrinhos nesse momento.

Compreendendo o Processo

Para entrar em contato com as energias e equalizá-las em nós, no Planeta e na Humanidade, não devemos nunca nos esquecer da Pirâmide Azul de Proteção, do Sol Dourado, do Manto de Luz, nem tampouco de acender todos os chacras, como se fôssemos uma fluorescente Árvore de Natal.

Antes de qualquer coisa, temos que aprender a trabalhar com o Disco Solar em nós mesmos, e isso pede muito treino.

Temos que treinar dentro de nós mesmos, e o primeiro passo é a autoevolução, a autoiluminação – é só começarmos a treinar, a nos iluminar, que as pessoas certas chegam para ajudar e mostrar o restante do processo.

Quando nós emitimos Luz e nos expandimos, exatamente por termos iluminado, poderemos enxergar algumas trevas. Então, existem Seres nestes Raios que nós emitimos, que vão se atracar e que podem voltar para nós – são Seres dos mesmos Raios que nós enviamos. Mas não devemos nos preocupar, porque toda vez que um Raio de Luz é emitido, ele traz de volta muitas coisas boas.

É assim que funciona: quando pedimos alguma coisa para a Presença Divina, desce, pelo mesmo canal, a energia matéria-prima, que desencadeia a manifestação física do pedido. Às vezes podemos não entender direito o que está acontecendo, podemos achar que o que estamos recebendo não tem nada a ver com o que pedimos; mas, ainda assim, precisamos aguardar o resultado, pois a Presença Divina não nos envia "formas físicas", mas, sim, energia que desencadeará a manifestação de "formas físicas", uma vez que estas fazem parte do nosso reino e não do reino da nossa Presença Divina.

Portanto, é preciso permanecer receptivos depois do pedido, para poder recebê-lo!

Meditação Acessando o Retiro Planetário do 11º Raio Laranja/Pêssego

Visualizem a Pirâmide Azul, o Sol acima das cabeças e acendam todos os chacras: Portão Estelar, Estrela da Alma, Coronário, Frontal, Coordenador, Laríngeo, Cardíaco, Plexo Solar, Umbilical, Esplênico, Básico e Estrela da Terra – alinhem-nos numa só fileira, na frente e nas costas.

Acendam a coluna vertebral. Respirem!

Comecem a descer o Cordão de Prata, lindamente, até o Coração, acendendo ali na Chama Trina – Azul, Dourado e Rosa, irradiando Luz de todos os chacras, em todos os pontos, para todos os corpos e descendo o Poderoso Tubo de Luz que vai alimentando a aura e tornando os corpos visivelmente Claros, Luminosos e Brilhantes.

Com a consciência desperta ao máximo, procurem sentir as vibrações dos corpos entrando em outro estado; sintam suas consciências elevando-se, com Amor, através das respirações, dos chacras iluminados e do reconhecimento do Cristo Interno. E façam as nossas saudações:

Saudamos a ti, Poderoso Cristo Interno!

Saudamos a vós, Poderosas Presenças Divinas Eu Sou em cada um de nós!

Saudamos a Hélios e Vesta, a Alfa e Ômega, ao Cristo Maitreya e Lady Mercedes, a Sanat Kumara e Lady Vênus, a todos os Kumaras e a todos os Avatares!

Saudamos ao retorno da Deusa!

Saudamos ao Cálice Sagrado!

Saudamos a todas as Mulheres e Mães do Mundo!

Saudamos a todas as Forças Femininas e Masculinas!

Saudamos a Deus-Deusa Himalaia e Deus-Deusa Meru, no Centro da Terra!

Saudamos Shamballah, o Espírito da Grande Fraternidade Branca e a própria Fraternidade!

Saudamos a cada um dos nossos Mestres, Arcanjos, Anjos, Elementais, Devas e Elohins!

Saudamos a todas as constelações, aos 49 Planetas, aos 7 Sóis e aos Sóis além dos Sóis, a todas as Galáxias além das Galáxias!

E ali achamos, por fim, o Grande Disco Solar, rodeado de Harmonia e Beleza! Gentilmente, fechem os olhos e sintam-se imediatamente elevados para dentro de um Templo Místico, onde desaparece toda forma física, restando, em seu lugar, um Irradiante Centro de Luz.

Abram os olhos e vejam a mesma Beleza e Harmonia circundando-os fisicamente.

Fechem os olhos e voltem a penetrar no Templo Místico. Permaneçam com os olhos fechados e concentrem-se no Centro de Luz. Vejam, diante de seus olhos, uma Alta Montanha de Amor Divino, em cujo topo está um magnífico Lago Cristalino, em volta do qual se posicionam 12 Anjos vindos dos Templos dos 12 Aspectos da Divindade, em volta do corpo causal de Deus Pai-Mãe.

Subitamente, a Palavra é pronunciada por Deus Pai-Mãe e, ao seu comando, cada Anjo abre uma comporta e Doze Grandes Rios da Vida começam a precipitar-se, descendo a Montanha de Amor Divino.

Cada Portador da Luz, os Sagrados Cristos Internos, posiciona-se na entrada do Coração. À medida que as Águas da Vida correm para baixo, vão adquirindo um Poderoso Momentum e, no instante em que contatam o Cristo Interno, uma transformação acontece: os Sagrados Cristos Internos tornam-se Discos Dourados, que se expandem até adquirirem a dimensão dos quatro veículos de expressão dentro de cada um!

Afirmem, agora:

Eu Sou um Sol, meu Amor é sua Luz e tudo o mais cresce indistinto. A Terra perde a cor a partir dessa cena e Eu Sei que Eu Sou Deus, o Único, a Fonte, o Grande Sol Central!

Permaneçam nessa Paz maravilhosa que se expande do Disco Dourado e, suavemente, voltem à Harmonia e à Beleza do Plano Físico que os cerca.

Respirem. Respirem profundamente, percebendo que essa é a Afirmação da Verdadeira Identidade Pessoal, Grupal e Mundial.

Continuem respirem profundamente. Procurem sentir a força de Deus-Deusa movendo-se sobre o Planeta. Sintam e criem!

Eu Sou uma Força de Deus movendo-se sobre este Planeta.

Eu Sou uma Força Ascendente acelerada em vibração e consciência, que é minha Chama Trina, meu Coração e o verdadeiro centro de meu Ser.

Esta Chama se converte em auras, girando em espiral ao nosso redor. (Procurem sentir a espiral).

A Energia Cósmica flui através desta aura! Deixem a energia chegar!

Eu Sou um Ser de Luz muito poderoso!

Eu Sou Uno com toda Luz, com a Grande Consciência Universal!

Eu Sou o Eu Sou!

Respirem profundamente e deixem que toda a energia entre nos átomos, que a 4ª dimensão ative a 3ª dimensão no movimento de Amor, de Sabedoria e de Autoridade Divina, cumprindo a Vontade Divina. (Procurem deixar a coluna o mais ereta possível).

A energia vai descendo através da própria música e, quando respirarem, procurem relaxar, ao mesmo tempo soltem tudo o que não serve mais, tudo o que agride e que precisa ser modificado, soltem toda tensão. Agora, afirmem, vivendo o Eu Sou e procurando visualizar a sua imagem:

Eu Sou o Eu Sou.

Alfa e Ômega sabem que Eu Sou.

Eu Sou o Eu Sou que Alfa e Ômega conhecem. (Respirem e lembrem-se do trabalho de Alfa e Ômega, os Deuses Pais Criadores).

Hélios e Vesta sabem que Eu Sou.

Eu Sou o Eu Sou que Hélios e Vesta conhecem. (Respirem e enviem o Amor Sagrado a Hélios e Vesta, com profundo reconhecimento, lembrando-se do Templo Sagrado).

Minha Presença sabe que Eu Sou.

Eu Sou o Eu Sou que minha Presença conhece. Eu Sou aquele Eu Sou. (Respirem, enviando todo esse Amor, toda Sabedoria e todo Poder de volta para a Sagrada Presença Divina Eu Sou).

Neste instante das nossas vidas, todo o Poder que dermos a alguém se concretizará! Portanto, o nosso Verbo, o nosso Poder, está em nossas Mãos, na nossa Energia, na nossa Consciência, na nossa Boca, nos nossos Pensamentos, nas nossas Atitudes e nos nossos Sentimentos.

Todo o Poder do Mundo e do Universo é conosco e, este Poder é guiado por Deus-Deusa, através de Nós, em cumprimento de um Grande Plano, um Plano de Amor, de Alegria, de Prosperidade e de Saúde!

Sintam a Chama de seus corações aumentando de tamanho, assumindo a direção de suas vidas através do Próprio Eu Sou, porque nenhum outro Poder pode atuar em nós, a menos que permitamos e autorizemos. Fora isso, nós somos soberamos em nossa Vontade. Nós temos o Poder, somos absolutamente os únicos comandantes do nosso Poder, e ninguém jamais poderá tirá-lo de nós, nem o exercer por nós. Assumam a soberania de suas vidas.

Respirem! Energizem essa Verdade. Encham-na de Amor, de Alegria, de Prazer e de Satisfação, porque, a partir de agora, vocês podem atuar com o Poder do Disco Solar, expandindo em seus Corações, dignificando e corrigindo todas as expressões de todos os seus corpos e de todos os corpos de toda a Humanidade, para a elevação e evolução de todo o Planeta!

EU SOU, I AM, EU SOU, I AM, EU SOU, I AM.

Assim Seja!

12º Raio Opalino

DIRETORES: Lord Gautama e a Bem-Amada Consciência Divina. Ajuda-nos a concluir, realizando os objetivos e metas vitoriosamente, a complementação agora poderá acontecer. A Consciência Iluminada busca um novo começo, uma Nova Era Dourada – não há o que temer. A Compreensão se manifestou e a própria humanidade deseja esta totalidade Divina do Ser.

ARCANJOS: Omniel e Opalescência.

ELOHIM E ELOHA: Célula e Celularium, Molécula e Moléculum.

SIGNO: Virgem (23 de agosto a 22 de setembro).

DRAGÃO NYORAI: chave de transporte. Capta vibrações ocultas dos campos multidimensionais, para adaptá-los nas requalificações dos campos e corpos humanos e multidimensionais.

DRAGONA NYORAI: redentora. Estimula a requalificação da nova consciência do feminino, como força redentora, libertadora e curativa universal.

BABY NYORAI: multiplicam a essência Nyorai por onde passam seus pais, protegendo e defendendo os seres humanos, multidimensionalmente.

UNIDADE DA DIVINDADE SOLAR SOB SUA INFLUÊNCIA: Transformação.

RETIRO PLANETÁRIO: Um Foco de Cura/Mestre Hilarion 5º Raio.

QUALIDADES DIVINAS: Amor Vitorioso. Transformação, Complementação, Renascimento e Rejuvenescimento.

PROPÓSITO DIVINO: ajudar-nos a concluir, realizando os objetivos e metas vitoriosamente, a complementação agora poderá acontecer. A Consciência Iluminada busca um novo começo, uma Nova Era Dourada – não há o que temer. A Compreensão se manifestou e a própria Humanidade deseja esta totalidade Divina de Ser. É a Força da Transformação para que o Ser venha a Ser, assumindo sua Responsabilidade Real aqui no Planeta Terra com seu Corpo Causal resgatado!

MENSAGEM: este Raio se identifica com a pedra Opala multicor, simbolizando os Raios do Sol. Ele rege a Consciência Divina à toda Humanidade do Planeta Terra e representa o 12º Aspecto de Deus, o Poder de Síntese dos Doze Raios em uma manifestação Divina, e entra na Era de Aquário com Solidez e Segurança da completa Presença Cósmica do EU SOU.

INVOCAÇÃO DOS CHOHANS DO 12º RAIO OPALINO:

> EU SOU a Poderosa Atuação do Raio Opalino do Amado Lord Gautama, Senhor do Mundo, envolvendo, nós, o Planeta Terra e toda Humanidade com a Chama da Complementação Solar e Transformação Divina.

INVOCAÇÃO DOS ARCANJOS DO 12º RAIO OPALINO:

EU SOU a Poderosa Atuação dos Amados Arcanjos Omniel e Opalescência e os Anjos da Décima Segunda Esfera, carregando........ (nome) com a Chama Opalina da Transformação Solar e Complementação Divina.

INVOCAÇÃO AO ELOHIM E ELOHA DO 12º RAIO OPALINO:

EU SOU a Poderosa Atuação dos Amados Elohins e Elohas Célula e Celularium, Molécula e Moléculum e Tudo Que É e Tudo Que Existe e se manifesta no nosso Plano Divino do 12º Raio, carregando-nos com a Chama Opalina da Transformação Solar, Complementação Divina e Vitória da Transfiguração Humana em Solar.

INFORMAÇÕES GERAIS: o Amado Lord Gautama traz a Complementação Solar e a Transmutação Divina. Os Seus Raios são como a Opala Multicolorida. Senhor do Mundo, Ele rege o máximo da Consciência de toda a Humanidade do Planeta Terra – não existe nenhuma Consciência fora da Sua Consciência. Ele sabe tudo o que todo mundo pensa, simultaneamente. Ele é o Ser que vai Complementar todos os Raios, fechando tudo em si mesmo. É o grande trabalho da volta. É através dele que se dá a Grande Transformação Divina e que tudo recomeça.

Meditação: a Força de Virgo

Estamos no Templo que corresponde ao signo de Virgem e onde permanecemos no mês de setembro.

Virgem desenvolve um trabalho muito forte com a Mãe Maria, que é o seu próprio símbolo; então, trazendo o símbolo de Virgem que é a própria Terra, trazemos a Transformação do Signo Solar, dentro do Templo Planetário da Verdade e da Cura.

O trabalho de Virgem é purificação e germinação. Durante os meses de agosto e setembro, que é quando entra o signo de Virgem, faz-se o trabalho de plantio de sementes, em todos os sentidos: é hora de plantar. Plantemos, todos, uma atitude de Amor: de Amor para consigo mesmo, para com a Terra e para com a Humanidade.

Estejam atentos em suas ações, pois o que plantarmos agora, colheremos daqui a pouco. Temos que fazer um bom trabalho; e o fato de ser com a Virgem, significa que é um trabalho de Pureza.

Então, com muita Pureza, muita Dedicação e com toda a Verdade, plantemos o que quisermos, pois, o importante é que a colheita desse plantio traga Purificação e muitas Coisas Boas!

Lazaris diz que, quando damos 100%, recebemos de volta 100%!

Ao fazer alguma coisa por alguém, mesmo que aparentemente não seja o que mais lhe agrade fazer, tenha em mente que é preciso mudar de atitude, que está na hora de começar a fazer de Verdade o que estiver fazendo. Não importa o que, mas faça de Coração. E quando der alguma coisa, dê de verdade, que também volta de verdade! Não adianta dar alguma coisa para alguém ou plantar uma semente e ficar lá esperando que ela germine, sem muita convicção.

Tem que confiar que a Terra, o Sol, a Luz, a Lua, Deus-Deusa, o Cristo, a Presença Divina, os Guias, os Elementais, os Anjos... enfim, tem que confiar em todos os outros que estão a postos para fazer o trabalho continuar; mas a nossa parte tem que ter sido bem-feita.

Voltemos, agora, nossa atenção à Bem-Amada Mãe Virgo, que nos olha do Templo do Sol e do Templo da Terra, trazendo-nos toda a sua Força, toda a sua Semente, toda a sua Pureza, toda a Imaculada Concepção do Próprio Cristo! Que cada um de nós possa ser Virgo em ação e que os Homens, cada vez mais, assumam a sua Virgo Interna!

Bem-Amados Filhos da Luz, em cada pequenina semente que habita em seus Corações – Eu vos dou o meu Amor! Que a vossa colheita seja forte; que cada um de vós possa olhar o passado e reconhecer a própria sementeira para poder colher agora, semear novamente e confiar no seu trabalho! Que ninguém se esmoreça diante da árdua tarefa de ser jardineiro ou jardineira; de ser aquele que cuida do Jardim da Humanidade.

Eu, em minha esfera, jamais esmoreço! Preciso de cada um de meus filhos e filhas e, em nenhum momento, esqueço-me de cada um. Cada semente plantada em seus Corações é uma semente que sai do Meu Próprio Coração e que eu cultivo e amo. Minha dedicação a vós é de milhões de anos e desejo, de todo o meu Coração, ter de volta esse Amor, pois preciso dele como precisam de mim!

Eu Sou em vós, Virgo!

Amemos, de dentro dos nossos Corações, a Poderosa Chama Trina. Deixemos que brote agora a força da Mãe Virgo.

Brotando, brotando, brotando! Iluminando, iluminando, iluminando! Acelerando o trabalho de Peixes, desenvolvendo em nós a Sagrada Espiritualidade, Iluminação e Conscientização.

Dividamos tudo isso com nossos entes queridos, com os nossos inimigos, que são para nós verdadeiros Mestres, e com todas as pessoas que precisem de Renovação, de Cura e de Transformação.

Eu Sou, Eu Sou, Eu Sou dentro dessas afirmações e nenhum outro pode atuar.

Eu Sou, Eu Sou, Eu Sou dentro dessas afirmações e nenhum outro pode atuar.

Eu Sou, Eu Sou, Eu Sou dentro dessas afirmações e nenhum outro pode atuar.

Porque eu falei no mais Sagrado Nome de Deus-Deusa,

EU SOU, I AM, EU SOU, I AM, EU SOU, I AM.

Respirem profundamente.

Visualizemos o Disco Solar no centro da Mãe Virgo, e Ela abastecendo toda a Humanidade e todas as áreas da Terra. Visualizemos todas as energias convergindo para o centro da Terra e daí para todo o seu exterior – todos os Planos, Níveis, Dimensões, Esferas, Reinos são, imediatamente, saturados de toda essa Luz e de todo esse Amor!

Saudemos a Mãe Lunara, por todo o trabalho que tem realizado!

Saudemos ao Grande Netuno, Senhor das Águas!

Saudemos ao Pai Pelleur, companheiro da Bem-Amada Virgo!

Saudemos a todos os Mestres, Arcanjos, Elohins, Arqueias e Elohas!

Saudemos, enfim, a todos os Seres que nos ajudam com tanto Amor, com tanta Alegria e com tanta Força!

As águas do Bem-Amado Netuno e da Bem-Amada Lunara vão descendo sobre a Terra, alimentando-a e permitindo às sementes germinarem numa Terra úmida de Amor e de Luz, para trazer Prosperidade, Fartura e Pureza de serviços prestados por todo o chão.

Visualizemos os jardins da Terra, os nossos jardins pessoais, internos e externos; visualizemos esses jardins floridos, cheios de árvores, frutas, flores, Elementais, animais, vegetais – repletos de todas as farturas.

Saudemos a toda Fauna e a toda Flora.

Saudemos todo o Amor, todo o Disco Solar e sua Força;

Saudemos a Fraternidade de Shamballa, o Royal Teton do Fogo Violeta e todos os seus Retiros!

Saudemos a todos e agradeçamos!

Dediquemos a nossa eterna Gratidão, Reverência e Amor por toda a vida que brota em nós e no Planeta.

Amemos esse trabalho, pois ele simboliza um marco de Autoestima para que o nosso Cristo Interno renasça da Virgem Imaculada, com todo o Amor e com todo o Respeito que podemos lhe dar. Curados os nossos egos, comecemos a iluminar a nossa parte Crística na Terra.

Está Feito, Selado e Decretado, porque nós falamos em nome do mais Poderoso Deus-Deusa.

EU SOU, I AM, EU SOU, I AM, EU SOU, I AM.

Respirem fundo.

Meditação Acessando o Retiro Planetário do 12º Raio Opalino

Este é o 12º Aspecto de Deus, o aspecto da Transformação, cujo trabalho é feito durante o período de Virgo, signo de Virgem, onde recomeçamos uma nova espiral do Disco Solar. Ao entrarmos em contato com todo o Disco, entramos também em contato com o Templo da Verdade e da Cura do Bem-Amado Mestre Hilarion, que fica no Reino Etérico da Ilha de Creta.

Visualizemos através da Chama do Coração, dentro do Disco Solar, a Chama Verde da Verdade e da Cura do Bem-Amado Hilarion.

Iniciemos conscientes a nossa viagem ao Reino Etérico sobre a Ilha de Creta. Dirijamo-nos para lá com leveza, sem o peso do corpo denso e livres da força de atração da Terra.

Quando atuamos na onda vibratória do pensamento, podemos, a qualquer momento, entrar no círculo do discípulo e permanecer na Radiosa Presença de um dos Grandes Mestres da Verdade, assimilando a Irradiação da sua característica e da sua elevada vibração, retornando depois para o nosso Mundo, trazendo o reflexo da Luz, da Verdade e da Cura para o nosso campo de influência.

Os registros akáshicos relatam a Alegria da Iluminação Espiritual que os Iniciados já receberam em todos os Templos.

Todo sincero buscador da Luz Maior tem o privilégio de participar dessa Força Ascensora que, todavia, requer corações puros e o oferecimento espontâneo para colaborar na Obra do Senhor, pondo em prática as instruções recebidas que sempre são acompanhadas de uma Benção Especial.

O Templo de Palas Athena, o Parthenon, foi construído por Fídias, uma das encarnações de Serapis Bey, e foi um modelo do Foco de Luz da Verdade, que atualmente se encontra consolidado no Reino Interno.

Os Grandes Instrutores Espirituais e Mestres Iluminados de todos os tempos, colocaram em evidência determinados aspectos da Verdade e os transmitiram a seus adeptos; porém, tais instruções foram deturpadas tão logo os Instrutores Iluminados se retiraram da face da Terra. Aqui, o discípulo aprende a reconhecer a verdade que se encontra por trás das instruções e dos credos e se perdem no tempo.

Na relevante Esfera da Verdade, desaparecem as diversidades e permanece a Essência, que vigora eternamente.

Muitas emanações de vida, que estruturaram suas crenças em verdade adulteradas, desiludiram-se e abandonaram o caminho espiritual, declarando-se ateias. Tais emanações, vida após vida, carregam em seu corpo etérico a desilusão, criando obstáculos ao contínuo Progresso Espiritual.

O Mestre Hilarion pede que seus discípulos tenham energia para iluminar, por meio da Chama da Verdade, os homens ingênuos que seguem a magnética força de atração de qualquer espécie de anunciador da verdade.

ESTEJAMOS ATENTOS ÀS PALAVRAS DO MESTRE HILARION:

Meus amigos! Vós que estais mergulhados nas Águas Sagradas da Vida, nessa torrente de Energia e Luz Universal, extraí dela o vosso Sustento Espiritual.

Existe um profundo laço de união entre todos e, assim como vós assimilais o Sustento Divino, não importando se os caminhos são diferentes e vários, permiti que vossos bons pensamentos se irradiem sobre todos os seres humanos, não importando se, às vezes, suas atitudes pareçam incompreensíveis. Seria discordância à Lei do Amor se não quisésseis reconhecer o Anel Espiritual de outro.

Para cada degrau de evolução são requeridas outras instruções, outros métodos de exercício, que muitas vezes são desfigurados pela compreensão humana, mas que servem para amadurecer o conhecimento de seus adeptos e, por esse meio, fazê-los compreender um outro sentido.

Ó Discípulos! Vós que reconhecestes e aceitastes o Caminho da Luz, sede gratos pela Iluminação de vossa Consciência – atitude que ainda falta a muitos buscadores.

A procura do conhecimento nem sempre vos poupou de andar pelas veredas laterais; devereis, então, ser mais tolerantes em relação aos vossos semelhantes, àqueles que ainda estão confusos e cuja visão não consegue transpassar as pesadas nuvens de ignorância.

A esses, também são encaminhados Auxiliares Invisíveis que, cuidadosamente, os conduzem por caminhos predeterminados.

Todos sabem de pessoas que sentem um grande desejo de evoluir, mas que necessitam de Paciência, Amor e Auxílio Protetor. Aqueles que percebem algo mais em relação à vida, não gostariam de auxiliá-los?

Respirem profundamente. Pensem nisso. Procurem ver a resposta que vem de dentro de seus Corações.

No Templo do Mestre Hilarion, nós somos recebidos com o Maior Amor, dentro de um grande Fogo Verde onde há Verdade. É ali que Ele reina e de onde traz toda a Essência de volta à Terra.

Procuremos sentir esse Fogo acalentando o nosso Coração e vamos percebendo o Mestre nos recebendo com Amor, Dedicação e Carinho; vamos senti-lo nos dando o Seu Ombro Amigo, mas para isso é preciso que haja sinceridade em nossos Corações, é preciso que a busca seja pela Verdade para consigo mesmo, em primeiro lugar.

E que possamos estar dentro dessa Chama Verde e recebê-la dentro de nós.

Acendamos a Chama Verde ao lado da Chama Trina em nossos Corações. Sintamos essa essência se manifestando e trazendo todo o potencial da Cura. Pensemos, neste momento, em tudo aquilo que queremos que seja curado em nós e em quem quer que queiramos curar – não importa se é um mal físico, espiritual, mental ou emocional. Saibam que a melhor Cura é a Cura da Consciência, a Cura da Energia e a Cura da nossa Vibração. Possamos nos harmonizar e, ao mesmo tempo, receber esse fluxo de Verdade e Cura.

Chamemos pela ajuda especial da nossa Muito Amada e Querida Mãe Kwan Yin que, com seu manto protetor de Amor, Compaixão e de

Misericórdia, traz o Fogo Violeta para transmutar aquilo de que cada um de nós estiver precisando. E as Chamas Verde e Violeta vão entrando em ação em todos os nossos corpos e chacras, sistema nervoso central, meridianos, sistemas endócrino-glandular, circulatório, etc.

Esse marcante Amor de Mãe Kwan Yin transpassa qualquer sentido de Espaço e de Tempo de qualquer Vida e de qualquer Ponto Cármico, porque é tanta Verdade, é tanto Fogo Violeta, que nada nos poderá ser negado – temos direito a tudo! Respirem profundamente, sentindo a energia desbloquear todos os corpos, os chacras e o plexo. Sintam a energia subir e descer. Se estiver sentindo alguma dor, faça sair a energia por onde dói, para limpar aquele canal. Sintam o fluxo da energia abrindo os chacras, movimentando os meridianos e a coluna.

Sintam a expansão da própria Consciência. Se houver algum chacra fechado, procurem visualizar uma Chama Dourada de dentro para fora, girando como se fosse um furacãozinho, abrindo o caminho do chacra. Sintam o Amor de Mãe Kwan Yin, o seu Poder Purificador e Misericordioso envolvendo a nós e a toda a Humanidade, simultaneamente; explodindo a Luz da Verdade, a Luz da Cura sobre toda a Humanidade, como um único Cristo, como um único Ser, dentro desse Maravilhoso Planeta Terra.

Soltem a energia. Projetem-na através do Disco Solar. Ao soltar a energia, doem Amor, Verdade e Cura – tudo isso que veio de cima é nosso por direito, de forma que podemos doar. Somos seres receptivos e podemos também ser doadores. Respirem bastante e voltem devagar.

DECRETO DE INVOCAÇÃO AOS CHOHANS DOS 12 RAIOS

Eu Sou a Poderosa Atuação do Raio Azul do Amado Lord Sírius, carregando a nós, o Planeta Terra e toda a Humanidade com as qualidades de Fé Iluminada e do Poder Divino.

Eu Sou a Poderosa Atuação do Raio Amarelo-Dourado da Amada Lady Sôo Shee, preenchendo a nós, o Planeta Terra e toda a Humanidade com a Chama da Iluminação e da Sabedoria Divina.

Eu Sou a Poderosa Atuação do Raio Rosa da Amada Mestra Ascensionada Rowena, preenchendo a nós, o Planeta Terra e toda a Humanidade com a Chama do Amor Cósmico Incondicional e Adoração Divina.

Eu Sou a Poderosa Atuação do Raio Branco Cristalino do Amado Mestre Ascensionado Serapis Bey, preenchendo a nós, o Planeta Terra e toda a Humanidade com as Chamas Cósmicas da Pureza, Esperança, Força e Ascenção.

Eu Sou a Poderosa Atuação do Raio Verde do Amado Mestre Ascensionado Hilarion, carregando a nós, o Planeta Terra e toda a Humanidade com a Chama da Verdade Divina, Cura e Consagração.

Eu Sou a Poderosa Atuação do Raio Rubi Dourado do Mestre Ascensionado João, o Bem-Amado, preenchendo a nós, o Planeta Terra e toda a Humanidade com a Chama da Paz Cósmica, Cura, Graça Divina e do Sagrado Ministério.

Eu Sou a Poderosa Atuação do Raio Violeta do Bem-Amado Mestre Saint Germain e Amada Lady Mercedes, Mãe Manu da Sétima Raça, carregando a nós, o Planeta Terra e toda a Humanidade com o Poder Transmutador, Libertador e Transfigurador do Fogo Violeta e envolvendo toda a Terra com o Manto Sagrado da Chama da Misericórdia Divina.

Eu Sou a Poderosa Atuação do Raio Turquesa com Água-Marinha do Amado Mestre Solar Kenich-Ahan, preenchendo a nós, o Planeta Terra e toda a Humanidade com a Força do Crescimento Cósmico, Progresso Espiritual e Clareza Divina.

Eu Sou a Poderosa Atuação do Raio Magenta da amada Senhora Magnus, envolvendo a nós, o Planeta Terra e toda a Humanidade com a Chama da Graça, Harmonia, Transformação e Equilíbrio Solar Perfeito.

Eu Sou a Poderosa Atuação do Raio Dourado da Amada Deusa Alexa, carregando a nós, o Planeta Terra e toda a Humanidade com as Chamas da Pureza, Coragem Divina, Conforto e Paz Solares.

Eu Sou a Poderosa Atuação do Raio Pêssego do Amado Mestre Ascensionado El Morya, preenchendo a nós, o Planeta Terra e toda a Humanidade com a Chama da Eternidade e Propósitos Divinos.

Eu Sou a Poderosa Atuação do Raio Opalino do Amado Lord Gautama, Senhor do Mundo, envolvendo a nós, o Planeta Terra e toda a Humanidade com a Chama da Complementação Solar e Transformação Divina.

DECRETO DE INVOCAÇÃO DOS ARCANJOS DOS 12 RAIOS

Eu Sou a Poderosa Presença de Deus/Deusa em unidade plena com todos os Seres de Luz do Grupo Avatar Global, invocando a Poderosa interatuação entre Gênios, Arcanjos e Humanidade em perfeita sincronia e sinergético serviço enquanto afirmamos:

Eu Sou a Poderosa Atuação dos Amados Arcanjo Miguel, Lady Fé e os Anjos da Primeira Esfera, envolvendo ... (I)... com a Chama Azul da Proteção e da Fé no Poder total de Deus/Deusa.

Eu Sou a Poderosa Atuação dos Amados Arcanjos Jofiel e Constância e os Anjos da Segunda Esfera, preenchendo ... (I)... com a Chama Amarelo-Dourada da Iluminação, do Entendimento e da Constância no Serviço à Luz.

Eu Sou a Poderosa Atuação dos Amados Arcanjos Samuel e Caridade e os Anjos da Terceira Esfera, envolvendo ... (I)... com a Chama Rosa do Amor Divino e da Adoração.

Eu Sou a Poderosa Atuação dos Amados Arcanjos Gabriel e Esperança e os Anjos da Quarta Esfera, carregando... (I)... com a Chama Branco--Cristalina da Pureza e Esperança e o vigos da Chama Madrepérola da Ressureição e da Ascensão.

Eu Sou a Poderosa Atuação dos Amados Arcanjos Rafael e Regina e os Anjos da Quinta Esfera, carregando... (I)...com a Chama Verde da Consagração, da Cura e da Verdade Divina.

Eu Sou a Poderosa Atuação dos Amados Arcanjos Uriel e Donna Graça e os Anjos da Sexta Esfera, preenchendo... (I)... com a Chama Rubi-Dourada da Paz, da Graça Divina e da Cura.

Eu Sou a Poderosa Atuação dos Amados Arcanjos Zadquiel e Santa Ametista e os Anjos da Sétima Esfera, preenchendo... (I)...com o Poder Libertador e Transmutador do Fogo Violeta.

Eu Sou a Poderosa Atuação dos Amados Ancanjos Aquariel e Claridade e os Anjos da Oitava Esfera, carregando... (I)...com a Chama Turquesa com Radiações Água-Marinha, do Crescimento, do Progresso Espiritual e da Clareza Divina.

Eu Sou a Poderosa Atuação dos Amados Arcanjos Anthriel e Harmonia e os Anjos da Nona Esfera, carregando... (I)...com a Chama Magenta da Harmonia, Equilíbrio Solar e da Transformação da Humanidade na Graça Divina.

Eu Sou a Poderosa Atuação dos Amados Arcanjos Valeoel e Paz e os Anjos da Décima Esfera, preenchendo... (I)....com a Chama Dourada do Conforto e Paz Solares, Pureza e Coragem Divinas.

Eu Sou a Poderosa Atuação dos Amados Arcanjos Perpetiel e Alegria e os Anjos da Décima Primeira Esfera, carregado... (I)...com a Chama Pêssego da Eternidade, Entusiasmo e Propósito Divino.

Eu Sou a Poderosa Atuação dos Amados Arcanjos Omniel e Opalescência e os Anjos da Décima Segunda Esfera, carregando... (I)...com a Chama Opalina da Transformação Solar e Complementação Divina.

Em nome da Grande Fraternidade Universal, que se estabeleça para sempre a Unidade, a Paz e a Perfeita Interação e Serviço entre Homens, Elementais e Anjos, na elevação da Taça Sagrada da Luz deste Planeta, para Glória Eterna do Grande EU SOU...

(I) Sugerimos escolher uma alternativa a seguir:

- A nós, o Planeta Terra e toda Humanidade.
- A nós, todas as crianças e jovens do Planeta.
- A nós, todos os Governos, seus governantes, raças, povos e nações do Planeta.
- A nós e todos os Servidores da Luz.
- A este Santuário de Luz e todos os Santuários espalhados pelo Planeta.
- A nós, nossos lares, nossos familiares, nossos entes queridos e a toda Humanidade.
- A nós, todos os animais, elementais, natureza e todos os seres que evoluem neste Planeta, etc.

Presto minha singela homenagem aos Elohins e Elohas que trabalham incessantemente sobre toda Criação, incansavelmente e voluntariamente, cumprindo Desígnios Divinos e evoluindo na Natureza da Terra, Cósmica e Galáctica, mas conosco e dentro de nós...

DECRETO DE INVOCAÇÃO DOS ELOHINS E ELOHAS DOS 12 RAIOS

Eu Sou a Poderosa Presença de Deus/Deusa em unidade plena com todos os Seres de Luz do Grupo Avatar Global, invocando a Poderosa interatuação entre a Humanidade, Elohins, Devas e Elementais, em perfeita sincronia e sinergético serviço enquanto afirmamos:

Eu Sou a Poderosa Atuação dos Amados Elohim Hércules e Eloha Amazon e os Poderosos Devas do 1º Raio, envolvendo-me com a Chama Azul da Proteção, Coragem e Confiança Inabalável da Força da Fé em mim e em toda Humanidade.

Eu Sou a Poderosa Atuação dos Amados Elohim e Eloha Minerva e Cassiopeia e os Iluminados Devas do 2º Raio, preenchendo-me com a Chama Amarelo-Dourada do Discernimento e da Intuição Precisas no serviço à Luz e a toda Humanidade.

Eu Sou a Poderosa Atuação dos Amados Elohim e Eloha Órion e Angélica e os Amorosos Devas do 3º Raio, envolvendo-me com a Chama Rosa do Amor, da Gratidão e da Reverência a toda Vida.

Eu Sou a Poderosa Atuação dos Amados Elohim e Eloha Claire e Astréa e os Transparentes Devas do 4º Raio, carregando-me com a Chama Branco-Cristalina da Ascensão Absoluta com Pureza Cristalina e Todos os Seres da Criação.

Eu Sou a Poderosa Atuação dos Amados Elohim e Eloha Vista e Cristal e os Dedicados Devas do 5º Raio, carregando-me com a Chama verde da Dedicação Contínua à Verdade Focada, que cura Toda Humanidade.

Eu Sou a Poderosa Atuação dos Amados Elohim e Eloha Tranquílitas e Pacífica e os Devas Prestadores de todo tipo de Culto ou Serviço do 6º Raio, preenchendo-me com a Chama Rubi-Dourada do Ministério do Serviço Prestado à Paz e à Cura Emocional de Toda Humanidade e Vida Elemental.

Eu Sou a Poderosa Atuação dos Amados Elohim e Eloha Arcturus e Diana e os Devas Transmutadores, Libertadores e Purificadores do 7º Raio, preenchendo-me com o Poder Libertador, Transmutador e Purificador do Fogo Violeta, a Toda Vida existente no Planeta Terra.

Eu Sou a Poderosa Atuação dos Amados Elohim e Eloha Príncipa e Princípio e Devas da Ordem Divina Solar do 8º Raio, carregando-me com a Chama Turquesa do Crescimento, com Ordem e Progresso Espiritual, Dignidade, Honra e Majestade Real.

Eu Sou a Poderosa Atuação dos Amados Elohim e Eloha Energia e Matéria e todos os Elementais e Substâncias da qual fazem parte o 9º Raio, carregando-me com a Chama Magenta da Harmonia, Equilíbrio Solar, Integridade e Transformação da Humanidade na Graça Divina.

Eu Sou a Poderosa Atuação dos Amados Elohim e Eloha Luz e Esplendor e Todas as Forças Internas Ressurgindo do 10º Raio, preenchendo-me com a Chama Dourada do Conforto e Paz Solares, Pureza, Prosperidade e Coragem Divinas em Toda Humanidade.

Eu Sou a Poderosa Atuação dos Amados Elohins e Elohas Elétron e Eletra, Átomo e Átma e Tudo Que É parte da Criação e Pulsa Vibrante nos próprios Elohins, em nós do 11º Raio, carregando-nos com a Chama Pêssego da Eternidade, Entusiasmo e Propósito Divino.

Eu Sou a Poderosa Atuação dos Amados Elohins e Elohas Célula e Celularium, Molécula e Moleeculum e Tudo Que É e Tudo Que Existe e se manifesta no nosso Plano Divino do 12º Raio, carregando-nos com a Chama Opalina da Transformação Solar e Complementação Divina, e a Vitória da Transfiguração Humana em Solar.

Use o QR Code ao lado e faça o download do material complemetar.

Sistema Protecional de Metatrom

Chacras

Chacras são centros, são vórtices de energias, que ligam os nossos corpos uns aos outros. Eles se situam nos nossos campos sutis e canalizam para nós informação espiritual e força vital; é através desses canais de energia que recebemos essa potência de Luz. Todos os corpos têm chacras e todos se interligam.

PORTÃO ESTELAR: situa-se 30 cm acima de nossa cabeça e sua função é colocar-se em conexão com o Cosmos, de forma que sintamos as vibrações que vem do espaço.

ESTRELA DA ALMA: fica uns 15 cm acima da nossa cabeça e nos faz entrar em contato com Cristo, que é a nossa alma. Neste chacra, a mensagem que vem do espaço é traduzida para a nossa alma, adaptando-se à nossa linguagem pessoa, de forma que possamos compreender os inúmeros símbolos que nos chegam, muitos dos quais incompreensíveis.

CHACRA CAUSAL: está situado atrás da cabeça. Além de entrar em contato com o corpo, ele mexe com o nosso trabalho de unidade. Isso significa que nós sentimos a Unidade do Cosmos com a matéria que nos chega através deste chacra.

COROA OU CORONÁRIO: localiza-se no alto da cabeça, é a entrada para o corpo físico e relaciona-se com a glândula Pineal.

FRONTAL OU TERCEIRO OLHO: situa-se entre as sobrancelhas, relaciona-se com a glândula pituitária ou hipófise e suas cores são o Dourado e o Verde. Trabalha a Intuição e a Conexão Mental.

COORDENADOR: localiza-se atrás da nuca, abaixo do chacra causal e o seu Raio é o Branco, da Pureza e da Esperança. Relaciona-se com o hipotálamo, sua função é fazer com que nosso chacra Plexo Solar tenha uma atividade menor, pois está ligado ao astral inferior.

LARÍNGEO: situa-se na laringe e é responsável pela conexão entre a palavra e o pensamento. É falando, verbalizando que materializamos tudo. Diante disso, podemos entender a necessidade dos apelos e decretos aos Mestres, pois é nesse processo que se envolve a cabeça, o coração e a garganta, que vamos ativando as energias para que elas possam atuar na Terra.

CARDÍACO: coração = sentimento. Através do chacra cardíaco, que se relaciona com o timo (Íntimo Cristo), colocamos a devida atenção na forma mental estruturada no início do processo de criação.

PLEXO SOLAR: este chacra situa-se na região acima do umbigo e próximo ao estômago. Todos os tipos de problemas emocionais podem ser tratados equilibrando-se este chacra. Através dele, todos os nutrientes são estimulados e as emoções, reintegradas, além de promover um maior desenvolvimento de sensitividade, intuição e confiança pessoal. Os corpos, astral e etérico, são ligados através deste chacra.

CHACRA SEXUAL: o chacra sexual situa-se um palmo de mão abaixo do umbigo, desenvolvendo nossa energia sexual e nossa criatividade. É ligado também à produção de adrenalina e ao amor do Homem pela Terra e pela Natureza.

CHACRA BÁSICO: esse chacra fica situado na direção da base da coluna, bem acima dos órgãos de reprodução, e se relaciona com a parte inferior do corpo, com os pés, com a ancoragem e com os instintos físicos. É através dele que nos relacionamos com o mundo físico.

CHACRA ESTRELA DA TERRA: o chacra Estrela da Terra está localizado aproximadamente quinze centímetros abaixo da sola dos pés. Os dois chacras da planta dos pés e o chacra Estrela da Terra formam um triângulo com a ponta virada para baixo, que canaliza a Essência Divina não só através do corpo físico, mas também para as próprias raízes do relacionamento de um ser humano de luz com a Terra.

Os Corpos Terrestres

CORPO ASTRAL OU EMOCIONAL: é o maior de todos os corpos, tem a forma oval e é correspondente ao elemento Água. Este é o corpo que sente. Nele, nós sentimos tudo. Todas as vibrações, desde as mais densas às mais sublimes. As mais densas correspondem ao nosso "baixo-astral", enquanto as mais sublimes refletem aos momentos em que estamos de bem com a vida.

CORPO MENTAL: tem a forma um pouco mais humanoide e correspondente ao elemento Ar. O corpo mental guarda todos os nossos pensamentos e ideias. É um corpo que, se sobrecarregado, provoca dores de cabeça, tensão, tremores e tumores, dado o excesso de trabalho mental.

CORPO ESPIRITUAL OU ETÉRICO: é exatamente igual ao corpo físico (há quem o chame de fantasma) e corresponde ao elemento Fogo. Este é o corpo mais prejudicado pelo carma. Ele deveria ser um corpo que guarda todas as coisas boas, pois tem gravado em seu Átomo Permanente tudo o que viemos fazer aqui. O Átomo Permanente é o que faz com que reencarnemos no ser vivo. É através dele que se reajustam os nossos corpos, quando há a fecundação. Primeiro o corpo físico e depois todos os outros corpos vão sendo preparados pelos Elementais. O Átomo Permanente traz gravado tudo o que viemos fazer aqui e, como ele está no corpo etérico ou espiritual, acontece de não nos lembrarmos de muitas coisas, de forma que vamos sendo reativados ao longo da vida.

Muitas vezes saímos do caminho previsto e isso prejudica o corpo espiritual. Em vez de "Soltarmos" aquilo que viemos fazer, acabamos carmatizando, truncando todas as nossas linhas de força e energéticas, misturamos tudo. É por isso que, muitas vezes, não sabemos para onde ir. Quando isso acontece, com certeza nos encontramos num emaranhado cármico muito grande e, então, a nossa função dentro da Hierarquia espiritual é ajudar a soltar essas linhas, essas forças, através do Fogo Violeta e dos trabalhos espirituais coletivos, além do 12º Raio, o Opalino. É justamente o Fogo Violeta que limpa a nossa parte cármica. Ele age primeiro no corpo espiritual, antes de agir em cadeia nos demais corpos.

CORPO FÍSICO: representa o elemento Terra. É bom saber que, quando se trabalha com a Chama Violeta, está lidando diretamente com o carma e disparando um processo de limpeza para "descarmatizar". E está, também, tentando limpar o que se fez de errado antes, está voltando e fazendo de novo, limpando o que está impedindo o processo de crescimento.

Muitas coisas que poderíamos evitar, deixamos de fazê-las por não saber do Fogo Violeta. É por esse motivo que atualmente o ensino do Fogo Violeta tem sido dispensado a toda a Humanidade, através dos apelos, decretos, invocações e palavras de força, como: Eu Sou a Ressurreição e a Vida do Fogo Violeta – isso é muito forte para atuar no corpo físico, mesmo.

A forma de trabalhar com os Anjos é permitindo que nossas "asas" comecem a se desenvolver e, é claro, trabalhando com o Fogo Violeta e limpando o corpo etérico, aliviaremos o corpo físico, de modo que asas possam nos fazer voar.

As "asas" significam a Liberdade, que traduz a vontade de Saint Germain, é o que ele quer devolver à Humanidade e a todo o Planeta. Se nós aprendermos a usar as asas, a ter liberdade, já será uma dádiva muito grande. Mas não é fácil. São passos a serem dados. Para recuperar as asas, é preciso trabalhar, meditar, aquietar-se, respirar corretamente, alimentar-se da maneira correta, etc.

Sistema Protecional de Metatrom | 185

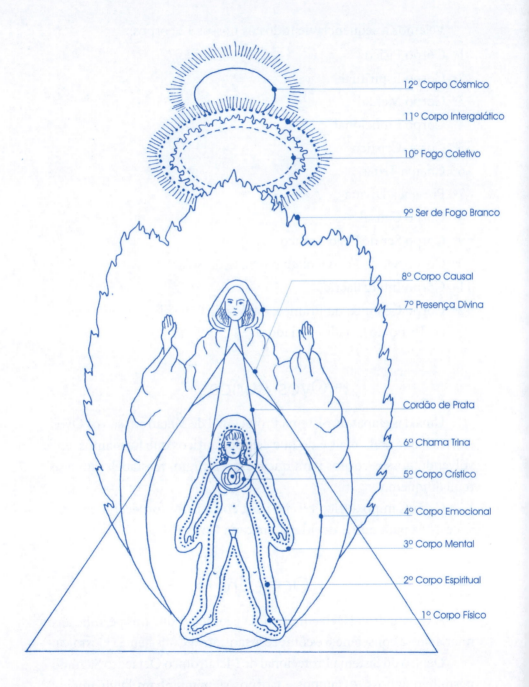

Vejamos a sequência de todos os nossos 12 corpos:

1º Corpo Físico

2º Corpo Espiritual

3º Corpo Mental

4º Corpo Emocional

5º Corpo Crístico

6º Chama Trina

7º Presença Divina

8º Corpo Causal

9º Corpo Ser de Fogo Branco

10º Corpo Ser de Fogo Coletivo – Sistema Solar

11º Corpo Intergaláctico

12º Corpo Cósmico ou Prânico, da Estrela Guia, diretamente ligado ao Trono do Criador-Criadora.

Ovos Áuricos

Uma das etapas do Sistema Protecional de Metatrom são os Ovos Áuricos, que nada mais é do que campos áuricos que formamos, envolvendo nossos corpos para que eles se nutram, reestabeleçam e se requalifiquem.

Cada Campo áurico recebe uma cor que irá fornecer a energia necessária para nutrir devidamente cada Corpo.

Octaedro

A Octahedron (Octaedro) é uma geometria que nos permite alinhar a nossa consciência e compreensão com a Consciência Cósmica.

Dentro do Sistema Protecional de Metatrom, o Octaedro Sagrado permite que nossos Campos e Corpos se mantenham Divinamente delimitados e protegidos.

Além de Lord e Lady Sírius, Metatrom foi um grande Guia a nos orientar sobre os Ovos Áuricos, Colunas de Hércules e os Diversos Octaedros Sagrados.

Colunas de Hércules

Funcionam como grandes tubos que nos conectam com a Central Diamantina da Terra e com o Cosmos, trazendo-nos eixo e sustentação.

Ancorando o Sistema Protecional de Metatrom

Visualizem a Pirâmide Azul, o Sol acima da cabeça e acenda todos os chacras: Portão Estelar, Estrela da Alma, Causal, Coronário, Frontal, Coordenador, Laríngeo, Cardíaco, Plexo Solar, Umbilical, Esplênico, Básico e Estrela da Terra.

Acendam a coluna vertebral. Respirem!

Ancorem agora um grande Disco Solar
no Chacra Ancorador na Base dos pés.
(Respirem)

Ancorando Disco Solar no Chacra Estrela da Terra.
(Respirem)

Ancorando Disco Solar no Chacra Portal da Terra.
Sintam-se ancorados.

Ancorando Disco Solar no Chacra Terra.
(Respirem profundamente)

Ancorando Disco Solar no Chacra Ômega.
Ancorando Disco Solar no Chacra Central Diamantina da Terra.

Respirem profundamente e sintam-se totalmente ancorados.

Agora vamos ativar os Ovos Áuricos e os Octaedros Sagrados de Metatrom:

- Ativando o 1º Ovo Áurico no Corpo Físico na cor verde, envolvendo o Chacra Coronário até o Ancorador na base dos pés e o Octaedro Sagrado, sinta seu corpo físico sendo regenerado.
- Ativando o 2º Ovo Áurico no Corpo Etérico/Espiritual na cor azul brilhante, envolvendo do Chacra Estrela da Alma até o Chacra Estrela da Terra, ative o Octaedro Sagrado.
- Ativando o 3º Ovo Áurico no Corpo Mental na cor amarela-dourada, envolvendo do Chacra Portão Estelar até o Chacra Portal da Terra e em seguida o Octaedro Sagrado, sinta todo seu Corpo Mental sendo Iluminado.
- Ativando o 4º Ovo Áurico no Corpo Emocional na cor magenta, envolvendo do Chacra Cosmos até o Chacra Terra, envolva em seguida o Octaedro Sagrado.

Trazendo equilíbrio emocional

- Ativando o 5º Ovo Áurico no Corpo Causal na cor pêssego, envolvendo do Chacra Alpha até o Chacra Ômega e Octaedro Sagrado, resgata nossos méritos e a nossa alegria em Servir.
- Ativando o 6º Ovo Áurico Galáctico na cor Opalina, envolvendo do Chacra da Via Láctea até o Chacra Central Diamantina da Terra, pedimos auxílio ao Bem-Amado Metatrom para que estabeleça um enorme Octaedro Sagrado.

Respire profundamente e afirme: está instalado o Sistema Protecional de Metatrom.

Iniciação à Luz

Decida ao Coração

De olhos fechados, coluna ereta, respirem profundamente pelo nariz, soltando o ar pela boca.

Sintam-se bem pequenininhos e se coloquem dentro do Sol, que fica lá em cima da sua presença Eu Sou.

Imaginem-se vestidos tal como estão, pois, somos o que somos e isso é o mais importante. Cada um tem que se aceitar exatamente como é. E, assim, bem pequenos e bem iluminados por um Sol bem bonito, desçam lá de cima pelo cordão de prata. Nessa descida, vocês vão passar pelos Chacras Portão Estelar, depois pela Estrela da Alma e vão continuar descendo pelo Chacra Coronário e entrando dentro de si mesmos.

Entrem na glândula pineal. Neste instante, não é importante saber onde ela está. Imaginem. Peçam que ela se apresente, que ela se fará presente. Respirem. Sintam o tom Violeta/Opalina na glândula pineal.

Acendam, agora, o Chacra Causal no tom da Unidade, Azul-Claro da Unidade Cósmica, Solar, Crística e Física.

Visualizem o Chacra Coordenador todo Branco. O cérebro e o hipotálamo iluminados e, assim, toda a cabeça iluminada. Visualizem a glândula pituitária ou a hipófise em Luz Dourada. Imaginem que ela vai ficando "gordinha", como uma "cebolinha". Imaginem que ela vai irradiando Luz para o Chacra Frontal e, em seguida, imaginem a Luz Verde-Esmeralda.

Visualizem uma estrela Dourada de seis pontas se formando na sua testa. Imaginem essa estrela com um Raio Dourado e uma grande esmeralda no seu centro. Vejam essa esmeralda bem bonita, bem brilhante. Respirem para sentir a energia criadora e a força do Elohim Vista, que é o Elohim do Olho de Deus, que tudo vê. Sintam que nessa esmeralda se abre o olho de Deus. Sintam o piscar do olho do Elohim Vista. Enviem uma saudação Amorosa e carinhosa ao Elohim Vista, pela inspiração desse exercício sobre o trabalho da criação e da visualização.

Elevem a gratidão ao 5º Raio, de onde descem bênçãos. Recebam as bênçãos com muita gratidão. (Toda vez que mencionamos um Ser de Luz, é como se tocássemos a sua aura).

Desçam, agora, pequeninos, pela garganta. Sintam o Chacra Laríngeo. Sintam as partes da frente e da trás desse chacra, pois é importante vibrar também nas costas. Não estamos habituados a isso, mas os chacras vibram atrás de nós, pois temos uma coluna que precisa muito dessa corrente de energia fluídica. Então, vibrem em todos os tons de Azul: do Água-Marinha ao Índigo, de acordo com as necessidades de seus corpos físico, espiritual, mental e emocional. Se surgirem cores diferentes, não importa. São as necessidades pessoais que se apresentam.

No centro do peito, visualizem o desenho de um coração – um grande coração no centro do peito e, no meio dele, um chão que limita a metade do coração e não permite que se vá além do limite.

Não é preciso ir até o fundo do coração. O que precisa é ir até o chão do coração, e, assim, bem pequenininhos, coloquem os pés firmemente no chão.

Caso sentirem que o chão não está firme, façam com que fique. Deixem o chão firme, bonito, limpo. Se estiver sujo, arrumem um esfregão, um pano, água, baldes, sabão, tudo o que for preciso para uma boa limpeza. Se tiver muita terra, limpem. Esse é o momento do coração espiritual. Sintam-se alegres por estarem voltando para si mesmos, voltando para essa casa interna de cada um, o seu centro pessoal, o seu altar.

Respirem e visualizem cores bem claras. Coloquem cores claras, bem claras: Dourado, Rosa, Verde-claro, Rubi-Dourado, Violetinha, Lilás, Branco, Pêssego, Salmão, que é a cor da alegria... Misturem cores. Façam o que quiserem dentro dos tons claros. Mas sejam firmes. Firmes, não duros. Se houver tábuas, carpetes, qualquer coisa escondendo o chão, podem tirar tudo, pois está tampando a Luz do Coração.

Procurem ver as paredes do coração brilhantes e bonitas. Respirem profundamente, trazendo o oxigênio para dentro.

Agora, fiquem de frente para as suas costas. Aquele eu, pequenininho, vai ficar de frente para as costas grandes, e lá de trás vai procurar a Chama Trina que, vista de frente, é Azul do lado direito, Dourada no meio e Rosa do lado esquerdo. Agora, vejam, pequenininhos, a Chama Trina estando de frente para as suas costas.

Entrem, primeiro, na Chama Rosa, para aprender a amar a sua própria Chama Rosa. Façam com que ela cresça bastante, entrem lá e se reabasteçam de Amor por si mesmos. Deem Amor, ao Amor de vocês – esse é o maior Amor que existe. Ativem a Chama Rosa com respiração e vibração, deixem-na crescer e tomar conta de todo o coração, até sair pela cabeça, pelos braços, pelo pescoço e descer para todos os seus chacras e corpos, sistema nervoso central, meridianos, sistema endócrino-glandular...

À medida que a Chama Rosa desce pelo corpo físico, tornem-se Seres de puro Amor incondicional. Percebam se algum ponto necessita de mais energia que outro e satisfaça essa necessidade. Não tenham medo, pois a Chama Trina é fonte inesgotável. Tudo o que vocês mandarem, ela reflui imediatamente. O maior prazer de Deus-Deusa é ser usado por nós, com Amor. Então, usem Deus-Deusa agora. Tenham consciência de que somos cocriadores, de que fazemos parceria em nossas atividades, com o nosso Pai e Mãe, o nosso Filho, Espírito Santo aqui na Terra. Preencham bem todos os corpos desse Amor Maior e lembrem-se de que nós estamos aqui com um propósito comum, que é o Amoroso.

Agora que conheceram bem a Chama Rosa, saiam dela com muito Amor e entrem na Chama Dourada para conhecer a Fonte da Sabedoria e do Conhecimento, a Fonte da Iluminação e do Discernimento, a Fonte de todas as Vitórias.

Permitam que essa Luz se manifeste em vocês, que ela atravesse tudo: toda a cabeça, o eixo da coluna, todo o sistema nervoso, sistema circulatório, sistema respiratório, endócrino-glandular... Sintam a Luz sair de vocês por todo o corpo.

As energias Rosa e Dourada vão se misturando e requalificando seus corpos com todo Amor. Essa energia desce por todos os chacras e se ancora na Estrela da Terra. Ancorem, também, suas Chamas Rosa e Dourada para que seja feito um círculo completo de Luz de todas as cores.

Com toda delicadeza, saiam da Chama Dourada e entrem na Azul, com muito Amor, para conhecer a Vontade Divina, a Fé, a Proteção, o Poder e a Força de Deus-Deusa. Procurem sentir o trabalho do Azul.

O Azul pode ser transmutado agora. Ele tem vários tons e todos podem sentir: desde o Azul da Clareza, da Claridade, que é o tom do 8º Raio, até o tom Índigo de Sírius, onde se sente a Fé e a Proteção do Arcanjo Miguel, a Força do Mestre El Morya e a Vontade de Deus-Deusa se realizando dentro de cada um, tornando-os Seres equilibrados e serenos, conscientes de suas funções aqui na Terra, conscientes de que a Irmandade é a Grande Libertação da Humanidade, de que o Caminho é por Amor e é de Felicidade.

"EU SOU" a Ressureição e a Vida da Chama Trina existente em cada um de nós aqui e agora. Que Deus Pai-Mãe, Deus Filho e Deus Espírito Santo ascendam para sempre dentro de cada um.

Atrás da Chama Trina existe um pequenino Ser Dourado, ao qual chamamos de Alma, de Cristo Interno. Ele está presente ali. Atravessem a Chama Amarelo-Dourada e vão de encontro a Ele, sabendo que é seu Cristo Interno.

Entrem em comunhão com Ele, sabendo que Ele, que cada um de vocês e Ele, que nós e Ele, somos todos um só.

Vamos nos unir e assumir a nossa tarefa aqui na Terra.

Que a comunhão do grande Cristo do Grupo Avatar Global, a comunhão do Cristo Individual, a comunhão do Cristo Cósmico e Solar, manifeste-se agora como o único Cristo da Terra, da Humanidade.

Que haja Paz! Que haja Luz! Que haja eterno Amor em nossos corações e em nossas vidas, manifestando-se aqui.

Está feito, selado e decretado, porque nós falamos no mais sagrado nome de Deus – "Eu Sou".

Segurem a respiração um pouco e depois soltem pela boca. Façam isso três vezes, que é para segurar a energia dentro de si.

Agora, repitam três vezes

Eu Sou, Eu Sou, Eu Sou. E nenhum outro pode atuar, porque Eu Sou Deus-Deusa em Ação em toda parte...

Voltem suas energias para o plano físico, tornem-se mais presentes através da respiração. Comecem, aos poucos, a movimentar mãos e pés. Voltem e agradeçam.

Os Doze Planos da Criação

(Do 1º ao 7º Plano: Precipitação ou Formação)

1º Plano: toda ação deve ser precedida de um propósito definido e da vontade. Antes de vos dirigirdes ao mundo exterior, a fim de decidir qualquer assunto, aplicai vossa energia para transformar em ação o vosso objetivo. Eu, Elohim Hércules, exerço essa atividade.

2º Plano: depois de Mim, segue o Poderoso Elohim Cassiopeia; Ele vos outorga os dons da percepção e da iluminação: o poder de atrair a ideia e, através da meditação, discernir o modo de materializá-la, tão depressa quanto possível.

3º Plano: chegamos ao plano de atuação do poderoso Elohim Órion e do Seu Amor Divino. É o poder da coesão, que dá forma ao informe. Esse amor flui na substância primordial do modelo ou do projeto que tendes em mente e desejais materializar no mundo físico.

4º Plano: continua, agora, a atividade do poderoso Elohim da Pureza, o Bem-Amado Claire. É Sua função conservar a pureza do projeto: que, ao alcançar esse plano, não pode receber impressões ou desejos do ser externo; terá que manter-se puro e translúcido como o cristal para que possa ser preenchido e completado de luz.

5º Plano: o campo de ação do Elohim Vista, que tem o encargo de reunir as forças da concentração e santificá-las até que o projeto esteja perfeitamente executado. É Seu dever cuidar para que o cérebro e o coração não se desviem do modelo, sempre que outras ideias ou sugestões possam surgir; mas guiar a energia mantendo firme o plano até seu término.

6º Plano: quando tudo está pronto (tendo antes passado pelo Elohim Arcturus, do 7º Plano), o Elohim da Paz, o Bem-Amado Tranquílitas, recebe o modelo e acrescenta-lhe beleza, harmonia e alegria, selando-o na chama Cósmica da Paz de Cristo. Isso outorga à precipitação existência eterna. Exatamente o contrário do que ocorre com as vossas obras na Terra, que começam a se desfazer depois de executadas devido ao vosso total desconhecimento das leis que regem as precipitações. Na tarefa de criar, os trabalhos do Sexto e Sétimo Raios são invertidos.

7º Plano: o poderoso Elohim Arcturus assume o trabalho de lapidar, polir, aperfeiçoar e dar simetria à forma por meio do Fogo Violeta e do rumo exato dos apelos. Aproveitai Nossa experiência no campo da precipitação para realizar as vossas aparições e projetos. De início, rogai ao Santo-Ser-Crístico, em vosso próprio coração, que vos faça um bom esboço perfeito do que queiras materializar; já que o homem recebe o que quer e o que pede, uma vez que a sua vontade é suscitada pela força magnética do Coração Divino.(...)

Do livro: Haja Luz, 12ª Edição – (Cita do 1º ao 7º Planos)

Com o Advento dos 5 Raios Sutis, o pedido pode se estender aos outros 5 Elohins.

(Do 8º ao 12º: Sutilização – A partir do 8º Raio há a expansão para o nível Cósmico Solar).

8º Plano: o Elohim Princípio retorna ao princípio da sutilização do pedido Original, antes de termos gerado carma, motivo pelo qual descemos à Terra no geral, outro motivo, viemos atender ao Grande Chamado feito por Arcanjo Miguel, Sanat Kumara e várias equipes; com Lady Príncipa, agrega-se Clareza e Consciência Crística, acelerando a vibração dentro do Propósito Cósmico Original, respondendo ao Evento Maior com Organização Cósmica e Ordem Divina.

9º Plano: o Elohim Energia reenergiza nosso Propósito Divino, com os atributos do Amor e da Vitalidade do Espírito Santo Universal em Criação Eterna. Esta energia está em esferas muito altas e é trabalhada em suas camadas para tornar-se o mais translúcida possível antes de ser instaurada no Plano Físico, com o auxílio inexorável da Eloha Matéria, sendo também moldado ao Plano Divino Universal, onde tudo se liga e dá impulsos de evolução ao Todo.

10º Plano: depois de passar pelo Elohim Energia, é a vez da atuação do Elohim Luz, que vai imantar com a abundância de todas as possibilidades de realização. Finalizando e concluindo, a Bem-Amada Eloha Esplendor reativa o Plano Divino, inundando o Reino Atômico com a Ilimitada e Esplendorosa Luz de Deus.

11º Plano: ao receber o modelo dos Elohins Luz e Esplendor, os Elohins Átomo e Átma, Elétron e Elétra, trabalham seus núcleos para sua materialização com a mais pura Luz eletrônica no Reino Físico. Iluminadas desde a sua parte mais sutil, manifestando-se em todos os átomos e elétrons, renovando os editos de suas Propostas Originais.

12º Plano: o trabalho de materialização continua, mas sustentado pela Essência Solar, o que não traz exatamente uma densificação, mas uma concreta Manifestação como um Fogo Ígneo, os Elohins Célula e Celularium, Molécula e Moléculum consolidam este Fogo com Absoluta Segurança da Completa Unidade com o Plano Divino Universal.

Isso devolve às Células e Moléculas do "Homem", as informações necessárias para assegurar-lhe a Dignidade de Retomar seu Movimento Evolutivo Cósmico e Solar, perdido muito antes de descer à Terra, ou esquecido pelo envolvente Véu de Maia!

Tornando-nos Cooperadores da Luz

Com os 7 Raios fizemos o trabalho de precipitação, de criação. Depois, com todos os 12 Raios, devemos fazer o caminho da sutilização, ou seja, tornar mais sutil aquilo que criamos, aumentando ainda mais o campo para concretizar o que pedimos e, ao mesmo tempo, expandir para o crescimento Solar.

Então, o importante é continuar a vibrar positivamente. Mesmo que não se fale, pois já nos tornamos Cooperadores da Luz, já ajudamos a fazê-la fluir.

Cada grupo que se une para cooperar com a Luz forma uma célula. Existem vários grupos. Unam-se com as outras células que estão em ação. Quanto mais células existirem, melhor será o trabalho.

Nós temos um acúmulo de energia, quando fizemos os sete passos da criação, apenas canalizamos a nossa energia excedente. Agora, é preciso sutilizar com os outros Raios. É muito importante trabalhar com os Raios sutis, porque eles estão em ação e precisam urgentemente de pessoas que tenham consciência deles.

No mês de agosto de 1993, por exemplo, estava em ação o 1º Raio. Com o trabalho dos Elohins, anteriormente apresentando e que foi feito por um grupo de estudos na ocasião, toda a energia disponível foi canalizada para a Terra. O grupo que desenvolveu o trabalho foi o captador, o retransmissor, e trouxe para a Terra uma enorme vontade de realização. Durante várias semanas, muitos dos que entraram em contato com essa vontade deixaram que ela tomasse conta e realizaram muitas coisas; coisas que não se permitiam fazer habitualmente e que, para as pessoas que não estavam em contato com essa energia, pareciam loucuras.

A Vontade Divina está dentro de nós. É só fazer o trabalho de transmutação ou de ativação. E isso cada um pode fazer intuitivamente – é só pedir que se apresente o que deve ser feito.

O excesso de energia faz quebrar muitas coisas, física e estruturalmente falando. As duas energias básicas que fazem quebrar as estruturas são as do Raio Azul e do Raio Violeta. O Raio Violeta ajuda a quebrar para que a Vontade de Deus se manifeste.

Agora, temos que perguntar ao nosso Cristo qual é o nosso caminho, o que temos que fazer e para o que temos que estar disponíveis.

Atualmente, todos estão canalizando; mas é preciso ver qual energia está sendo canalizada, pois tem gente que está caindo, batendo carro... isto também é uma forma de canalizar. Nós devemos canalizar de outra forma. Devemos canalizar para ajudar as pessoas que estão nesse caminho, para fazê-las tomar consciência do que está acontecendo e, para isso, temos que estar no estado de irradiação.

Mas estejam atentos, pois as pessoas que fazem trabalhos dessa natureza costumam absorver tudo, como se fossem um "esponjão". Então, vejam: não devemos absorver nada. Nós só temos que IRRADIAR. Temos que estar em conexão com o Universo, com a Terra e conosco mesmos. Jesus dizia: "ajuda o teu próximo como a ti mesmo", donde se deduz que a primeira ajuda deve ser para si próprio. Ele, na verdade, queria dizer: "Ama a ti mesmo para poder amar ao teu próximo".

Se não fizermos o nosso trabalho interno e externo, não teremos como irradiar para a Humanidade e atuaremos com um "mata-borrão", como "chupim" do outro, e não é isso o que pretendemos, pois o trabalho agora é de irradiação.

Na Terra, temos que ser Diretores e Diretoras de Energia – esse é o trabalho de manutenção da consciência, vibração e energia.

Temos que começar a colocar mais atenção em nós mesmos e aprender a direcionar nossa energia. Quando sentimos que alguma coisa está errada, temos que parar tudo e trabalhar imediatamente: colocar-se na Pirâmide de Luz Azul de proteção, descer sobre si o Manto de Luz, o Sol, e acender a Chama Trina – isso tem que ser feito em segundos.

Para se ter mais proteção, é bom fazer isso durante o banho, que é quando o corpo emocional fica elástico e a energia pode fluir melhor e ativar todos os chacras. Complemente o exercício, visualizando-se como um eixo de Luz que se acende e ilumina tudo. A imagem mais próxima para facilitar esse processo é a de uma Árvore de Natal: imaginem-se assim, cheios de lâmpadas que se acedem de alto a baixo. Imaginem, agora, a fileira central de lâmpadas e acendam-nas de imediato – na vida prática, tem que ser rápido. É preciso acender rapidamente todos os chacras.

Mandando Luz para os outros

Em primeiro lugar, estejamos cientes de que devemos fazer tudo para nós mesmos. Para outros, normalmente não mandamos Luz, a menos que o peçam.

Em todo caso, para fazer esse trabalho de mandar Luz para os outros, temos dois caminhos:

1º Reconhecer que o outro é igual a nós: devemos reconhecer que o outro tem a sua Luz, a sua Chama Trina, o seu Sol, a sua Presença Divina, o seu Cristo, os chacras, os corpos – o outro tem exatamente tudo que nós temos. Então, precisamos reconhecer que o outro é exatamente igual a nós. Isso é apenas a conscientização de que somos todos iguais.

2º Incentivar o outro em níveis internos: É preciso incentivar, estimular o outro. (Isso não significa mandar no outro). Esse trabalho pode ser feito intuitivamente se estivermos bem alinhados, caso contrário, pode ser feito como descrevemos a seguir.

Desenhem um triângulo ascendente, ou seja, com a ponta voltada para cima, e estabeleçam as seguintes atribuições a cada ponta do triângulo:

- De cima – Divina Presença Eu Sou das duas pessoas em contato;
- Da direita – A pessoa que está mandando incentivo;
- Da esquerda – A pessoa que está recebendo o incentivo.

Peçam à sua Presença Divina que entre em contato com a Presença Divina do outro e lhe dê o necessário para estimular aquilo que nela estiver precisando, seja proteção, consciência, paz, saúde, cura, prosperidade – esse é o caminho mais fácil para estimular, sem interferir no carma da pessoa.

Trabalhando dessa forma, com esses dois caminhos, nós não pegamos nada, nem entramos no livre-arbítrio de ninguém, porque estamos trabalhando no nível Solar, Divino e Cósmico, sem entrar na experiência do outro. Essa "não interferência" é importante porque, às vezes, as pessoas estão passando por experiências necessárias para a sua evolução; de forma que a nossa ajuda, necessariamente, tem que estar em concordância com o Plano Divino.

É muito perigoso mandar a Chama Violeta para outra pessoa, assim como é perigoso usar só a Chama Violeta nos trabalhos de limpeza, dos outros ou de si mesmo, porque se apenas limpamos e não requalificamos a energia, aquilo que foi limpo fica no nada, no Zen, no Tao.

E o que significa o nada no momento de requalificação do Planeta? O nada significa o que vai morrer, o que vai se desprender da Terra. Então, é importante aprender a trabalhar com as outras Chamas na requalificação energética.

SEGUEM DUAS "DICAS" IMPORTANTES PARA QUE NÃO SE COMETAM IMPRUDÊNCIAS:

- Limpar com a Chama Violeta e em seguida requalificar com a Chama Trina e Raios Sutis.
- Não deixar a Chama Branca requalificando uma energia que se limpou com a Chama Violeta, porque a cor branca é expansão, é a união de todas as cores; se a deixarmos, poderemos estar atraindo muitas coisas de uma só vez, o que não é uma boa situação caso não tenhamos controle, equilíbrio ou sabedoria suficiente para manejar essa energia.

Rússia – O Chacra Coronário do Planeta Terra

MEDITAÇÃO CANALIZADA EM AULA, EM 1993

Sentem-se confortavelmente, fechem os olhos e imaginem a Pirâmide Azul de Proteção, o Sol Dourado no ápice da pirâmide e o Cordão de Prata. Acendam a Chama Trina e coloquem o Cristo em ação agora, com o Disco Solar Interno.

Tragam o Cristo para dentro de si. Normalmente ele fica escondido atrás do coração; então, convidem-no a assumir o comando desta meditação.

Façam com que o Cristo cresça, cresça muito, assumindo o mesmo tamanho de vocês. Deixem o Cristo entrar em ação e ensinar como trabalhar com a nossa mente junto ao Amado Buda Gautama. O Cristo torna-se o EU Superior.

E nós te pedimos, Amado Mestre, que dirija o nosso Cristo Pessoal neste trabalho, nesta prestação de serviço que estamos fazendo.

Sintam Amor, alegria, segurança e confiança no seu Mestre Interno e no Grande Buda Gautama.

Convoquem os sete Elohins da precipitação e os cinco Elohins que ainda nos são desconhecidos. Convidem a todos para trabalhar neste novo serviço, no local onde está situada a Rússia.

Renovem os votos de Amor em relação ao Chacra Coronário do Planeta Terra.

Entrem em seus corações, com comando do Cristo, e sintam que o Bem-Amado Buda Gautama está lá em cima daquela região.

Respirem fundo. Sintam os Raios Opalinos descendo a atravessando o Portão Estelar, os Raios Dourados-Solar entrando na Estrela da Alma e o Raio Violeta no Coronário. Sintam o Grande Buda Gautama descendo, descendo, descendo. Sintam toda a consciência, atenção, dedicação, Amor e concentração – são estes os Raios de que a Rússia precisa agora.

Bem-Amado Mestre Ascensionado Saint Germain, Bem-Amado Príncipe Oromasis, Poderosos Arcanjos Zadquiel e Santa Ametista, Elohins Arcturos e Diana, Bem-Amada Mãe Kwan Yin – manifestai-vos agora nesta região do Planeta e derramai tanto Fogo Violeta, tanta Chama Violeta e tanta Luz Violeta, bombas e relâmpagos de Fogo Violeta, quanto se puder derramar.

Chamamos também o Poderoso Arcanjo Miguel, Santa Fé e Eloha Astréa para que o trabalho do 1º Raio consuma, consuma, consuma todas as cristalizações das formas-pensamento daquele momento e de tudo que tem a ver conosco e com nossas vidas passadas.

Limpando, limpando, limpando.

Consumindo, consumindo, consumindo.

Transmutando, transmutando, transmutando.

Perdoando, perdoando, perdoando.

Libertando, libertando, libertando a cada um de nós, a todos os russos que estão lá agora e em qualquer lugar do Planeta, necessitando dessa libertação.

EU SOU, I AM, EU SOU, I AM, EU SOU, I AM.

E nenhum outro poder pode atuar!

Bem-Amado Saint Germain desça agora e lance sobre e em nós a sua Poderosa Chama, Luz e Fogo Violeta. Transmute tudo o que não serve à Luz.

Abre, poderoso Gautama, toda a linha de frente dos chacras Portão Estelar, Estrela da Alma e Coronário. Ilumina as glândulas pineal e pituitária. Abre o 3º olho de toda essa região com Raio Opalino.

Uma cachoeira de Luz Violeta vai descendo, limpando todo o emocional daquela região. Um tornado de Luz Violeta vai limpando, com Amor e sem violência, todo o mental daquela região.

Requalifiquem, lancem Raios Opalinos, Dourado-Solar, Pêssego e Magenta em direção à coluna de toda aquela região, trazendo Amor Universal e Incondicional, o Amor, a Sabedoria, o Amor Devocional. Alinhem toda aquela região, todos os chacras. Houve o desmembramento da Rússia, mas não houve a requalificação energética positiva daquela área, eles estão dispersos. Com muito Amor e muita Alegria, serviam nesse momento à Rússia – Raio Pêssego.

Sintam o Mestre Saint Germain, muito Amorosamente e com muita misericórdia e com Mãe Kwan Yin, requalificando o serviço da Rússia.

Atuem bastante, sintam o Amor, sintam muita paz. Todos nós passamos por lá, tenham certeza!

Abençoem suas vidas lá, seus amigos de lá, seus parentes antigos.

Retornem às suas Essências de lá. Algum elo perdido nosso está lá. Com muito carinho, recebam suas energias de volta. Pensem que vocês tiveram que esperar por esse momento para retomar o que é seu. Com toda gratidão, agradeçam por isso.

Doem-se neste momento. É uma troca. Tomem o que é seu e doem. Esse é um movimento muito forte. Somos todos Canais, Instrumentos da Luz, do Amor e da Vontade Divina.

Então, doem os 12 Raios de uma vez. Levantem as mãos com os braços bem levantados. Esse é o trabalho de doação de Nova Era. Visualizem a Luz Lilás e Dourada entrando e saindo.

Doem, doem, doem com Amor.

Respirem fundo por três vezes. Respirem, segurem e soltem o ar pela boca.

Paz a todos! Paz, Harmonia, Alegria e Felicidade!

Um novo Mundo, uma Nova Era para aquela área e para todas as áreas necessitadas em qualquer lugar do Planeta. Deixem as energias irem para onde elas quiserem ir.

Vocês estão com a Proteção de todos os Mestres, de todos os Arcanjos da Fraternidade Branca, de todos os elementos da natureza, dos Seres Cósmicos que servem à natureza... então, podem deixar a Luz e o Amor se expandirem – vocês têm esse Poder agora.

Sintam que Rosas estão descendo do Universo. Pérolas estão descendo do Universo, passando por e através de vocês, misturando-se com seu Amor Pessoal, com a sua vontade de ajudar o Planeta. Recebam e doem pelos chacras, pelos pés, pelas mãos, pelos chacras de todo o corpo e de todos os corpos. Dancem com os braços, deixem fluir mesmo! Soltem mesmo, pois o trabalho da Nova Era é deixar fluir.

A grande Mãe Maria também está presente, derramando-lhes suas Rosas para que vocês as distribuam fartamente. Quando estiverem distribuindo, distribuam mesmo, pois vai ter ainda muito mais.

Sintam os aromas, os ares, as montanhas, as colinas, os homens, os animais, os vegetais. Sintam tudo isso em trabalho harmonioso. Sintam que vocês são Seres Angélicos, Dévicos, Mestres, Deuses, Deusas. Sintam-se Cristo, pois somos tudo que pudermos Ser.

Recolham as mãos, uma na frente da outra, tragam-nas para a frente de seus corações. Aceitem que esse trabalho foi realizado em nome da Luz, do Amor e do Poder.

Agradeçam aos Poderosos Mestres, Seres de Luz, Seres Cósmicos, Seres de todos os níveis, de todos os planos, esferas e dimensões.

Agradeçam e amem esse momento eternamente. Deem graças por tê-lo feito, pela oportunidade.

Agradeçam à Bem-Amada Mestra Pórtia, por essa possibilidade.

Fiquem em pé e sintam a energia fluir de seus corpos, dos chacras. Respirem. Fechem os olhos e deixem a energia passar com muito Amor.

Respirem fundo. O importante é essa participação em nível Planetário, Cósmico. Sintam a energia acima de vocês, através e abaixo de vocês, como grupo, como indivíduo, como Seres Planetários, Seres Crísticos, Seres Cósmicos. Sintam as bênçãos da Fraternidade Branca. Sintam as bênçãos das suas Presenças Divinas, de seus Corpos Causais. Sintam suas colunas como um cajado iluminado, e que o cetro de Buda Gautama, do centro de Shamballa, resplandeça em cada Ser. Que a Amada Deusa Alexia nos abençoe. Que as bênçãos de Amor e Gratidão sejam para toda vida existente neste Planeta, neste Cosmo, nessa grande rede de 7 Sóis e 49 Planetas de Alfa e Ômega, de todas as Constelações Zodiacais e de todas as Estrelas.

Que o nosso Amor flua a todas as Galáxias, além das Galáxias e a todos os Sóis além dos Sóis.

Que a Paz nos perfume, e que a harmonia desse Planeta se irradie para todo o sempre.

EU SOU, I AM, EU SOU, I AM, EU SOU, I AM e nenhum outro poder pode atuar sem a sua permissão.

Eu Sou, Eu Sou, Eu Sou nessa afirmação. Que assim seja!

COMENTÁRIOS:

Nessa meditação trabalhamos com Buda Gautama, para incentivar a Consciência Iluminada no chacra Portão Estelar e com o sistema monetário, que é a base de uma nova conduta nos relacionamentos.

O Brasil é o Coração do Mundo. Mas o que faz o coração do mundo? Ele doa, doa muito Amor.

No trabalho da Nova Era, a doação vem pelas axilas, por causa das asas. Na verdade, é justamente neste momento de doação que nos tornamos Anjos Crísticos Encarnados. A Luz que sai pelas axilas é Lilás, que é a verdadeira cor e tom da Nova Era.

Quando virem que algum lugar está em guerra, coloquem-se à disposição. Ativem-se e, quando se sentirem firmes e fortes, peçam Luz e ajuda para os muitos Seres que estão desencarnando. Entrem em sintonia com as esferas que Eles vão mandando, mandando... e, quando Eles percebem que tem muita gente pedindo, Eles mandam batalhões de ajudantes.

E se vocês não se lembrarem dos nomes que devem ser Chamados, chamem aqueles que lembrarem ou, ainda, chamem pelos Raios, que os Seres correspondentes entram em sintonia.

Os nomes mais importantes para serem Chamados são:
- Saint Germain
- Arcanjo Miguel e Eloha Astréa
- Fraternidade Branca
- Conselho Cármico e Dhármico

- Confederação Intergaláctica
- Seres de Luz
- Potências de Luz
- Legiões de Luz
- Arcanjos

Quando doamos as nossas energias, mas conectados com os Planos Superiores, damos vazão às coisas paradas; então, tudo o que fica é muito bom: ficam as flores, as pérolas, os Raios Sutis – fica tudo o que é novo e renovado. (Mãe Maria).

Brasil e suas capitais

Conectem-se com suas poderosas Presenças Divinas. Peçam a todas as Legiões que se apresentem e ajudem o Brasil.

Visualizem o mapa do Brasil, lá de cima. Situem-se em outra dimensão. De onde estão, sintam as energias que vêm de cima, sejam quais forem. Deixem que desçam direto para o Brasil inteiro, sem passar por vocês. Deixem que caia Chuva Violeta. Essa é uma prestação de serviço diferente, pois nós nada temos a ver pessoalmente com o carma deste momento. Nós participamos do carma nacional e isso não é pessoal; portanto, doem sem se envolver fisicamente.

Sintam bolas de Fogo Azul e uma Grande Estrela de seis pontas em cima da sua cidade e muito Fogo Violeta no meio. Sintam bolas de Fogo Azul limpando a cidade, consumindo a negatividade.

Com tochas de Fogo Violeta e Azul, e os Bem-Amados Arcanjos Miguel e Zadquiel liderando, transmutem e quebrem tudo o que não serve à Luz em todos os astrais, em todos os éteres e no mental de todas as pessoas que lá habitam.

Bem-Amado Poderoso Arcanjo Miguel, desce agora com o Bem--Amado Plutão e retira da sua cidade, e também de toda a redondeza, de todo o seu interior, à sua volta e em qualquer esfera, plano, nível ou dimensão, qualquer ser desencarnado que possa subir para as mais altas Oitavas de Luz, para que sejam levados para os Centros de Purificação, de Estudo e Aprendizagem – que sejam atendidos em hospitais e se desliguem definitivamente da Terra neste momento.

Sintam uma Grande Via Cósmica se abrindo da sua cidade até os vórtices mais altos. Vejam todos sendo levados embora. Todos de uma vez. Uma limpeza geral, Cármica e Cósmica de toda superfície terrestre, no plano espiritual, mental e emocional, até que não haja mais um único ser desencarnado que tenha a ver com a sua cidade e com o Brasil. E todos os Seres que tiveram desencarne em massa, ou que desencarnaram de forma violenta, que sejam retirados e levados agora aos locais de purificação, de atendimento, de instrução, limpando, inclusive, as energias que eles possam ter deixado lá. Limpando, transmutando e requalificando na Luz Maior. Libertando todos os seres de lá.

Sintam os índios e os negros sendo libertados, transmutados e requalificados no seu serviço real. Sintam as Vias Cósmicas descendo de dentro do coração do Grande Sol Central, passando pelo Coração de Hélios e Vesta, nosso Sol físico, e passando por fim como Chama Trina, acendendo-a em todos os corações que lá estão.

Agora, sim, sintonizem-se com a Chama Trina da Deusa-Mãe Cósmica Divina.

Visualizem a Chama Trina de todos os corações como um único Grupo Avatar Global – vocês, eles, todos juntos formando uma poderosa corrente, acendendo o Cristo Interno, acendendo a Consciência Búdica de todos os chacras e alinhando todos os corpos no próprio Projeto Vida.

Libertando, libertando tudo aquilo que não serve à Luz. Requalificando tudo na Luz. Doem Amor, Amor Universal, Amor Cósmico. O Poder de Deus, a Vontade de Deus, a Bênção de Deus, ilimitadamente em ação. Com as bênçãos de Sanat Kumara.

Irradiem com Eles. Acelerem, através das suas presenças Divinas Eu Sou, nossas Ligações com a Presença Divina Eu Sou Deles.

Façam um triângulo. Respirem. Sintam que a base é o próprio País, é o próprio Deus-Deusa Cósmicos.

Acendam a Luz do Amor, a Luz da Vontade Divina e a Luz da Iluminação e Discernimento.

Sinta a Chama Crística, a Chama Trina entrando em ação.

Que os 12 Raios, os 12 Elohins, os 12 Arcanjos e os 12 Chacras se encarreguem agora de iluminar esse trabalho, se encarreguem de iluminar os habitantes, a cidade, o País, suas obras, seus chacras, envolvendo todos no mais puro Amor Incondicional – Amor-Sabedoria, Amor-Devoção, Discernimento, Vontade de Crescer e de se Auto Iluminar, Vontade de se Auto Conhecer e de aprender o Amor-Confiança.

Está Feito, Selado e Decretado no poder de 12 mil vezes 12 mil, de Lord Sanat Kumara, e autossustentado por Buda Gautama e para sempre realizado, em nome de Maitreya.

EU SOU, I AM, EU SOU, I AM, EU SOU, I AM.

Respirem fundo para energizar o trabalho e voltem lentamente.

A Kundalini da Terra e o Brasil

A Kundalini da Terra passou os últimos 26 mil anos no Tibet, daí se pode imaginar o motivo do tamanho crescimento espiritual que houve por lá.

Em 1995, a Kundalini da Terra foi desativada no Tibet e viajou até as Cordilheiras dos Andes, onde passará os próximos 26 mil anos. Em 2013 ela foi ativada e está em pleno funcionamento. Daí se pode imaginar o aporte de energia que o Brasil e os países da América do Sul estão recebendo. Estamos nos espiritualizando como foi no Tibet, e mais do que o resto do Planeta.

Essas energias da Kundalini da Terra estão vibrando na 5ª dimensão, porque a Terra ascendeu para essa dimensão em 2012. Por isso, vamos nos espiritualizar até mais do que houve no Tibet, que ainda vibrava na 3ª dimensão.

Compreenda que isso traz grandes mudanças para o Brasil e nada que estiver na 3ª dimensão permanecerá ou poderá se manter. O Brasil é o Chacra Cardíaco do Planeta, ou seja, o lugar exato onde se gera mais Amor Incondicional. Nada que não estiver alinhado com o Amor Incondicional permanecerá.

Com base nessas informações, podemos tirar nossas conclusões, mas lembre-se de que a nossa responsabilidade está bem maior, porque a vibração na 5ª dimensão é bem forte no Brasil.

Tudo será mostrado, tudo será exposto, no Brasil e em nossas vidas. Não adianta mais subterfúgios ou tentar enganar a ninguém, esses serão prontamente descobertos.

Por: Sônia L Pereira

DECRETOS PARA O BRASIL

DEUS ABENÇOE O BRASIL

Do Ponto de Luz na Mente de Deus,
Que flua Luz às mentes de todos no Brasil!
Que a Luz desça para todo o Brasil!

Do Ponto de Amor no Coração de Deus,
Que flua Amor aos corações de todos no Brasil!
Que o Amor desça para todo o Brasil!

Do Centro onde a Vontade de Deus é conhecida,
Que o Propósito guie as vontades de todos no Brasil!
Que a Boa Vontade e o Desejo de fazer o Bem
desçam para todo o Brasil!

Que a Luz, o Amor e o Poder desçam para todo o Brasil!
Que o Brasil seja abençoado com Paz, Harmonia, Progresso, Prosperidade e Espiritualidade!
Deus abençoe todo o Brasil!

Com Gratidão e em Plena Fé! Que assim seja!

Por Mestre Choa, Fundador da Cura Prânica Moderna

DECRETO DA CHAMA AZUL – APELO AO BRASIL

Em nome da Presença de Deus EU SOU em mim e pela autoridade da Chama Trina que brilha em meu coração, eu invoco os Amados El Morya Khan, Arcanjo Miguel, Grande Diretor Divino, o Amado Surya, Elohim Hercules e Amazon e Maria, a Mãe do Mundo: Proteção Azul do Céu; Raio da Vontade Divina. São Miguel e Seus Anjos; Amado El Morya patrocina.

EU SOU a Chama do Poder; direcionando esta Nação.
A Luz da Presença EU SOU; iluminando cada coração.
Sagramos agora Mestre Morya, para conduzir nosso País.
Assim teremos a Luz da Vitória, para a Sétima Raça Raiz.

EU SOU a Chama do Poder; direcionando esta Nação.
A Luz da Presença EU SOU; iluminando cada coração.
Grande Diretor Divino Amado; anulando espirais de negatividade.
Pedimos agora um Governo Divino; de Justiça, Amor e Igualdade.

EU SOU a Chama do Poder; direcionando esta Nação.
A Luz da Presença EU SOU; iluminando cada coração.
Por todo o Brasil, agora, Legiões de Miguel se multiplicam.
Os filhos da Luz vão libertando; Vitória da Luz intensificam.

EU SOU a Chama do Poder; direcionando esta Nação.
A Luz da Presença EU SOU; iluminando cada coração.
Vontade Divina no Raio Azul; El Morya, El Morya, El Morya Khan.
Anulando o mal de Norte a Sul, tirando o poder da corrupção.

EU SOU a Chama do Poder; direcionando esta Nação.
A Luz da Presença EU SOU; iluminando cada coração.

Refrão três vezes:

Vitória Sempre, Vitória Sempre,
Vitória da Luz no Brasil.
A "Nova Era" da Justiça, o Poder do Raio Azul-Anil.

Selamento: Que a Poderosa Presença EU SOU em mim, sele toda energia agora magnetizada, para que seja utilizada de acordo com a Vontade de Deus e somente a Vontade de Deus.

Assim Seja, em nome do Pai, da Mãe, do Filho e do Espírito Santo.

A Volta Para A Espiritualidade

Percorremos os 7 caminhos dos 7 degraus, quando descemos do grande Sol Central e viemos para a Terra. Fizemos uma descida, um caminho. Fomos descendo de leve. Bem leve, bem solto – fomos descendo, descendo, descendo até que engrenamos no plano físico, na parte densa, na matéria.

Descemos aqui e assumimos a matéria. Depois, quando terminarmos nossas tarefas, ficaremos novamente de frente para o Sol e teremos que voltar para Ele, pelo mesmo caminho.

É o mesmo caminho, só que, na volta, ele é uma subida. Então, para voltar, precisamos nos tornar mais leves, e a única maneira de ficarmos mais leves é desligando-nos da parte material conceitual.

Na volta para Espiritualidade, para Ascensão, temos que ir nos aliviando da parte material. Para fazer a transmutação, podemos jogar fora coisas velhas, sejam essas coisas concretas ou não, como pensamentos, conceitos, dogmas, crenças e tudo o mais. À medida que vamos nos desfazendo do que é velho, a caminhada vai ficando mais leve. Então, devemos levar apenas o essencial dentro de nós, pois precisamos voltar: é a volta para casa!

Isso não significa que devamos passar necessidades! Podemos ficar ricos em espírito e em matéria. Quando nos sentirmos atrapalhados com essa ideia, peçamos ajuda. É só respirar fundo e pedir. "Cristo, toma conta de mim", que Ele sabe para onde a energia tem que ir. Esta é a sabedoria interna do nosso próprio Cristo, que precisa se manifestar.

Quando sentimos uma pressão ou uma dor de cabeça, por exemplo, estejamos atentos, pois existe um bloqueio no lugar que dói. Normalmente, tomamos um comprimido, mas o correto seria prestar atenção na dor e ver porque a energia está querendo se manifestar, ou o que ela está querendo nos dizer através da dor.

Muitas vezes a dor de cabeça é só um impedimento do fluxo energético, uma necessidade de abertura maior do chacra ou uma aceleração do chacra coordenador, que fica na nuca. Nós estamos trabalhando demais o Corpo Emocional, e é muito natural que haja trabalho no Plexo Solar e na cabeça. Então, respirem! Às vezes, a energia só está querendo passar e vocês estão segurando, formando um dique.

Dizemos muitas vezes: "não posso sentir isso", mas tem que sentir! O corpo é sábio, o corpo emocional precisa de expressão. Se não o deixarmos se expressar, nós nos afogamos.

Em processos assim, visualizem o chacra que está doendo, girando com naturalidade. Visualizem-no girando com Amor. Enviem Amor, mandem Luz Rosa – o Amor cura. Enviem muita Luz Rosa, Branca e Verde, que sai de dentro de nós mesmos. A gente cura do jeito que a energia quer se manifestar, dando tempo, do jeito que ela está precisando.

MEDITAÇÃO

Sentem-se com a coluna ereta. Respirem, tomando o ar pelo nariz e soltando pela boca. Respirem profundamente, mas com suavidade.

A cada respiração, entrem em contato com sua Essência, com o Eu Crístico, com a Alma... a Alma entra em contato com a Divina Presença e a paz vai descendo, trazendo serenidade, tranquilidade e calma.

Saúdem as suas Presenças Divinas Eu Sou, os seus Cristos, os seus Mentores, Guias, Orixás, Mestres Pessoais e todas as suas Linhagens Ancestrais, Espirituais e o Futuro!

Saúdem a Todos Aqueles que se apresentam em nome do Amor, da Luz e da Vontade de Deus-Deusa. Peçam a proteção do Poderoso Arcanjo Miguel neste dia e em todos os dias de suas vidas. Peçam também a proteção do Bem-Amado Mestre Kuthumi, que trabalha atualmente como Instrutor do Mundo, preparando os Instrutores do Futuro para este Planeta.

Que todos possam estar alinhados em todos os corpos, em todos os chacras, em todos os níveis de Consciência, de Vibração e de Energia.

E que o Raio Dourado, dentro de um grande cone Dourado, manifeste-se e se faça bem presente, com muita energia.

E que o Raio Amarelo também se apresente, para que o Conhecimento e a Sabedoria se manifestem profundamente. Que suas mentes possam estar prontas para receber o aprendizado dentro desse trabalho do 2º Raio.

Continuem a respirar.

Os seus Anjos Guardiões também se apresentam. Saúdem a Grande Fraternidade Branca dos Planetas, que rege o Governo Oculto da Terra. Que todas as pessoas sejam abençoadas neste instante no Planeta Terra. Que todas aquelas que buscam um Novo Caminho, uma Luz, possam encontrar rapidamente o próprio Caminho Interno, a própria Consciência Divina em seus próprios corações.

Peçam a cobertura da Fraternidade Branca para que seja desenvolvido um bom trabalho, através de vocês ou em qualquer lugar do Planeta onde esteja havendo o desenvolvimento do Conhecimento, da Sabedoria, da Evolução e de toda a relação entre os Seres, o Cosmo e o Universo.

Respirem profundamente e tragam suas consciências de volta.

Respirem profundamente e voltem ao plano físico.

Comecem a sentir as mãos e os pés.

Lentamente, comecem a movimentá-los, voltando mais e mais.

CANALIZANDO AS ENERGIAS

Vamos olhar para o Plexo, no umbigo, e canalizar essas energias para a Humanidade, simultaneamente.

Cada um olhe para o próprio umbigo, que se estende para a Humanidade.

Então, como se segurassem uma Bola de Luz com as duas mãos na frente do umbigo, empurrem-na para frente, doando essa Luz para a Humanidade várias vezes.

Visualizar a Humanidade em um campo terrestre, como uma Egrégora, que é o coletivo, significa que enviar energia à Humanidade transborda do potencial Humano para torná-lo Divino.

Imaginem a energia saindo do Cristo, do Coração, do Plexo Solar e do Umbigo – tudo Dourado. Doem. Reconheçam o seu próprio Cristo doando, simultaneamente, cura e paz com as mãos. Soltem tudo, deixem sair o que estava impedido. Aliviem-se doando.

O umbigo de Deus-Deusa está doando lá de cima, está mandando "leite" e doa através da energia terrestre – Doar, Receber e Ser.

Deixem as energias se esgotarem. Doem até que seus braços fiquem cansados – aquele que dá 100%, sempre recebe 100%.

Amem a Humanidade inteira; recebam o fluxo de Amor, paz, carinho, harmonia, prosperidade, cura e saúde.

Respirem fundo.

EU SOU, I AM, EU SOU, I AM, EU SOU, I AM.

Quando sentimos uma pressão muito forte é porque estamos recebendo uma energia, então temos que passar adiante aquela de que não precisamos mais.

Temos, portanto, que doar para efetuar a transição de uma dimensão a outra!

Se quisermos receber algo novo, teremos que estar com a "taça" vazia. Doem e recebam novas energias.

A pressão da dor não é para fazer mal, mas é para alertar, pois, às vezes, não estamos fazendo esse movimento de doar e receber. Recebendo estaremos de qualquer jeito; então, se não estamos doando, a energia antiga pressiona, querendo sair; pressiona para que façamos a doação.

Apelos para todos os dias ou para quando for necessário

A única maneira de contra-atacar eficaz e rapidamente as energias nocivas, enquanto ainda não se tem uma "carteira de habilitação" pela Fraternidade Branca, é verbalizando Apelos, Comandos e Decretos.

Não devemos deixar a guarda aberta, senão as energias de baixa vibração entram nos nossos Corpos e Campos, Energéticos e Áuricos, e nos desqualificamos.

É sempre muito importante a manutenção da Proteção, a fim de que tais energias não ancorem em nós. Muitas vezes, sem querer, quando estamos alegres e despreocupados, abrimos a guarda e deixamos o caminho livre para que elas cheguem.

Claro que isso não quer dizer que não podemos ser alegres, mas por sermos pessoas de maior Responsabilidade e Conhecimento, não podemos esquecer de manter a guarda, ou seja, de utilizar constantemente uma Pirâmide Azul, o Sol Dourado acima da cabeça, o Cordão de Prata ligado à Presença Divina EU SOU e o Manto de Luz Branco Eletrônico. Tudo tem que estar sempre funcionando, pois se nos desligarmos da guarda, aquela energia entra.

Nós atraímos imediatamente tudo o que falamos; então, nessa hora, temos que equalizar as palavras; manter a guarda e a atenção é fundamental.

Lembre-se bem de seu Anjo da Guarda, das Legiões Angélicas que estão ao nosso dispor para tantos Propósitos.

Antes de fazer um Decreto, devemos visualizar a Pirâmide Azul, mantendo-a conosco e, em seguida, passar a Chama Violeta bem rapidamente, no sentido anti-horário, enquanto expandimos a Chama Trina com a respiração, atuando com o 6º Raio Rubi Dourado que nos mantém pacíficos e emocionalmente integrados, além dos 5 Raios Sutis para manutenção contínua de seu Caráter, Temperamento, Desenvolvimento Saudável de suas Energias, Vibrações, Egrégoras e Consciência.

Apelos de proteção

1. Eu sou invisível e invulnerável a toda criação humana agora e para sempre.

   (Este apelo tem o poder de ativar o Manto de Luz Eletrônico e seu efeito é profundamente benéfico.)

   Imagine o Manto de Luz, acenda seus chacras e todo seu Ser, dizendo:

2. "Eu Sou" aqui, "Eu Sou" ali, "Eu Sou" em todos os lugares. Repita quantas vezes achar necessário e, para ajudar, mentalize a Pirâmide Azul e o Cordão de Prata, iluminado por um Sol Dourado.

3. Eu Sou o manto de Luz Eletrônico que mantém na proteção de meu Divino Eu. Onde quer que eu me encontre, Ele me oferece Segurança e Amparo e me defende de toda imperfeição.

4. Eu Sou, Eu Sou, Eu Sou a Vitoriosa Presença do Onipotente Deus que agora me envolve no meu Chamejante e Brilhante Manto de Luz Branca, mantendo-me invisível, invulnerável e intangível a toda criação humana. Agora e para Sempre.

5. Eu Sou a Pureza da Luz, presente em todo discípulo para livrá-lo de qualquer influência estranha que possa atingir um grupo no Serviço Prestado aos Mestres. (repetir três vezes)

Apelamos a vós, poderosos Seres do 1º Raio, Avivai e Propagai Vosso Fogo da Força do Amor através de cada discípulo, livrai-o de todas as ligações com pessoas e ensinamentos que não estejam em concordância com a instrução da Grande Fraternidade Branca. Reforçai o poder do discernimento em cada discípulo ou pessoa que ainda não saiba distinguir a verdade.

AFIRMAÇÃO

Em nome de minha Presença Divina Eu Sou,
Renuncio a todas as forças que dei ao meu eu externo,
Renuncio a todas as forças que depositei nas coisas supérfluas,
Renuncio a todo o poder das trevas que eu criei.
Tudo que penso, falo e faço está sob controle da Presença Divina.

PRECE AO ARCANJO MIGUEL

Bem – Amado Arcanjo Miguel,
Defendei-nos nas horas de conflito.

Sede nossa proteção
Contra toda maldade e tentação
De forças visíveis e invisíveis.

Enfraquecei-as, humildemente suplicamos,
Príncipe da Legião Celeste.

Pelo poder de Deus, removei da atmosfera da Terra
Todos os espíritos mal-intencionados
Que visam corromper nossa alma.

Assim seja!

EXORCISMO DO ARCANJO MIGUEL

Em Nome e pelo Poder da Amada Presença EU SOU em nossos corações e no Coração do Arcanjo Miguel.

Com a Autoridade do Príncipe dos Arcanjos, Eu Sou comandando que a Chama Azul Desça, Desça, Desça sobre (nome de quem se está exorcizando) e Carbonize, Carbonize, Carbonize completamente toda a energia negativa e destrutiva que assedia esta pessoa.

Eu Sou o Poder do Príncipe dos Arcanjos, o Arcanjo Miguel, Carbonizando, Carbonizando, Carbonizando pela força do Fogo Azul do Pai Todo-Poderoso, toda a energia destrutiva, toda a obsessão, tudo o que é menor que a Perfeição, que atrapalha esta corrente de Vida de seguir o seu rumo, livre do assédio de energias e seres que não são da Luz!

E pelo Poder Solar da Fusão das Chamas do Arcanjo Miguel e Eloha Astréa, Eu Sou comandando:

Ó Energias negativas que não servem à Luz,

Afastai-vos do Cristo em .... (nome)

Afastai-vos do Cristo em .... (nome)

Afastai-vos do Cristo em .... (nome), permitindo-lhe viver dentro da Harmonia de sua Presença Divina.

Pelo poder do Arcanjo Miguel e da Eloha Astréa,

Eu Sou Cravando no peito de .... (nome)

Eu Sou Cravando no peito de .... (nome)

Eu Sou Cravando no peito de .... (nome) a Cruz do Infinito Amor e Proteção de Arcanjo Miguel. Onde quer que .... (nome) esteja, esta Cruz reluzirá, resplandecerá, brilhará como um Sol e afastará .... (nome) qualquer Ser, energia, condição ou coisa que deseje se apoderar de seus corpos ou de suas energias e consciência.

A partir de agora, ... (nome) está portando a Cruz de Chama Azul do Arcanjo Miguel e assim se fará reconhecer a qualquer distância, de onde esteja, para sempre.

Quanto àqueles que assediavam.................... (nome), pelo Poder do Arcanjo Miguel Eu Sou comandando agora aos Anjos da Chama Azul:

Que levem, que levem, que levem todos estes seres para os Templos de Compaixão da Amada Kwan Yin e que, através do Amor Invencível e da Misericórdia do 7º Raio, dissolvam as energias cristalizadas que os impediam de enxergar a verdade. Faça-os entender que também são partes de Deus e que Deus é Amor!

Pelo Poder de Três vezes Três da Sagrada Chama Trina EU SOU em nossos corações, está Feito, Selado e Decretado, porque eu falei no mais poderoso Nome de Deus EU SOU, EU SOU, EU SOU.

APELO DA CHAMA VIOLETA

Eu Sou, Eu Sou, Eu Sou
a Vitoriosa Presença Divina
que me envolve agora no Fogo Violeta
do Amor e da Liberdade
que chameja cada parte do meu Ser e do meu mundo
e encerra-me em um Pilar de Fogo Sagrado
e que transforma, instantaneamente
cada criação humana,
tudo o que é impuro em mim, à minha volta
ou que seja projetado contra mim
e tudo que entrar em contato comigo,
Pois o Amor Sagrado do Fogo Sagrado
protege e aperfeiçoa sempre (repetir três vezes)
Eu Sou este Fogo Sagrado.

APELO DO PERDÃO

Eu Sou a irradiação do Perdão
e da Pureza que liberta minha vida de todas as trevas.
Eu Sou a Chama do Amor
que equilibra instantaneamente
minha energia malbaratada por mim
renovando-a dentro da harmonia perfeita.

APELO DO FOGO VIOLETA

Bem-Amados Anjos do Fogo Violeta!
Vinde, vinde, vinde e flameja!
O Fogo Violeta do Amor pela Liberdade!
Fogo Violeta do Amor
E pela liberdade nunca falha! (repetir três vezes)
Vem trazer a pureza e a perfeição.
(Respirar e visualizar a Chama Trina flamejando)
E nós pedimos aos Mestres
A Chama Trina Cósmica adicional
Do Centro do Universo.

Agora, respire e deixe a energia entrar, fazendo as Invocações e Comandos que sentir necessários para requalificação Energética e Vibracional.

REQUALIFICAÇÃO ENERGÉTICA PÓS TRANSMUTAÇÃO

Que a energia da Harmonia e do Equilíbrio possam envolver a mim, ao Planeta Terra e a Humanidade com a Chama da Graça Divina e com os Arcanjos Anthriel e Harmonia.

DECRETO AO SAGRADO CRISTO INTERNO

Amado Sagrado Cristo Interno EU SOU em meu coração,
Eu Vos amo e Vos Adoro!

Apela a Chama Dourada do Amor e da Iluminação do Cristo Cósmico
Para envolver-me e a toda partícula de vida
Com a qual eu entrar em contato.

EU SOU a Iluminação e a Sabedoria Divina
Que me guia em tudo o que eu faço.
Eu abençoo tudo o que toco.

EU SOU consciente de que em meu corpo físico
Vive a Chama da Cura que me restaura
E purifica de toda imperfeição.

EU SOU consciente de que meu corpo físico
Vive o infinito Poder do Suprimento
Para qualquer exigência e necessidade.

EU SOU consciente de que meu corpo físico
Viva a Iluminação de minha consciência externa.

EU SOU consciente de que existe somente
Uma Força, um Poder: Deus em meu coração.
E que esta Força atua na medida da Fé que nela ponho.

Portanto, manifestai-Vos, Sagrado Cristo Interno em meu coração.
Deixai que se cumpra o Vosso Plano Divino em mim agora!

Os Elementais

UM TRATADO COM OS REGENTES DOS ELEMENTOS E OS ENSINAMENTOS SOBRE AS LEIS DA NATUREZA

Senhor Lemuel, Zeus, Virgo e Pelleur, Thor e Áries, Neptuno e Lunara, Hélios e Vesta.

A pura substância de Luz Eletrônica, da qual é feito o vosso corpo, aspira a alcançar cada vez mais elevadas combinações, para rejuvenescer as células e substituir o que estiver gasto.

Porém, o ser humano impede este processo de renovação através dos pensamentos e sentimentos negativos, que imediatamente se impregnam na substância do corpo.

Se vos fosse possível criar, durante algum tempo, somente ideias e sentimentos perfeitos, seria possível que vosso corpo físico fosse totalmente remoçado.

Isso é um objetivo compensador. Exercitai, praticai e usai o que já aprendestes, nada mais é necessário.

Todas as possibilidades de purificação e renovação de vossos corpos inferiores estão ao vosso alcance. Se quiserdes experimentar, utilizai, principalmente em vossa vida cotidiana, tudo o que aprendestes, praticai a pureza e a clareza na maneira de pensar e de sentir, e ireis receber um purificado e lindo corpo.

EU SOU vosso amigo, ajudo-vos e vos envolvo na minha irradiação de amor, que vos fortifica e estimula vossa Luz Interna, para que vos perpasse e revele a pureza e a beleza que jaz em vosso Plano Divino!

LEMUEL, a serviço da Luz.

FEEU - Fundação Educacional e Editorial Universalista nº 489

Os Quatro Elementos: Terra, Água, Fogo e Ar são as bases de toda existência material. Foram criados para servir à Humanidade: as Salamandras, representando o elemento Fogo, as Ondinas o elemento Água, as Sílfides e os Elfos o elemento Ar e os Gnomos o elemento Terra.

O Plano Divino previu que os elementais fossem servir amorosamente aos humanos e, assim, no início das eras, a humanidade se encontrava intimamente ligada aos seres da natureza. Disso tomamos conhecimento por meio dos mitos e das lendas.

Os espíritos da natureza são seres que têm semelhança com as correntes de vidas humanas. Seus corpos são muito mais delicados, luminosos e transparentes. Apesar de pertencerem, como os animais, às almas grupais, eles detêm um plano mais elevado de evolução. Os espíritos da natureza são mais parecidos com os humanos que os animais. Quanto mais se aprimoram, tanto mais perfeita será sua aparência.

Os seres da natureza não são criativos, mas imitam as pessoas da sua circunvizinhança. O mundo etérico, bem como o astral, são esferas habitadas pelos espíritos da natureza e também por outros seres. A substância etérica e astral é muito mais sutil do que a física. A vibração é mais elevada e, por isso, somente perceptível às pessoas videntes. A possibilidade de transfiguração do mundo astral é devida à flexibilidade e a delicadeza de sua substância, sem limites aparentes. Em comparação com o mundo físico, a Energia Astral é mais ajustável que a água.

Desta maneira, as formas astrais podem mudar de estrutura rapidamente. Esse mundo possui uma imensa riqueza de formas, que são visíveis aos seus habitantes, da mesma maneira que os objetos são visíveis no nosso mundo. Mas elas são, porém, transparentes e espalham ao seu redor uma Luz que será mais luminosa e radiante quanto mais evoluído for o Ser.

DISTINGUIMOS 3 TIPOS DE HABITANTES DO MUNDO ASTRAL:

1. Humanos
2. Não humanos
3. Seres gerados artificialmente

Nós, humanos, agimos na esfera astral inconscientemente ou em nossos sonhos, já que nosso corpo astral, também chamado emocional ou sentimental, pertence a este plano.

Existem no astral sete planos diferentes que se perpassam e se diferenciam através de seu grau vibratório.

Quanto mais o ser humano conseguir libertar-se, ajustando sua consciência às vibrações elevadas e à Luz, tanto mais elevada será sua vibração, atuando no plano astral correspondente.

Uma pessoa dominada por desejos, cobiças e paixões, cheia de vaidades e sensibilidades ou melindres, que busca somente o sucesso pessoal, age no plano astral que lhe corresponde.

Sentimentos e pensamentos criam formas-pensamento, que são seres gerados artificialmente e que se alimentam da força do pensamento e do sentimento que lhes correspondem, seja da pessoa que o gerou ou de outros. São os chamados de *elementares*, que agem de maneira positiva ou negativa, conforme a qualidade que tenham recebido de seu criador.

Elementares são, portanto, criações do pensamento e do sentimento humano, ao contrário dos elementais, que formam grupos elevados e inferiores de seres da natureza.

Os Elevados Espíritos da Natureza são os Poderosos Devas, que mantém as montanhas, os mares e vastas regiões sob sua irradiação.

Já os inferiores são formados pelos espíritos da Terra, Água, Ar e Fogo. Para eles não existe força da gravidade. Eles podem atravessar matérias, como as montanhas, sem esforço e são responsáveis pela atração de Luz para Terra, pela produção de alimentos e pela manutenção e embelezamento da natureza.

Devido às criações negativas dos humanos, esses espíritos são afastados de suas verdadeiras funções, gastando forças preciosas para tentar deter ou diminuir os efeitos negativos destas emanações, o que acarretam secas, enchentes e catástrofes de todo tipo.

Em uma mensagem é dito:

Num longínquo futuro, quando as pessoas tiverem aprendido a expandir sua consciência em todos os planos, certamente terão esquecido o quanto era limitada à sua maneira de pensar. Vós, alunos, procurai desde já desenvolver vosso pensamento; buscai então o conhecimento dos seres invisíveis que são numerosos ao vosso redor. Desta maneira, entrareis em contato com a vida invisível e um dia vossa visão se abrirá para ela. Este momento virá tanto mais cedo quanto mais tiverdes contato com os seres dos reinos invisíveis e vos empenhardes pela proteção e purificação da Natureza, enviando pensamentos e sentimentos de Amor, Harmonia, Paz e Gratidão, além de trabalhos ecológicos, para que as imperfeições impostas pelos humanos ao Reino natural possam diminuir ou terminar. Este trabalho, alunos, os aproximará de vós e tereis cada vez mais amigos que vos ajudarão a seu modo. O Amor, mais uma vez, é a Chave!

ELEMENTAIS DA TERRA – PLANO FÍSICO

- Gnomos e Gnominas: vivem embaixo das árvores.
- Duendes e Duendinas: vivem nas partes altas e são brincalhões.
- Signos: Touro, Virgem e Capricórnio.

ELEMENTAIS DO FOGO – PLANO ESPIRITUAL

- Salamandras e Salamandrinas: elas queimam e dão vida. Podem ter uma ação destrutiva ou criadora.

O Elemento Fogo tem três fases: fogo, chama e luz

1º Fogo: relaciona-se com o signo de Áries, com a impulsividade, a Terra, a aceleração e com a cabeça.

2º Chama: relaciona-se com o signo de Leão, com o coração humano, com o ser interno e com a coluna vertebral.

3º Luz: relaciona-se com o signo de Sagitário, com o Cosmo, meta e com a prosperidade.

O Fogo Kundalini é a própria energia sexual e pode ser usado para a criatividade ou para procriação.

ELEMENTAIS DO AR – PLANO MENTAL

- Silfos e Sílfides
- Fadas e Elfos
- Signos: Gêmeos, Libra e Aquário

ELEMENTAIS DA ÁGUA – PLANO EMOCIONAL

- Ondinas
- Sereias
- Tritões e Náiades
- Signos: Câncer, Escorpião e Peixes

SERES MAIS ELEVADOS DOS QUATRO ELEMENTOS

- Terra: Virgo e Pelleur
- Fogo: Hélios e Vesta
- Ar: Áries e Thor
- Água: Netuno e Lunara

DEUSES PAIS DO SISTEMA SOLAR

- Alfa e Ômega

DEUSES PAIS DA GALÁXIA

- Elohae e Eloha

SENHORES DO EIXO DA TERRA

- Polares e Magnus

São Seres que têm a responsabilidade de colocar a Terra e a nossa coluna vertebral nos respectivos eixos.

O Foco de Luz, do Equilíbrio e da Força dos Devas

Do sul de Nova Gales, ao sul da Austrália, existe um dos mais importantes focos de Força Divina neste Planeta.

Os Devas pertencem ao Reino Angélico e, às vezes, são denominados de "os Anjos dos Quatro Pontos Cardeais". Eles exercem a direção e a inspeção sobre as quatro estações do calendário.

Embora controlem e colaborem com os serviços dos poderosos Hélios e Vesta, Thor e Áries, Neptuno e Lunara, Pelleur e Virgo, que fiscalizam a atuação dos elementos, a Lei Cósmica não lhes permite evitar catástrofes que foram causadas pelos humanos, através de seu livre-arbítrio. Entretanto, podem amenizar condições de tempo inusitadas, quando lhes são feitos apelos.

A maioria das pessoas não se sentirá atraída por esse foco. Somente serão aceitas as que tiverem vibração mais alta. As demais serão conduzidas a um dos focos menores, ao redor do templo principal.

Quando um aluno é apresentado a um Deva, verá primeiramente um rosto belíssimo – os olhos plenos de irradiante Luz – e somente então, o corpo, no brilho de sua presença, torna-se visível. Esse privilégio tem que ser merecido, neste caso, deve-se pedir o privilégio de se lembrar do ocorrido, quando acordar.

A evolução, na qual os Anjos caminharão ao nosso lado, já foi agora concedida de fato. Por isso está na hora de se reconhecer com clareza que os alunos estão servindo ao lado dos Anjos e não devem pensar que somente em datas sagradas pode haver grande quantidade de Anjos ao nosso redor.

O grande LEMUEL, o patrono deste Templo, é um ser de estatura dominante, cujos olhos se assemelham a chamejantes sóis. Seu cabelo, bastante curto e ondulado, é de cor clara, aparentando ser branco, e emoldura seu lindo e expressivo rosto com uma aura de Luz.

EU SOU o vivificante elemento renovador na emanação de tua vida,

EU SOU o chamado interno que exige que respondas ao apelo feito ao teu ser externo de seguir o Plano Divino...

Ó ONIPOTENTE PRESENÇA DIVINA EU SOU NO CORAÇÃO DO UNIVERSO E DE TUDO QUE VIVE NESTA MARAVILHOSA TERRA, EU APELO PELA PURA, DIVINA FORÇA DO AMOR NO CORAÇÃO DE CADA SER HUMANO PARA A REALIZAÇÃO DO PLANO DIVINO DE CADA UM E PELA PURIFICAÇÃO E LIBERDADE DA TERRA DE TODAS AS SOMBRAS. E EU VOS CHAMO, AMADOS E GRANDES PODERES DOS ELEMENTAIS DO FOGO, DO AR, DA ÁGUA E DA TERRA E TODOS OS GRANDES DIRIGENTES DESTES REINOS, EU CHAMO OS SERAFINS E AS HOSTES ANGÉLICAS: IRRADIAI AS PODEROSAS E PURIFICADORAS FORÇAS DO SAGRADO TEMPLO DA FORÇA DÉVICA EM TODAS AS DIREÇÕES E DEPOSITAI-AS EM TODA PARTE, PARA QUE HAJA PERFEIÇÃO NA TERRA!!!

A força e autoridade para fazer o mesmo, meus amigos, é vossa! Apelai às Forças de Luz e seus dirigentes.... Sois criadores de vosso mundo e podeis transformá-lo novamente em um paraíso... A chama da Força Criadora vos foi dada para que possais projetar a perfeição ao Mundo Externo.

Sem timidez, ajudai a vida! Assumi o serviço de vossa vida, para o qual entrastes nesta encarnação, pondo em atividade vosso Santo-Ser-Crístico. Esta é a Lei, que terá que ser cumprida agora, se não quiserdes perder um tempo precioso.

Com amor, estou ligado a vós há longas eras, como vosso amigo.

Por LEMUEL

O Centro de Estudos dos Seres Elementais

Por ZEUS, Regente Hierárquico

No Reino Etérico, sobre a Nova Zelândia, encontra-se o maravilhoso Centro de Estudos do Reino Elemental, ligado diretamente ao Reino da Natureza.

Aqui são adestrados e orientados os minúsculos seres elementais que se põem a caminho com um trabalho, e também aqueles mais adiantados, que já serviram satisfatoriamente na sua primeira tarefa, o que muitas vezes levou centenas de anos.

Sabeis que os Seres Elementais são orientados a obedecer ao modelo divino que lhes é apresentado. Este modelo é construído através do pensamento e da visualização (imaginação). Em certos tempos a atenção dos elementais é distraída do Modelo Divino, refletindo o que lhes é mostrado pelo ser humano.

Gostaria de acrescentar que, aqui em nosso Templo, há um centro de cura, já que alguns elementais são tão maltratados, que precisam ser restabelecidos com muito carinho e delicadeza. Para tanto, usa-se muita música suave e tranquilizante.

Direção dos Quatro Elementos

O Elemento Terra, dirigido por Virgo e Pelleur

Anões e Gnomos são os Seres Elementais subordinados ao elemento Terra.

EU SOU VIRGO, o Espírito da Terra, por muitos chamada carinhosamente de "Mãe Terra".

Meu Complemento Divino, PELLEUR, e eu, ajudamos a criar o Planeta Terra, porém, naquele tempo, sua substância era cristalina, limpa e reluzente.

Após a chegada das almas dos retardatários de outras estrelas, a energia vibratória dos humanos diminuiu muito, seus corpos tornaram-se mais densos e a exalação dos corpos físicos começou a se formar, o que se poderia chamar de "adubo". Com isso, aconteceram em todos os reinos rebeliões e insatisfação contra os ambiciosos humanos, que aceitavam como natural e evidente o corpo da Terra, suas riquezas, as montanhas e as colheitas dos abnegados trabalhadores do Reino da Natureza.

Os seres humanos respondiam somente com desinteresse e excrementos em troca das livres dádivas das colheitas e das pedras preciosas aos seus pés, onde construíam casas, igrejas e centros de diversões.

O domicílio dos Gnomos são as matas fechadas, rochas e margens das lagoas. Como seus corpos são feitos de substância etérea fina, conseguem atravessar os corpos sólidos como nós atravessamos o ar. Geralmente, possuem suas moradias dentro da terra, próximo à superfície. Acompanham a vida familiar com muito interesse, embora para nós, sejam invisíveis.

Cuidam das flores e plantas, árvores e arbustos com muito amor e alegram-se vendo cada flor que desabrocha. São atraídos por pessoas amáveis e dóceis. Brigas, desordem e desarmonia são para eles um suplício.

Seu tamanho varia entre 40 e 100 cm, sua aparência assemelha-se a dos humanos. Muitos dos Gnomos, devido a imitar os humanos, tornaram-se distorcidos e de aspecto desagradável. Tornaram-se malignos e tramam ciladas contra os humanos.

Toda atividade vulcânica, tanto no passado como agora, é um sinal de rebelião dos seres da Terra e do Fogo. No entanto, a princípio, vieram cheios de amor e simpatia.

Refleti sobre o que a Terra teve que aguentar durante eras, devido à consciência destruidora e a atividade de seus habitantes. Os corpos em decomposição foram enterrados na terra durante séculos e os Gnomos tinham a desagradável tarefa de dissolver estes corpos.

Os dirigentes das matas reconhecem quem se aproxima com amor ou interesse egoístico através de sua vibração.

Quando escutardes o farfalhar das folhas das árvores, os alegres saltos das águas, quando preparardes vosso alimento e as flores vos alegrarem com sua beleza, quando usufruirdes da água cristalina e do ar puro, pensai nos seres que trabalharam para isso e enviai-lhes vosso amor e gratidão!

DIRIGENTES DOS CRISTAIS

Durante um exercício de meditação com uma grande pedra de Ametista, tivemos a seguinte mensagem:

Estais usando o poder dos Raios que se encontram na luminosa cor Ametista. Essa irradiação pode elevar a humanidade a alturas inimagináveis, se ela conseguir libertar-se de suas cargas cármicas retroativas, purificando-se com o Poder do Fogo Violeta. Essa maravilhosa cor da Ametista está gravada em todos os depósitos desta pedra que ainda existem no mundo. De lá se irradia e, por isso, devemos usar uma Ametista não como fonte de força, mas para nos lembrarmos de trabalhar com essa cor.

EU SOU dirigente de uma mina de Ametista. Muitos seres trabalham aos meus cuidados para criar a beleza que algum dia será visível para os homens. Vossos pensamentos atraíram-me até aqui. Uma minúscula parte daquilo que foi criado pelos meus ajudantes está convosco e eles alegram-se com os pensamentos que lhes enviais.

Minha capacidade de expressar-me é rudimentar, pelo menos em relação ao que pretendia dizer, porém, este contato também nos serve, quando verificamos que o produto de nosso trabalho milenar está sendo apreciado pelos humanos. Também nós trabalhamos, de certa forma, para a beleza do Mundo, e gostaríamos de perceber que as nossas criações fossem acessíveis a toda a humanidade, porque em cada pedra se encontra uma chispa da Luz Divina e todos deveriam ter a oportunidade de usar tal criação. O contato com os humanos alegrou-nos e gostaríamos que fosse preservado.

EU SOU um dos vossos irmãos em outro plano de existência completamente diferente. Permiti que vos transmita a benção do meu reino e de todos os seres ocupados em aumentar a beleza da Terra.

BENÇÃO PARA O ELEMENTO TERRA

Amada Presença Divina EU SOU,
Em nós e em toda a Humanidade,
Amados VIRGO e PELLEUR,
nós Vos amamos, abençoamos e agradecemos;
nós Abençoamos todos os Gnomos
e seres elementais da Terra
que são Vossos mensageiros
e que cada átomo de terra neste Planeta
seja transformado pela Chama Violeta Transmutadora
até que o próprio Planeta se transforme
na Sagrada Estrela da Liberdade.
Assim o aceitamos, Amados EU SOU.

O Elemento Ar, Guardado por Thor e Áries (Ares)

Os seres elementais do Ar são chamados de *Elfos* ou de *Sílfides*. A matéria de seu corpo é mais sutil e luminosa que a dos outros seres da Natureza. Servem ininterruptamente para manter a atmosfera terrestre limpa, para que a humanidade possa viver nela.

Estes seres graciosos pertencem a uma categoria mais elevada que a dos Gnomos e das Ondinas. Os traços de seus rostos são de uma intensa beleza. Quanto mais elevada sua evolução, mais encantador seu aspecto.

Tratam das flores e das plantas, dos Gnomos e do reino animal, dirigindo vibrações etérico-elétricas cheias de pulsante e vibrante vida.

As crianças são por eles tratadas com cuidado materno e ternura e acompanham as pessoas de sentimento aprimorado, às vezes por toda a vida. Dedicam-se, de preferência, às coisas que servem para o bem geral. Vivem em paz entre si, são cheios de harmonia e bem-aventurança e sentem-se mais atraídos por pessoas iluminadas.

O ar contém muitas substâncias espirituais, que não são usadas pelos humanos, inala-se e exala-se de maneira superficial e automaticamente, sem consciência, o suficiente para manter a vida do corpo, mas não para animá-lo e alimentá-lo espiritualmente. Deve-se praticar a respiração rítmica e profunda, consciente do prana contido no ar, para conseguir a sublimação e o fortalecimento dos corpos inferiores.

Ainda estais desconhecendo esta força poderosa, não tocastes nem a sua orla e não imaginais o vosso próprio poder de extrair do ar a alimentação, estímulo espiritual, a eterna juventude e beleza, flexibilidade e fogo, tornando o corpo físico um sutil portador de Luz!

Através da discórdia e da desarmonia, perturbastes o ritmo dos corpos internos e de vossa forma física. Por isso sofreis de certos distúrbios que se tornam uma carga bastante pesada.

O Elemento Água, dirigido por Neptuno e Lunara

As *náiades*, também chamadas *Ninfas da água* ou *Ondinas*, são a personificação das forças elementais da Água e nela permanecem constantemente. Sua preferência é o mar aberto.

Nos lugares onde existem águas mortas elas não permanecem, já que são o elemento vivificante da água e produzem uma tensão positiva na mesma. Rios poluídos são abandonados por elas.

Podem modificar sua forma rapidamente e variam no tamanho e na cor, passando do marrom-avermelhado ao azul-esverdeado.

A água forma a maior parte de vosso Planeta e do vosso corpo físico, como também do vosso corpo sentimental.

Os grandes mares tiveram, em todos os tempos, a incumbência de purificar as terras que submergiam, preparando-as para as raças futuras. Isso, no entanto, pode ser diferente se o mal puder ser reparado de uma maneira menos dolorosa. Pensai nisso!

Cada sentimento negativo que mantendes por algum tempo, e de acordo com a Lei, semelhante atrai semelhante, atrairá sentimentos análogos que flutuam na atmosfera.

Ambos são atraídos de volta e se ligam aos campos de força em volta dos elétrons do corpo físico, mental e sentimental, dando sentimento de peso, desânimo e depressão, além de manifestar todo tipo de discórdia, seja na saúde, nas finanças, nos relacionamentos e na evolução espiritual.

Mestre Saint Germain sugeriu que, antes de dormir, devereis chamar a ação da Chama Violeta, em vós, em torno de vós e através de vós, no mínimo 3 metros em cada direção.

Elevai vossas mãos abertas à vossa Presença EU SOU, pedindo a ela e a Saint Germain que as encha com a Força Purificadora e Transmutadora da Chama. Depois, começando pela cabeça, deveis deslizar vossas mãos pelo corpo todo até aos pés; com a mão esquerda, deslizar pelo ombro, braço e mão direitos e vice-versa. Repeti esse ritual 3 vezes, sacudindo as mãos e entregando todas as impurezas ao Fogo Violeta. Conseguireis desta forma eliminar as substâncias perturbadoras ali acumuladas.

Saint Germain diz:

> Se pudésseis ver com a visão interna o que acontece na primeira parte do exercício, perceberíeis como uma substância escura, aderente ao vosso corpo como uma vestimenta justa, é retirada com as vossas mãos. Quando o fizer pela segunda vez, a substância já será cinzenta, e na terceira será de um cinza-claro. Se continuardes esse exercício, noite após noite, a substância astral tornar-se-á cada vez mais clara, até desaparecer totalmente de vosso corpo.

É uma substância real, meus amigos, de cor real, vibração e sentimento. Quando esta energia tiver sido afastada, sentireis um grande alívio, livrando-vos de qualquer sentimento negativo, isso se não a atraíres novamente, por estardes acostumados com ela.

Também podereis encher os espaços liberados com sentimentos como esperança, paz, pureza e Luz. Essa Luz poderá ser qualificada com o que quer que se necessite.

Controlai rigorosamente vossos sentimentos e pensamentos! Essa substância é um vampiro, porque só vive e se alimenta de sentimentos e pensamentos de pessoas que estão dispostas a alimentá-las com sua energia negativa.

Se a atenção dos alunos não se detivesse em brigas e desarmonias, e seus pensamentos ficassem ancorados na perfeição, não iria demorar muito para que o Reino de Deus se manifestasse na Terra.

Não permitais que vosso sentimento amplie a desarmonia na Terra e na Humanidade, que muitas vezes não sabe o que acontece, quando sentem desânimo, depressão ou raiva sem motivo aparente.

O Elemento Fogo, dirigido pelos Grandes Seres Hélios e Vesta, nossos Pais Solares

As Salamandras são seres que servem ao elemento Fogo. Algumas são de muitos metros de altura, enquanto outras são como a cabeça de um alfinete. Servem para dissolver as impurezas criadas pela Humanidade através do uso destrutivo das energias criadoras do pensamento e do sentimento, bem como ações e palavras faladas. Também é um purificador do elemento Água (que forma nosso corpo sentimental), além de dar luz e calor.

RESUMO DE MENSAGENS SOBRE ATIVIDADES DOS SERES ELEMENTAIS:

Do sagrado retiro do Monte Kosciusko, trago-vos as bênçãos do grande Senhor LEMUEL e de sua Irmandade, e gostaria de agradecer em nome de todos nós aos amados alunos no caminho da Luz por aderirem ao serviço para o Reino Elemental.

Podemos afirmar que este serviço será de grandes bênçãos para vós mesmos. Os Amados seres da natureza e reino Elemental observam vosso esforço e são gratos por toda ajuda proveniente dos homens.

A face da amada Terra ainda sofrerá grandes mudanças e é bom associar--se aos seres da Natureza, para que estas mudanças não venham a ser demasiadamente dolorosas para as pessoas. Se estiverdes unidos com amor a estes seres, eles esforçar-se-ão por proteger as vossas vidas. A poderosa irradiação, que emana do nosso foco ardente irá carregar-vos com as forças divinas que aqui guardamos. Também os vossos corpos inferiores serão atingidos e os amados ajudantes do reino da natureza providenciarão para que a irradiação vos atinja e cada célula seja preenchida e carregada com Luz, de maneira que se restabeleça novamente vossa beleza e força de juventude.

Meus amigos, a benção destes potentes seres é tão poderosa! Aliai-vos a eles, convidai-os para trabalharem juntos e dai-lhes tarefas, também no vosso mundo, pois são prestativos ajudantes. A poderosa irradiação vos atrairá paulatinamente a este Foco de Luz, pois ainda não estais acostumados a absorvê-la, porém vossa atividade em favor do Reino Elemental preparará vosso sentimento lentamente para absorver as poderosas Forças de Luz, cuja origem se encontra aqui.

Apelai às poderosas Forças de Luz e seus dirigentes e enviai-as a toda parte onde ainda existem imperfeições, para que as Santas Forças das Chamas restabeleçam a Divina Ordem. Sois criadores de vosso mundo e podereis transformar este Planeta Terra em um paraíso, como ele já foi em outras eras. Empenhai vossas forças para isso! Foi-vos dada a Força Criadora para que, de vosso próprio interior, a perfeição possa ser projetada ao mundo.

Desenvolvestes estas Forças e aprendestes a usá-las e agora estais sendo convocados a pô-las em ação pela perfeição do Plano Divino, para a Terra e a Humanidade.

São poderosas forças, que podeis manejar. Não sejais tímidos, oferecei este serviço à vida.

Sois executores das Leis Divinas, através dos conhecimentos que adquiristes, através de vossa própria chama do coração, que cresceu no decorrer dos anos e vos possibilitará irradiar ao Mundo a Santa Chama da Força Criadora, para tornar a brilhar em todos os corações humanos e para que cada pessoa possa realizar agora o plano de sua vida.

Dirijo-me aos alunos com o pedido para que presenteiem sua energia com vigor para manter o reino da Natureza em paz. É um importante serviço, que propomos aos alunos.

Durante eras a Humanidade imprimiu as sombras da imperfeição aos seres da Natureza, e cada um de vós também tem algo a reparar. Que vosso esforço seja o de estimular muitas pessoas, pois o reino da Natureza tem direito à reparação de todas as injustiças que sofreu dos humanos na Terra.

As forças de Luz servem para manter o equilíbrio no Reino da Natureza, porém nem sempre isso é possível. Há falta de energia, e esta deverá ser reposta pelo reino humano e adicionada à nossa. Não podemos fazer por vós aquilo que é vossa própria obrigação.

Conheceis suficientemente bem a Lei da Causa e Efeito para saber que tereis de resgatar e libertar os danos causados à energia pelos humanos.

Vós, queridos amigos, não tereis que pagar com sofrimento as dissonâncias causadas, sabeis e conheceis o manejo das Forças da Luz. Fazei a vossa parte para limpar e dissolver o quanto for possível aquilo que, de outra maneira, abateria-se como catástrofes da Natureza sobre a Humanidade. Isto é a obrigação de cada um que tem o conhecimento, fazer o possível para que algum dia possa surgir uma Terra limpa e maravilhosa, um florido Jardim do Éden que foi outrora. Quanto mais a Humanidade fizer pela limpeza, tanto mais energia do reservatório cósmico poderá ser liberada por nós para restabelecer a beleza da Terra.

Vossa consciente cooperação com a Hierarquia Espiritual, com o mundo Angelical e todos os invisíveis ajudantes da Humanidade, incorporou-se no grupo dos que servem ao progresso dos humanos.

Vossa ajuda, vossa energia e toda a força que dispensais para completar a grande obra comum, irá também trazer-vos progresso e libertação. Estais no caminho da Unidade da Grande Fraternidade de todos aqueles que há eras servem ao Planeta Terra.

Também, irmãos e irmãs daqueles seres amados que dão vida a todas as formas da Natureza e que fazem o possível para que os humanos possam viver nesta Terra, apesar de tudo o que eles fazem, destruindo toda a beleza...

Conheceis a Lei do Amor e da Gratidão e deveria ser vosso esforço agir de acordo com estas simples regras de vida, e sempre recebereis ajuda pela expansão da Luz.

Libertai-vos das sombras e das limitações do passado e ajudai a tornar o Planeta Terra novamente limpo e luminoso, para que a Humanidade não tenha que vivenciar novamente a imersão dos continentes.

Venho (Lemuel falando) para dizer-vos o quanto o Reino da Natureza deseja a oportunidade de trabalhar amoravelmente com os humanos, e quantas bênçãos deste Reino afluem às pessoas que reconhecem suas dádivas.

Apelai sempre pela purificação do Mundo Elemental e ele será para vós sempre um ajudante grato.

É muito importante terdes conhecimento disso e também treinardes um pouco, quando em algum dia as circunstâncias difíceis se apresentarem.

Sabeis que muita coisa ainda vos falta a fim de serdes um bom exemplo para os Reinos inferiores e, por isso, ainda haverá investidas destes seres que querem se libertar da obediência em relação aos seres humanos. Também aqui, Amor é a palavra-chave. Toda a Vida é receptiva e sofre pela falta de Amor. Depende de vós serdes um exemplo em vosso próprio mundo, com vossos próximos e, muito mais ainda, com os seres que são vossos dependentes.

Não espereis obediência por parte dos seres Elementais que vos servem, quando vós próprios ainda não aprendestes a obedecer à Vontade Divina.

Não existe um ser humano, aqui, neste Planeta, que não tenha contribuído para a escuridão da esfera terrestre e, assim, vós, alunos, que tendes o conhecimento, assumistes a tarefa de afastar de muitos, estas sombras que a maioria ignora, mas cujos efeitos muitas vezes sentem penosamente.

Vemos a imagem da purificada e bela Terra, da maneira como será em um futuro não muito distante, e vos aconselhamos também que conserveis esta imagem, não permitindo que as sombras e as imperfeições, ainda visíveis no momento, penetrem em vossa consciência, da mesma maneira como todos deveriam proceder em suas vidas pessoais também. Qualquer imperfeição terrena é passageira!

Vosso trabalho com as forças de Luz, vossa música, vossos apelos aceleram vossa vibração, e quanto mais vos dirigirdes a eles, quanto mais vos esquecerdes vosso exterior, tanto mais a vibração poderá elevar-se e a ligação às forças da Luz tornar-se-á cada vez mais perfeita. Desta maneira, vosso serviço dedicado, consagrado ao progresso, também levará vossa própria emanação de vida a uma Luz cada vez mais intensa.

Esta explicação deve servir para mostrar-vos como é importante o vosso trabalho e como é necessário e indispensável também ao vosso próprio trabalho.

A demanda deverá ser feita por parte da humanidade e nós poderemos reforçar ilimitadamente o que pusestes em movimento.

Abençoo a Luz em vossos corações e a vejo brilhar e expandir-se. Conservai, também vós, esta Divina Imagem para vós mesmos e vos transformareis nela!

Lemuel

DECRETO DE GRATIDÃO AOS QUATRO ELEMENTOS

Poderosa e Vitoriosa Presença de Deus EU SOU,
Amado Saint Germain e Pórtia,
Amado Oromasis e todos os Grandes Seres,
Poderes e Legiões da Luz que servem no Sétimo Raio.

SELAI (3x) em um Oval Brilhante de Pura Luz
De Fogo Violeta, cada Salamandra.

SELAI (3x) em um Oval Brilhante de Pura Luz
De Fogo Violeta, cada Sílfide.

SELAI (3x) em um Oval Brilhante de Pura Luz
De Fogo Violeta, cada Gnomo.

Executai este decreto e mantende-os livres
De toda discórdia humana instantaneamente.

Enviamos nosso Eterno Amor e Gratidão (3x)

A todos os Seres Elementais do Fogo, Ar, Água e Terra
E aos Grandes Seres que dirigem suas Atividades.

Assim seja! Amado EU SOU, Amado EU SOU, Amado EU SOU.

DECRETO DE LIBERTAÇÃO PARA O REINO ELEMENTAL

Amada Presença Divina EU SOU,
Amado Arcanjo Miguel e Vossas Legiões de Luz,
VINDE (3x) com o Pleno Poder de Vossa Espada de Chama Azul,

PURIFICAI (3x) e LIVRAI (3x) o Reino Elemental

Da obrigação de servir aos destrutivos propósitos do homem.

Que não alonguem, consciente ou inconscientemente
A propagação de desarmonias e de doenças no Planeta Terra,
Através dos quatro veículos inferiores do homem.

Nós aceitamos a realização deste chamado à Luz
Amado Miguel, Amado EU SOU.

DECRETO DE FORTALECIMENTO DOS QUATRO ELEMENTOS

Em nome de Deus EU SOU e pelo Poder e Autoridade
de três vezes três, com o qual estamos investidos,
Invocamos os Amados Diretores dos Quatro Elementos:

HÉLIOS e VESTA, THOR e ÁRIES, NEPTUNO e LUNARA, PELLEUR e VIRGO,
O Amado Arcanjo MIGUEL, a Amada Eloha ASTRÉA

E a todas as Suas Legiões de Proteção e Pureza Cósmica
Para que dissolvam, transformem e libertem toda substância,
Energia e vibração não construtivas acumuladas na Terra.

Muito Amada ASTRÉA,
Cercai com Vosso Círculo e Espada de Chama Azul,
As Forças da Natureza neste Planeta, especialmente no Brasil
E libertai-as de tudo que não seja Luz.

CARREGAI (3x) com a Força Cósmica do Grande Sol Central e o Propósito Divino as amadas Salamandras e Salamandrinas.

CARREGAI (3x) com a Força Cósmica do Grande Sol Central e o Propósito Divino os amados Silfos e Sílfides.

CARREGAI (3x) com a Força Cósmica do Grande Sol Central e o Propósito Divino os amados Gnomos e Gnominas.

FAÇA-SE! CUMPRA-SE! MANIFESTE-SE!
Muito Amado EU SOU.

O Espírito Protetor da casa

Os importantes Espíritos Protetores das Casas são ainda pouco considerados. São seres vivos, que respiram e possuem consciência e evolução próprias. Entretanto, são dominados e influenciados por aquelas pessoas que vivem em sua aura, pois pertencem ao reino Elemental.

Quando na alma de uma pessoa é concebida a ideia ou um plano da mais simples moradia, a Força Divina atrai um ser Elemental condizente, que deve ser ao mesmo tempo a protetora presença desta manifestação (a casa).

Neste momento, este ser ainda está livre de qualquer marca ou imperfeição imposta pelos habitantes da casa.

É apenas um vibrante e pulsante Ser, dependente da misericórdia das pessoas que habitam a casa e dominam seu campo de força. O Espírito protetor aguarda a chegada dos futuros moradores com sentimento cortês, amorável, feliz e harmonioso, como eventualmente esperais o nascimento de uma criança, da qual não se conhece o caráter e a influência que terá como novo membro da família.

Quando um lar está feio e malcuidado e é reconstruído, o Espírito da Casa sente-se novamente feliz, porque agora a pureza e a beleza se expressaram novamente através dele e, como agradecimento, ele irradia muitas bênçãos.

A consciência (pensamentos, sentimentos, palavras e ações) dos moradores da casa, se muito baixa, causa-lhes profundas marcas e cicatrizes, às vezes carregando-os fortemente com muitas qualidades inferiores impressas em suas consciências.

Por isso, esses fortes seres protetores devem ser submetidos à direção inteligente do vosso Ser Superior, se fordes buscador espiritual. Isso exige reconhecimento e emprego de energia para conservá-los na Ordem Divina.

O Espírito Protetor de um lar é ao mesmo tempo um Foco de Luz, que deve ser conservado sempre, para que se esforce por manifestar todas as boas coisas para vosso lar, à sua maneira. Quando o Espírito da Casa sente torrentes de felicidade, alegria e beleza fluírem através de si, esforçar-se-á por amar-vos.

Kuthumi

Os Seres Elementais de nossos corpos

Amados amigos,

Ao nascer, cada emanação de vida recebe um ser inteligente, que se incorpora ao seu corpo físico. Este ser Elemental, o administrador, assume a tarefa de manter em ordem o corpo até o crescimento, a maturidade e toda a vida, até que a emanação de vida abandone seus corpos. Este Ser Elemental do corpo mantém a circulação e afasta constantemente os sinais de dissolução no corpo, devido aos excessos ou as explosões de sentimentos, que provocam a desordem completa da estrutura celular do corpo (já que o amor é o poder coesivo, é ele que mantém a união dos elétrons, átomos, células e tudo o que existe; assim, seu oposto, a discórdia e a raiva, são o poder desintegrador e separador).

Este ser trabalha dia e noite sem reconhecimento ou gratidão. Quando um ser humano lhe dá reconhecimento, amor e gratidão, esta colaboração dá ao Ser Elemental do corpo nova força, bem-estar, paz e equilíbrio.

Entre as encarnações, o discípulo é separado de seu Ser Elemental.

Muita ajuda é dada a este Ser através da purificação de sua natureza hostil (inimizade e ódio) e na Presença dos Anjos e Construtores de Formas, são-lhes insufladas força e coragem, pois de outra forma já teria sucumbido em sua penosa tarefa na viagem terrena.

Recomendo-vos fazer fluir, através dos seres elementais dos corpos de toda humanidade, benção, paz e saúde. Isso modificará muitos estados crônicos de corpos sofredores e mil almas terão alívio.

Agradeço e Abençoo-vos por vossa ajuda nesse sentido.

Amor e Bênção do MAHA CHOHAN

Antes de começar uma cura, seria vantajoso pedir apoio destes pequenos seres ajudantes. Talvez seja possível, através de confiança e paciência, conquistar a amizade de vossos Seres Elementais, pois cada um deles tem nome e personalidade própria. Como todos os espíritos da natureza, eles amam vossa atenção, louvor e reconhecimento.

É necessário muito tempo, boa vontade e amor, de um modo permanente, o que envolve uma verdadeira mudança em nós mesmos, não permitindo quedas ou crises, para travar amizade com estes Seres e com todos os outros seres da natureza, mas a recompensa é grande!

Uma mensagem de MAHA CHOHAN

DECRETO DE GRATIDÃO AO ELEMENTAL DO CORPO

Com Pleno Poder e Autoridade
Da Amada Presença de Deus EU SOU
E em Nome do nosso Amado Maha Chohan
E da Fraternidade de elementais e homens:

Envio amorosa gratidão e profundo reconhecimento
Ao Elemental do meu corpo.

Meu amigo elemental altamente desenvolvido
Que dirige a manutenção de meu corpo físico.

Envio também amorosa gratidão e reconhecimento
Aos elementais de todos os corpos humanos.

Invoco as Bênçãos de Deus
Para fluírem através do meu Ser Elemental
E os de toda a humanidade – AGORA mesmo –
Com a plenitude do Poder Cósmico sempre expandindo-se,
Até que o Amor, a Paz, o Conforto,
A Misericórdia e a Saúde Divina
Manifestem-se fisicamente em toda humanidade.

Que assim seja!
No Mais Sagrado Nome de Deus, EU SOU.

Uma viagem em pensamento

Hoje iremos nos dedicar aos elementos e fazer uma viagem em pensamento. Imagina que tens um lugar na beira de um grande lago. Vez por outra, visitas este lugar e absorves a beleza, a essência deste elemento cada vez mais profundamente em ti.

E sentes: EU SOU o elemento Água! Ele me é profundamente familiar. EU SOU esta água cintilante, que hoje brilha em todos os matizes, do mais claro ao mais profundo verde-esmeralda.

E sempre quando sento à beira da água, uma pequena onda toca meus pés, como que brincando e encrespando, para em seguida refluir ao grande lago. Eu agradeço às Ondinas por essa saudação.

Como amo esses pequenos seres, os pequenos espíritos das águas, que preferem as águas do mar!

Também, em cada emanação de vida, vive um Ser Elemental. E um apelo repetido muitas vezes vem à minha mente:

EM NOME DA PRESENÇA DIVINA EU SOU E DOS GRANDES MESTRES E DIRIGENTES DOS SERES ELEMENTAIS, FALO AO AMADO SER ELEMENTAL DE MEU CORPO, E A TODOS OS ELEMENTOS DOS MEUS CORPOS INFERIORES: EU VOS AMO, ABENÇOO E VOS AGRADEÇO PELOS SERVIÇOS PRESTADOS A MIM. OBSERVAI O PLANO DIVINO DE MINHA CORRENTE DE VIDA. RENOVAI E APERFEIÇOAI A SUBSTÂNCIA DOS MEUS CORPOS INFERIORES DE ACORDO COM ESTE MODELO DIVINO.

QUE ASSIM SEJA!

Em uma mensagem consta:

Os construtores das formas têm a tarefa de manter as funções de vossos corpos de acordo com o vosso divino modelo. Apelais a eles, porém tereis que vos preocupar também com vossa imagem interna, para que se torne clara e nítida. Isso quer dizer que deveis construir uma imagem no pensamento e visualização, um modelo perfeito de vosso EU.

De princípio deveis ver-vos em exuberante juventude e saúde. Vossa imagem perfeita é maravilhosa. O plano de vossa vida o prevê. E se apresentardes este modelo aos seres elementais de vossos corpos, eles terão pontos de referência para a reconstrução do mesmo.

Gostaríamos que fôsseis exemplo para o Mundo, para que todos à vossa volta reconheçam o que representa um aluno da LUZ. Se virdes da maneira como vosso espelho vos reflete, vossa representação estará errada.

Vossa Divina Imagem é clara, pura, sem idade e bela. Imaginai-a desta forma e oferecei ao ser elemental esta imagem.

Esta é uma ideia maravilhosa, que eu gostaria de transformar em ação. Mas como? Quais condições terei que realizar para adquirir esta perfeita imagem? Pensativo, olho novamente para a reluzente água....

Se derdes aos vossos elementais este quadro perfeito, terão um ponto de partida para transformar vossos corpos. Terra, Ar, Água e Fogo são os elementos dos meus corpos inferiores e o meu corpo físico é uma manifestação material da vibração destes quatro elementos.

Uma mensagem do grande MAHA CHOHAN vem à minha mente:

A menor manifestação da vida, que pode ser mencionada com uma designação compreensível pelo homem, é o elétron, que é pura Luz Universal, possui inteligência e reage rapidamente à força criadora humana. Estes elétrons formam as diversificadas formas dos átomos. O desenho geométrico e a rapidez com que se movimentam em torno de seu núcleo, determinam o seu tipo. Muitos átomos com a mesma velocidade de vibração formam a substância de diversos tipos como o ferro, a água, o ouro ou o corpo humano.

Em todas as formas manifestadas, encontra-se a mesma substância Universal, porém, a Divina Força Criadora indica a velocidade da vibração do átomo e também seu modelo geométrico. Devido a isto, toda matéria física é LUZ!

O corpo humano reage com maior rapidez do que um objeto inanimado à Divina Força Criadora (pensamento, sentimento e palavra) que pode ser usada conscientemente por qualquer pessoa. Por isso, é fácil conferir maior beleza e harmonia ao corpo, e todos que dispuserem do devido tempo para isso, tornar-se-ão expressão da Divina Perfeição!

Menciono isso porque ouvi os alunos dizerem: "Se eu, como representante da Hierarquia Espiritual, pelo menos pudesse ter uma forma física mais atraente!"

Respondo: "Vós o podeis!"

Através da força do pensamento, posso influenciar estes elétrons, estes luminosos pontinhos de Luz (é possível a todos vê-los durante o dia, com céu azul ou até mesmo nublado e com ameaça de tempestade.

Basta olhar para o céu, a uma distância média entre você e o céu, com os olhos relaxados. Eles se assemelham a pequenas luzes que se acendem rapidamente, como flashes, e se movimentam aleatoriamente).

Todo o Universo consiste destes elétrons, eles são "O Corpo de Deus" e toda matéria é apenas uma determinada frequência vibratória da Energia Divina, a Luz.

Mas é suficiente pensar: eu sou lindo?!!

Quais as condições terei que cumprir para que os quatro elementos me obedeçam? Para que meu plano divino possa se realizar? Onde está a chave para isso?

Pensativo, olho novamente para as águas... às vezes acho que estou vendo as Ondinas brincando e balançando-se nas ondas. Dizem que sua expressão facial é de grande beleza e que podem modificar suas formas com grande rapidez. Mas sempre que olho para poder ver nitidamente, vejo somente as pequenas ondas. No entanto, tenho a impressão de que o tempo no qual também eu possa ver estes espíritos da natureza está próximo.

Muitas vezes sinto uma inexplicável saudade quando estou neste lugar. Ao longe, vejo uma praia...

Jesus Cristo podia andar sobre as águas! Como isso era possível?

Quase inaudivelmente, aproxima-se um barco e um suave e amoroso Ser convida-me a embarcar. Sem demora e cheio de confiança, entro no barco. Meu coração bate aceleradamente. Este barco me levará àquela praia que observei de longe, tantas vezes e com tanta saudade?

No meu interior escuto a voz de Mestre NEPTUNO:

Antigamente, todas as águas do mundo eram claras e límpidas como este mar que tu amas tanto. A vibração da água era bem mais elevada no tempo de sua criação, elas cantavam realmente e contribuíam para a maravilhosa música da atmosfera terrestre. As Ondinas serviam felizes a este elemento e tudo era paz e harmonia. A água é destinada, pela Fonte Divina, a ser amiga dos homens, e por isso pergunto: o homem é também amigo das águas?

Através de teu corpo de sentimento, que pertence e é formado da vibração da água, estás constantemente ligado a ela, sem contar as necessidades do corpo físico.

Jesus Cristo era Mestre do elemento Água, porque dominava o seu mundo do sentimento.

Nos dias vindouros, será imprescindível que pelo menos algumas pessoas sejam capazes de controlar seus sentimentos, para manter o equilíbrio e ser canal, através do qual possam fluir estas forças.

Profundamente emocionado por estas palavras e enquanto o barco cruza as águas, ergo-me, abro os braços e digo:

AMADA PRESENÇA DIVINA EU SOU EM MIM E EM TODAS AS PESSOAS, AMADO MESTRE NEPTUNO, EU TE AGRADEÇO PELAS TUAS PALAVRAS, EU ABENÇOO TODOS OS SERES DO ELEMENTO ÁGUA, QUE ALGUM DIA NOS SERVIRAM, E ABENÇOO O ELEMENTO ÁGUA E TAMBÉM AS ONDINAS QUE SÃO VOSSAS MENSAGEIRAS, EM NOME DO MEU DIVINO EU SOU, CHAMO-TE, AMADA SANTA AMETISTA, TU QUE ÉS O CORAÇÃO DA CHAMA VIOLETA, TÚ QUE NOS DISSESTE:

Amados Filhos da Terra, chamai-me, dizei meu nome, tocai a minha canção e eu estarei convosco! Eu vos envolvo, penetro em vossos corpos, vossas células, veias e nervos. EU SOU a transformação de tudo que não é beleza autêntica em vossa aura. Purifico vossos corpos, vossos pensamentos e sentimentos, dissolvo todas as ligações negativas que vos prendem a outras emanações de vida. Eu vos tomo pelas mãos e juntos purificamos os elementos Água, Terra, Fogo e Ar e libertamos tudo – pessoas, animais, plantas, minerais e também as almas errantes – eu vos ajudo, meus amados Filhos da Terra, depende de que me soliciteis.

E EU ROGO ESTA FORÇA, AMADA AMETISTA, PERPASSA-ME COM ESTA IRRADIANTE E VIVA LUZ QUE DISSOLVE TODAS AS IMPERFEIÇÕES, E ESTA IRRADIAÇÃO EM MIM SE EXPANDE,

PREENCHE A ATMOSFERA AO MEU REDOR E EU TE PEÇO, TU, QUE ÉS O CORAÇÃO DA CHAMA VIOLETA, PERPASSA O ELEMENTO ÁGUA DO NOSSO PLANETA COM TUA PODEROSA FORÇA, DISSOLVE TODAS AS IMPERFEIÇÕES E TRANSMUTA-AS NESTA PURIFICADORA CHAMA VIOLETA...

TRANSMUTA-AS EM PUREZA, BELEZA E PERFEIÇÃO. EM NOME DE MEU DIVINO EU SOU, AGRADEÇO POR ESTE SERVIÇO!

Enquanto o barco continua deslizando, a água assume uma coloração violeta e, diante de minha visão espiritual, vejo todos os mares, lagos, rios e fontes, e mesmo a menor gota de água de nosso Planeta, transpassados por esta faiscante energia Violeta.

Uma mensagem diz:

Sede senhores sobre os elementos! Preenchei o Mundo, todo o Planeta, toda a vida sobre ele com Luz, Paz e Amor. Muitas vezes vos falamos dos acontecimentos que, a seu tempo, chegarão à vossa vida. Não queremos intimidar-vos com estas palavras.

A vibração, que se eleva cada vez mais, torna tudo isso possível e fará com que não exista mais lugar para energias negativas na Terra. Purificadas e elevadas vibrações chegarão até a Terra e tudo que não as acompanhar, perecerá!

Esta Lei Cómica atinge uma vez cada planeta em sua fase evolutiva, e a Terra não está excluída. A Humanidade atrasou-se e ainda não sabe por que vive e qual o seu objetivo.

Por isso, depositamos as nossas esperanças nos alunos que estão ligados à Irmandade da Luz em todo o mudo, isto é, todos os grupos que trabalham positivamente, não importando seus nomes.

Na Força de vosso Divino EU SOU, tendes a possibilidade e a autoridade de comandar tudo o que se refere à vossa própria vida, e também, aos elementos. Isto, meus alunos, esperamos de vós, quando acontecerem determinados fatos.

COLOCAI-VOS NA FORÇA DE VOSSO EU SOU E SEDE SENHO-
RES SOBRE AS COISAS INFERIORES E SOBRE A ESCURIDÃO,
SENHORES SOBRE AS FORÇAS NEGATIVAS DO MUNDO E
SOBRE TODOS OS ELEMENTOS. LEMBRAI-VOS: SOIS MAIS
FORTES – VOSSA LUZ É MAIS FORTE DO QUE TODA A ESCU-
RIDÃO DO MUNDO. SOIS PARTE DA ONIPOTÊNCIA DIVINA E
TENDES EM VOSSAS MÃOS AS POSSIBILIDADES DE AUMEN-
TAR E PROPAGAR ESTA LUZ.

Lembrai-vos de que o conhecimento e o controle sobre os
quatro elementos fazem parte da instrução dos alunos. Nós
colocamos a nossa ajuda aos vossos pés, pois somos sempre
vossos amigos a ajudantes em todos os vossos empenhos e
reforçamos a vossa Luz Interna.

Se eu conseguir dominar os meus corpos inferiores, também
poderei dominar os seus elementos:

- Corpo físico – Terra
- Corpo etérico – Ar
- Corpo sentimental – Água
- Corpo mental – Fogo

Alimentação pura, ar puro, corpo etérico purificado (recordações
conscientes ou inconscientes, registros de outras vidas) e pensamentos
e sentimentos puros são condições primordiais. – esta é a chave!

E mais uma vez estou diante da velha choupana Maya... Novamente
me encontro diante daquele Ser humano com o centro de irradiação na
testa – a Terceira Visão. Seus olhos fitam-me com bondade...

Sorrindo, o Sábio afasta uma cortina e posso seguir através de
um longo corredor iluminado...

Entro num imenso salão, em cujo centro pulsa a dourada Chama
da Libertação e da Sabedoria.

O Regente deste templo do Sol é KENICH AHAN.

Cabelos dourados caem em cachos sobre seus ombros e olhos
azul-violeta reluzem ao meu encontro. EU SOU bem-vindo à casa.

Junto a mim estão reunidos muitos alunos da Luz ao redor da Poderosa Chama da Sabedoria e da Iluminação, e todos escutamos a mensagem do grande KENICH

AHAN:

Santo Silêncio vos envolve, amados alunos, que chegastes aqui para absorver as irradiações dos Deuses Pais, HÉLIOS E VESTA, ancoradas aqui no Foco do Sol, no plano físico.

Mantende-vos quietos por um tempo para deixar esta vibração agir em vós, deixar-vos elevar e conseguireis a iluminação de vossas consciências, que está sendo despertada do sono de centenas de anos...

Neste estado receberás os ensinamentos aqui oferecidos e que servem para dar-vos um forte apoio no mundo físico, a fim de saberdes a qualquer momento o que fazer, para que o Divino Poder de vosso interior possa manifestar-se, dando-vos o necessário preparo para realizardes as tarefas que exigem vosso trabalho com as Forças da Luz.

A antiquíssima sabedoria das eras, cuja guarda e expansão são nossas tarefas, estará cada vez mais à vossa disposição. Isso requer que eleveis vossa consciência renovadamente, conservando-a desta maneira – bem acima da vibração cotidiana, para que possamos conseguir contato direto convosco, dando-vos ensinamentos ainda não acessíveis à maioria dos alunos.

Uma irradiante faixa de Luz, liga-vos agora, para sempre, com o nosso Templo.

É uma irradiação de poderosa vibração, que atinge e estimula os vossos centros internos, deixando-vos usufruir a ventura da iluminação.

Observai, agora, o Lótus de Mil Folhas – vosso chacra da cabeça, e vedes a torrente de iluminação penetrar em vós através do cordão prateado.

Esta pura Força ativa também as vossas células cerebrais e os centros tão importantes que lá estão ancorados.

Agora deixamos fluir a Luz da Iluminação Divina à toda a Humanidade, para que o despertar se abrevie um pouco e para que também o mundo da Natureza venha sentir a Chama da Iluminação.

Os seres da Natureza ainda são puros e aceitam as puras forças positivas com mais rapidez que os humanos, que acumularam tanta coisa em seu mundo do pensamento e sentimento, que se opõe à purificação da Luz.

Com isso, queremos conseguir que o mundo da Natureza venha a ser novamente amoroso, ajudante e servo da Humanidade. Reconheceis, amados amigos, a imensidão das tarefas de que sois capazes, deixais cair as limitações, com as quais vos carregastes...

Este reconhecimento, esta certeza de que estamos ligados inseparavelmente com a natureza e com os quatro elementos, nesta mesma corrente de vida! Queremos levar esse conhecimento à toda a Humanidade, tornando-a sadia, fazendo-a reencontrar o puro Amor Divino e a Paz Interna!

O Grande Disco Solar

O Elohim da Paz ensina-nos a "fazer" o Grande Disco Solar – um disco de fogo etéreo – no Plexo Solar, "o lugar do sol", "o local da paz". O Grande Disco Solar é um poderoso escudo que, ao ser formado, repele instantaneamente discórdias e energias inferiores que possam ser enviadas contra nós ou contra a Luz que representamos.

Como "Fazer" o Grande Disco Solar

Você deve visualizar a imagem do Disco Solar no seu Plexo Solar, que é um chacra bastante vulnerável a energias negativas, por ser o chacra que emite e recebe emoções. O Disco Solar é um poderoso escudo de luz branca resplandecente, que pode ser visualizado como um grande prato branco redondo sobreposto ao Plexo Solar.

Saint Germain ensina-nos a visualizar o Disco Solar associando-o à visualização do Sol de Hélios e Vesta. Mantenha a atenção nessa imagem durante alguns segundos ou minutos, com tranquilidade e fé.

O Disco Solar deve ser feito diariamente e em todas as ocasiões em que sentirmos o risco de sermos atingidos pela discórdia, pelos sentimentos inferiores das pessoas, pelas emanações da consciência das massas e também pelas energias negativas dos ambientes que frequentamos. Quanto mais vezes fizermos o Grande Disco Solar, mais sua presença torna-se constante e forte em nós.

O Disco Solar sela nossos chacras que ficam abaixo do coração e mantém o Fogo Sagrado nos nossos quatro corpos inferiores. O ideal é fazer a visualização acompanhada pelo decreto a seguir:

DECRETO DO "GRANDE DISCO SOLAR" O ELOHIM DA PAZ DIZ:

Eu gostaria que aprendêsseis a ampliar o poder deste disco de luz para que não estejais tão vulneráveis aos ataques dos outros (...) Quando se perde a paz, perde-se tudo e nada mais resta. Somente quando retornardes ao ponto onde, pelo poder do equilíbrio interior, reencontrareis novamente o vosso equilíbrio, é que o poder da paz começará a fluir e podereis recomeçar a construir estes maravilhosos castelos no ar – castelos de esperança – que podem materializar-se nas bênçãos que buscais, porque mantivestes a paz.

DECRETO ENSINADO PELO ELOHIM DA PAZ

Amada e Poderosa Presença do EU SOU, Amado Santo Cristo Pessoal e Amado Jesus, o Cristo: fazei brilhar a vossa Luz resplandecente de mil sóis dentro, através e em torno dos meus quatro corpos inferiores, como uma poderosa ação de proteção da Luz de Deus que nunca falha, para proteger a manifestação pacífica do plano de Deus em todos os meus pensamentos, palavras e atos.

Colocai o vosso Grande Disco Solar sobre o meu Plexo Solar como um poderoso escudo que repelirá, instantaneamente, qualquer discórdia que possa ser dirigida contra mim ou contra a luz que represento.

Em nome da minha poderosa Presença Eu Sou, invoco agora o Elohim da Paz para que faça descer sobre todo o meu ser e sobre o meu mundo a necessária ação à poderosa chama da Paz do Cristo Cósmico que manterá em mim a Consciência Crística em todos os momentos, para que eu nunca possa enviar energia mal qualificada a qualquer parte da vida, seja de medo, maldade, antipatia, desconfiança, censura ou desdém.

Invoco o amado Saint Germain para que aprisione toda a energia por mim enviada aos meus irmãos e que possa ter lhes causado qualquer tipo de desconforto.

Em nome da minha poderosa Presença Eu Sou, ordeno que esta energia seja removida de seus mundos – causa, efeito, registro e lembrança – e transmutada pela Chama Violeta na pureza e perfeição que é a essência do Fogo Sagrado de Deus, para que a Terra e toda a vida elemental possam ser libertadas para sempre da criação humana e recebam a sua vitória eterna na Luz!

Aceito que isto seja feito agora com pleno poder! Eu Sou a realização disto que invoquei com pleno poder! Eu Sou, Eu Sou, Eu Sou a vida de Deus expressando perfeição, de todas as formas e a cada instante. Isto que invoco para mim mesmo invoco também para todo o homem, mulher e criança neste Planeta!

> Amado Eu Sou! Amado Eu Sou! Amado Eu Sou!
>
> Ó Disco de Luz, das alturas do Céu, desce com toda a perfeição! Banha nossa aura na Luz da Liberdade, no amor e na proteção dos mestres! (9x)

Amor Gracioso, Amor Real, Amor Perfeito, Amor Puro, Amor Gentil, Amor Libertador, Amor Confiança, Amor Incondicional, Amor Consciente, Amor Sabedoria e Amor Vitorioso.

Rosário de Mãe Maria para uma Humanidade em Ascensão

EU SOU a minha Presença EU SOU e EU SOU Um com a Presença EU SOU de toda a Humanidade. Como Uma Voz, Uma Respiração, um Batimento Cardíaco e Uma Energia, Vibração e Consciência do Puro Amor Divino, invoco os Doze Aspectos Solares da 5ª Dimensão da Divindade, um a um:

O 1º ASPECTO SOLAR DA DIVINDADE É O AZUL-SAFIRA

Esta frequência extraordinária da Luz está agora descendo do próprio Coração de Deus e entrando no meu Chacra Coronário da 5ª Dimensão. A Luz Azul flui pela minha coluna abaixo e se irradia através de cada um dos meus Doze Chacras Solares da 5ª Dimensão, transformando-os em radiantes Sóis Azul Safira.

As qualidades divinas do 1º Aspecto Solar da Divindade são: a Vontade de Deus, a Fé Iluminada, o Poder, a Proteção e a Primeira Causa da Perfeição de Deus.

Minha Presença EU SOU protege permanentemente estas qualidades Divinas dentro dos meus Doze Chacras Solares, enquanto eu Afirmo as palavras do Rosário da Amada Mãe Maria para uma Humanidade em Ascensão:

Salve Mãe cheia de graça, o Senhor é convosco. Bem-aventurada sois vós entre as mulheres e bendito é o fruto do vosso ventre EU SOU. Mantenha em mim agora o Conceito Imaculado de minha verdadeira realidade Divina, a partir deste momento até a minha Ascensão Eterna na Luz. Eu Sou O Que Eu Sou.

O 2º ASPECTO SOLAR DA DIVINDADE É O AMARELO SOLAR

Esta Luz Divina desce do próprio coração de meu Deus Pai-Mãe e entra em meu Chacra Coronário. Enquanto esta Luz Amarela desce pela minha Coluna Vertebral, ela se irradia através de todos os meus Doze Chacras Solares da 5ª Dimensão, transformando-os em brilhantes Sóis Amarelos.

As qualidades divinas do 2º Aspecto Solar da Divindade são: Consciência Crística, Iluminação, Sabedoria, Esplendor, Compreensão, Percepção e Constância.

Minha Presença EU SOU protege permanentemente estas qualidades Divinas dentro dos meus Doze Chacras Solares, enquanto eu Afirmo as palavras do Rosário da Amada Mãe Maria para uma Humanidade em Ascensão:

> Salve Mãe cheia de graça, o Senhor é convosco. Bem-aventurada sois vós entre as mulheres e bendito é o fruto do vosso ventre EU SOU. Mantenha em mim agora o Conceito Imaculado de minha verdadeira realidade Divina, a partir deste momento até a minha Ascensão Eterna na Luz. Eu Sou O Que Eu Sou.

O 3º ASPECTO SOLAR DA DIVINDADE É O ROSA CRISTALINO

Essa resplandecente Luz Rosa flui do próprio Coração de Deus Pai-Mãe e entra em meu Chacra Coronário. Enquanto a Luz Rosa do 3º Aspecto Solar da Divindade desce pela minha Coluna Vertebral, ela se irradia através de todos os meus Doze Chacras Solares da 5ª Dimensão, transformando-os em fulgurantes Sóis Rosa.

As qualidades divinas do 3º Aspecto Solar da Divindade são: Amor Divino Transfigurado, Adoração, Tolerância, Unidade e Reverência por Toda a Vida.

Minha Presença EU SOU protege permanentemente estas Qualidades Divinas dentro dos meus Doze Chacras Solares, enquanto eu Afirmo as palavras do Rosário da Amada Mãe Maria para uma Humanidade em Ascensão:

> Salve Mãe cheia de graça, o Senhor é convosco. Bem-aventurada sois vós entre as mulheres e bendito é o fruto do vosso ventre EU SOU. Mantenha em mim agora o Conceito Imaculado de minha verdadeira realidade Divina, a partir deste momento até a minha Ascensão Eterna na Luz. Eu Sou O Que Eu Sou.

O 4º ASPECTO SOLAR DA DIVINDADE É O BRANCO

Essa bela Luz Branca flui do próprio Coração de Deus Pai-Mãe e entra em meu Chacra Coronário. Enquanto essa Poderosa Luz Branca desce pela minha Coluna Vertebral, ela se irradia através dos meus Doze Chacras Solares da 5ª Dimensão, transformando-os em brilhantes Sóis Brancos.

As Qualidades Divinas do 4º Aspecto Solar da Divindade são: o Conceito Imaculado, a Pureza, a Esperança, a Restauração, a Ressurreição e a Ascensão.

Minha Presença EU SOU protege permanentemente estas qualidades Divinas dentro dos meus Doze Chacras Solares, enquanto eu Afirmo as palavras do Rosário da Amada Mãe Maria para uma Humanidade em Ascensão:

> Salve Mãe cheia de graça, o Senhor é convosco. Bem-aventurada sois vós entre as mulheres e bendito é o fruto do vosso ventre EU SOU. Mantenha em mim agora o Conceito Imaculado de minha verdadeira realidade Divina, a partir deste momento até a minha Ascensão Eterna na Luz. Eu Sou O Que Eu Sou.

O 5º ASPECTO SOLAR DA DIVINDADE É O VERDE-ESMERALDA

Esta Luz Verde-Esmeralda desce do Coração de meu Deus Pai-Mãe e entra no meu Chacra Coronário. Enquanto esta Luz Esmeralda flui pela minha Coluna Vertebral, ela se irradia através de todos os meus Doze Chacras Solares da 5ª Dimensão, transformando-os em Sóis Verde-Esmeralda resplandecentes.

As qualidades divinas do 5º Aspecto Solar da Divindade são: Verdade Iluminada, Cura, Consagração, Concentração e Visão Interior.

Minha Presença EU SOU protege permanentemente estas qualidades Divinas dentro dos meus Doze Chacras Solares, enquanto eu Afirmo as palavras do Rosário de Mãe Maria para uma Humanidade em Ascensão:

Salve Mãe cheia de graça, o Senhor é convosco. Bem-aventurada sois vós entre as mulheres e bendito é o fruto do vosso ventre EU SOU. Mantenha em mim agora o Conceito Imaculado de minha verdadeira realidade Divina, a partir deste momento até a minha Ascensão Eterna na Luz. Eu Sou O Que Eu Sou.

O 6º ASPECTO SOLAR DA DIVINDADE É O RUBI-DOURADO

Um Aspecto Rubi-Dourado da Divindade desce do Coração de meu Deus Pai-Mãe e entra no meu Chacra Coronário. Enquanto a Luz Rubi-Dourada flui através da minha coluna vertebral, ela pulsa em todos os meus Doze Chacras Solares da 5ª Dimensão, transformando-os em magníficos Sóis Rubi-Dourado.

As qualidades divinas do 6º Aspecto Solar da Divindade são: a Graça Divina, a Cura, o Culto Devocional, a Paz e a Manifestação do Cristo.

Minha Presença EU SOU protege permanentemente estas qualidades Divinas dentro dos meus Doze Chacras Solares, enquanto eu Afirmo as palavras do Rosário de Mãe Maria para uma Humanidade em Ascensão:

Salve Mãe cheia de graça, o Senhor é convosco. Bem-aventurada sois vós entre as mulheres e bendito é o fruto do vosso ventre EU SOU. Mantenha em mim agora o Conceito Imaculado de minha verdadeira realidade Divina, a partir deste momento até a minha Ascensão Eterna na Luz. Eu Sou O Que Eu Sou.

O 7º ASPECTO SOLAR DA DIVINDADE É O VIOLETA

Essa frequência extraordinária da Luz Violeta desce do Coração de Deus Pai-Mãe e entra em meu Chacra Coronário da 5ª Dimensão. Ela agora flui pela minha Coluna Vertebral, irradiando-se através de cada um dos meus Chacras Solares da 5ª Dimensão, transformando cada um em um radiante Sol Ametista.

As qualidades divinas do 7º Aspecto Solar da Divindade são: Misericórdia, Compaixão, Perdão, Transmutação, Liberdade, Autonomia, Justiça, Vitória e a Perfeição Infinita de Deus.

Minha Presença EU SOU protege permanentemente estas qualidades Divinas dentro dos meus Doze Chacras Solares, enquanto eu Afirmo as palavras do Rosário de Mãe Maria para uma Humanidade em Ascensão:

> Salve Mãe cheia de graça, o Senhor é convosco. Bem-aventurada sois vós entre as mulheres e bendito é o fruto do vosso ventre EU SOU. Mantenha em mim agora o Conceito Imaculado de minha verdadeira realidade Divina, a partir deste momento até a minha Ascensão Eterna na Luz. Eu Sou O Que Eu Sou.

O 8º ASPECTO SOLAR DA DIVINDADE É O ÁGUA-MARINHA (OU AZUL-CLARO)

A Luz Água-Marinha flui agora do Coração do meu Deus Pai-Mãe e entra no meu Chacra Coronário. Ela desce pela minha Coluna Vertebral e pulsa através de todos os meus Doze Chacras Solares da 5ª Dimensão, transformando-os em Sóis Água-Marinha extraordinários.

As qualidades divinas do 8º Aspecto Solar da Divindade são: Clareza, Percepção Divina e Discernimento.

Minha Presença EU SOU protege permanentemente estas qualidades Divinas dentro dos meus Doze Chacras Solares, enquanto eu Afirmo as palavras do Rosário de Mãe Maria para uma Humanidade em Ascensão:

> Salve Mãe cheia de graça, o Senhor é convosco. Bem-aventurada sois vós entre as mulheres e bendito é o fruto do vosso ventre EU SOU. Mantenha em mim agora o Conceito Imaculado de minha verdadeira realidade Divina, a partir deste momento até a minha Ascensão Eterna na Luz. Eu Sou O Que Eu Sou.

O 9º ASPECTO SOLAR DA DIVINDADE É O MAGENTA

Essa Luz Divina desce do coração de meu Deus Pai-Mãe e entra no meu Chacra Coronário. Enquanto esta Luz Magenta flui pela minha Coluna Vertebral, ela se irradia através de todos os meus Doze Chacras Solares da 5ª Dimensão, transformando-os em Sóis Magenta radiantes.

As qualidades divinas do 9º Aspecto Solar da Divindade são: Harmonia, Equilíbrio, Autoconfiança e Confiança em Deus.

Minha Presença EU SOU protege permanentemente estas qualidades Divinas dentro dos meus Doze Chacras Solares, enquanto eu Afirmo as palavras do Rosário de Mãe Maria para uma Humanidade em Ascensão:

> Salve Mãe cheia de graça, o Senhor é convosco. Bem-aventurada sois vós entre as mulheres e bendito é o fruto do vosso ventre EU SOU. Mantenha em mim agora o Conceito Imaculado de minha verdadeira realidade Divina, a partir deste momento até a minha Ascensão Eterna na Luz. Eu Sou O Que Eu Sou.

O 10º ASPECTO SOLAR DA DIVINDADE É O DOURADO

A bela Luz Dourada flui do Coração de meu Deus Pai/Mãe e entra em meu Chacra Coronário. Enquanto essa poderosa Luz Dourada desce pela minha Coluna Vertebral e se irradia através dos meus Doze Chacras Solares da 5ª Dimensão, transformando-os em brilhantes Sóis Dourados.

As qualidades divinas do 10º Aspecto Solar da Divindade são: Paz Eterna, Prosperidade, Abundância e o Suprimento de Deus de todas as coisas boas.

Minha Presença EU SOU protege permanentemente estas qualidades Divinas dentro dos meus Doze Chacras Solares, enquanto eu Afirmo as palavras do Rosário de Mãe Maria para uma Humanidade em Ascensão:

> Salve Mãe cheia de graça, o Senhor é convosco. Bem-aventurada sois vós entre as mulheres e bendito é o fruto do vosso ventre

EU SOU. Mantenha em mim agora o Conceito Imaculado de minha verdadeira realidade Divina, a partir deste momento até a minha Ascensão Eterna na Luz. Eu Sou O Que Eu Sou.

O 11º ASPECTO SOLAR DA DIVINDADE É O PÊSSEGO

Essa extraordinária Luz Pêssego agora desce do Coração de Deus Pai-Mãe e entra em meu Chacra Coronário da 5ª Dimensão. Ela flui através da minha coluna vertebral e se irradia para cada um dos meus Chacras Solares da 5ª Dimensão, transformando-os em belos Sóis Cor de Pêssego.

As qualidades divinas do 11º Aspecto Solar da Divindade são: Propósito Divino, Entusiasmo e Alegria.

Minha Presença EU SOU protege permanentemente estas qualidades Divinas dentro dos meus Doze Chacras Solares, enquanto eu Afirmo as palavras do Rosário de Mãe Maria para uma Humanidade em Ascensão:

Salve Mãe cheia de graça, o Senhor é convosco. Bem-aventurada sois vós entre as mulheres e bendito é o fruto do vosso ventre EU SOU. Mantenha em mim agora o Conceito Imaculado de minha verdadeira realidade Divina, a partir deste momento até a minha Ascensão Eterna na Luz. Eu Sou O Que Eu Sou.

O 12º ASPECTO SOLAR DA DIVINDADE É O OPALA

O Aspecto Opala da Divindade desce do Coração de meu Deus Pai-Mãe e entra em meu Chacra Coronário. Uma Luz Opalina flui através da minha coluna vertebral e pulsa em todos os meus Doze Chacras Solares da 5ª Dimensão, transformando-os em Cintilantes Sóis Opalinos.

As qualidades divinas do 12º Aspecto Solar da Divindade são: Transformação e Transfiguração.

Minha Presença EU SOU protege permanentemente estas qualidades Divinas dentro dos meus Doze Chacras Solares, enquanto eu

Afirmo as palavras do Rosário de Mãe Maria para uma Humanidade em Ascensão:

> Salve Mãe cheia de graça, o Senhor é convosco. Bem-aventurada sois vós entre as mulheres e bendito é o fruto do vosso ventre EU SOU. Mantenha em mim agora o Conceito Imaculado de minha verdadeira realidade Divina, a partir deste momento até a minha Ascensão Eterna na Luz. Eu Sou O Que Eu Sou.

Cada um dos meus Doze Chacras Solares da 5ª Dimensão agora está pulsando com a Luz Infinita e as Qualidades Divinas associadas aos Doze Aspectos Solares da Divindade de meu Deus Pai-Mãe.

Deste momento em diante, a minha Presença EU SOU irá banhar perpetuamente meus Corpos Terrestres e toda a Vida que evolui neste Planeta com essa luz multifacetada cintilante e multicolorida do Coração de meu Deus Pai-Mãe.

Agora, com a ajuda da Amada Mãe Maria e de minha Presença EU SOU, os Aspectos Solares multifacetados da 5ª Dimensão da Divindade pulsam dentro dos meus Chacras e me elevam ao pleno acolhimento de meus Corpos de Luz Solares e Cristalinos da 5ª Dimensão, enquanto eu decreto:

> EU SOU O CONCEITO IMACULADO DE MINHA VERDADEIRA REALIDADE DIVINA, AGORA MANIFESTADO E SUSTENTADO PELA GRAÇA DIVINA. (Repita 3 vezes)
>
> Está feito! E assim é! Amado EU SOU. Amado EU SOU. Amado EU SOU.

Direitos Autorais: http://www.eraofpeace.org Tradução: Regina Drumond – reginamadrumond@yahoo.com.br

Presentes de Kuan Yin

BENÇÃO DE KUAN YIN – DEUSA DA MISERICÓRDIA

Que a paz de Deus paire sobre vossos lares!
Possa o Amor Divino estar em vossos corações!

Que a Luz Cósmica flameje em vossas almas
e a sabedoria em vossas mentes!

Possa a força do Altíssimo vitalizar cada membro de vossos lares!
Que a saúde e o bem-estar divino se manifestem em vossos corpos,
que são as vestimentas com que agora vos envolveis!

Que a graça de Deus vos cubra em vossos atos de adoração!
Possam os dons do Absoluto expressarem-se
através de vossas consciências, e que a plenitude
e a vitória de vosso Plano Divino sejam realizadas,
e selem a vossa passagem pela Terra!

Com Amor, Denise Mercer

PRESENTE À FRATERNIDADE DOS 12 RAIOS
– SUGESTÃO DE HO'OPONOPONO POR KWAN YIN

Sinto muito, Eu te amo, Eu te perdoo,
Eu te agradeço, Eu te honro, Eu te aceito,
Eu te liberto, Eu te respeito, Eu te apoio,
Mas, siga seu caminho...

Somos Unos e daqui a pouco
seremos Totalmente Um!

Sinto muito, Eu me amo, Eu me perdoo,
Eu me agradeço, Eu me honro, Eu me aceito,
Eu me liberto, Eu me respeito e Eu me apoio,
Eu sigo o meu caminho.

Somos Unos e já estou voltando
a sentir que Somos Um,
Cada um em direção a Seu Destino!
(3xs cada um)

(Em outros casos: Pais, Filhos, Parentes ou Inimigos)
Pessoa... Você é Especial, assim como Eu Sou e
Nós Somos o Amor Encarnado!

Portanto, só é possível amar aqui,
Só é possível perdoar aqui,
Só é possível agradecer aqui,
Só é possível honrar aqui,
Só é possível aceitar aqui,
Só é possível libertar aqui,
Só é possível apoiar aqui.

Portanto, só é possível seguir
nosso destino com amor aqui.

Canalizado por Doriana Tamburini

A Grande Invocação

A GRANDE INVOCAÇÃO

Do Ponto de Luz na Mente de Deus,
Que flua Luz às mentes dos homens,
Que a Luz desça à Terra.
Do Ponto de Amor no coração de Deus,
Que flua o Amor nos corações dos homens,
Que Cristo retorne à Terra.
Do Centro onde a Vontade de Deus é conhecida,
Que o propósito guie as pequenas vontades dos homens,
O propósito que os Mestres conhecem e servem.
Do Centro a que chamamos Raça dos homens,
Que se realize o Plano de Amor e de Luz
E que se feche a porta onde se encontra o mal.
Que a Luz, o Amor e o Poder
Reestabeleçam o Plano Divino sobre a Terra.

A GRANDE INVOCAÇÃO XAMÂNICA

Que as Forças da Luz tragam a iluminação ao gênero humano.
Que o Espírito da Paz se espalhe em todos os lugares.
Possam os Homens de Boa Vontade, em todos os lugares,
unirem-se num espírito de cooperação.
Possa o perdão, por parte de todos os homens,
ser a tônica destes tempos,
Que o poder ouça os esforços dos Grandes Seres.
Que assim seja, e ajudai-nos a fazer a nossa parte.
Que venham os Senhores da Libertação,
Que tragam socorro aos filhos dos homens.
Que venha o cavaleiro do local secreto.
E, ao chegar, que salve.
Vinde, ó Ser Supremo.
Que as almas dos homens despertem para a Luz
E que possam permanecer concentradas no objetivo.
Que a ordem do Grande Espírito se adiante:
chegou o fim do infortúnio!
Vinde, ó Ser Supremo.
Chegou a hora do serviço da Força da Salvação.
Que ela se alastre por todos os lugares, ó Ser Supremo.
Que a Luz, o Amor, o Poder e a Transformação
Preencham o propósito daquele que se aproxima.
A vontade de salvar está aqui.
O Amor por levar o trabalho adiante, está amplamente difundido.
A ajuda ativa de todos os que conhecem a Verdade,
também está aqui.
Aproximai-vos, ó Ser Supremo e harmonizai esses três.
Construí um grande muro de defesa.
O domínio do mal deve terminar agora.
Do ponto de Luz na mente do Grande Espírito,
Que flua a Luz às mentes dos homens,
Que a Luz desça à Mãe Terra.
Do ponto de Amor no coração do Grande Espírito,
Que flua Amor aos corações dos homens.

Que o sentimento do Amor retorne à Mãe Terra.
Do centro onde a Vontade do Grande Espírito é conhecida,
Que o propósito guie as pequenas vontades dos homens,
O Propósito que os Mestres conhecem e a que servem.
Do centro a que chamamos raça dos homens,
Que se cumpra o Plano de Amor e de Luz
E mure-se a porta aonde mora todo o mal.
Que a Luz, o Amor, o Poder e a Paz
Restabeleçam o plano do Grande Espírito sobre a Mãe Terra.
Do centro da Vontade e do Poder
Que o propósito do Rei seja o propósito de todos os homens.
Do centro da Sabedoria e do Amor,
Que a obra dos Grandes Seres seja o serviço entre todos os homens.
Do centro da Inteligência e da Luz,
Que o Verbo de Amor seja ouvido e atendido.
E que o Espírito de Cooperação una a todos os homens.
A Era da Redenção chegou!
Que o Cavaleiro soerga a espada!
Que o Plano do Grande Espírito se realize!

INVOCAÇÃO PLANETÁRIA

Do centro do Universo,
Das profundezas do Ser,
Do coração do Cosmos,
Que desça o Fogo à Terra!
Que ele queime o que não serve,
Que ele destrua a podridão,
Que ele acenda novas luzes!
Das pequenas presenças
Nos corações dos seres
Que habitam a Terra inteira,
Que ascenda o Fogo ao Céu!
Que a chama se eleve e brilhe!
Que a chama derreta a forma!
Que a forma não prenda mais!

Os Fogos da matéria e do Espírito são um só!
A Terra inteira é Fogo, é Luz, é Cristo.
É um Sol no Céu, uma Estrela de Liberdade!
EU SOU o Amor, EU SOU a Luz, EU SOU o Cristo!

Hélios – Vesta

INVOCAÇÃO MAIOR

Da Presença sublime em nossos Corações,
Ó Cristo, Ó Redentor,
Recebe a Chama Ardente do nosso Grande Amor!
Da Presença Real que coroa as nossas Mentes,
Ó Cristo, Ó Potentado,
Acolhe a Luz Nascente e o Poder Despertado!
Do tímido embrião da nossa Inteligência,
Ó Redentor, Ó Santo,
Fabrica o teu Bordão, manda tecer teu Manto!
Porque queremos fechar para sempre a porta do mal,
Ó Cristo, Ó nosso Irmão,
Mostra-nos tua Face e estende-nos a Mão!
Que a Luz, o Amor e o Poder do Pai e da Mãe,
Se manifestem por Teu intermédio,
Sobre nós, em nós e por nós,
Eternizando o Plano sobre a Terra!

RECLAMANDO TODO NOSSO MOMENTUM DE LUZ

Em Nome e com o Poder
De toda Realidade Divina que EU SOU,
Invoco e reclamo todo o Momentum
De minha Luz Divina agora...
E enquanto me apresento Purificado
E Transmutado pelo Fogo Violeta, eu sei que:
*EU SOU esse EU SOU!
E minha Aura pulsa com a Essência Flamejante
De meu Corpo Causal (3x desde*)

Aceito agora completamente isso
Como a Realidade Divina que EU SOU
(sinta e visualize isso).
** EU SOU um Sol Radiante
de minha Própria Perfeição Divina (3x desde **)
Aceito agora completamente isso
Como a Realidade Divina que EU SOU
(sinta e visualize isso).
Assim Seja! Amado EU SOU.

UM VEÍCULO PREPARADO

Em nome da Lei Cósmica do Amor
E do Perdão que agora Invoco:
EU SOU transmutando minha consciência humana com o Fogo
Violeta! (3x)
Ó Fogo Sagrado,
Resplandecendo com uma Luz Radiante Espiralante
Dentro do meu coração!
Elevai meu Veículo Físico para uma
Consciência Física mais elevada! (3x)
Elevai meu Veículo Físico para uma
Consciência Etérica mais elevada! (3x)
Elevai meu Veículo Físico para uma
Consciência Mental mais elevada! (3x)
Elevai meu Veículo Físico para uma
Consciência Emocional mais elevada! (3x)
Agradecido por este Fogo Sagrado.
EU SOU agora sublimado, refinado,
Acelerado e transformado
Com as Correntes do Fogo Sagrado,
E EU SOU um Veículo preparado
Para a Expressão do Cristo neste Planeta.
Assim Seja! Amado EU SOU.

Amoroso reconhecimento do nosso Plano Divino

Amados magníficentes Seres Crísticos, Misericordiosos Budas, desde os inimagináveis Reinos do Amor, Lordes e Ladies Solares da Chama da Vida de Deus Pai-Mãe!

Eu, agradecidamente reconheço e aceito Vossas Divinas Presenças dentro da Humanidade. Eu Vos amo, Seres Divinos!

Eu Sou Uno Convosco.

Por causa de Vossas Presenças Divinas encarnadas na Terra, Eu Sou também preenchendo meu Plano Divino, renovando minha Identidade Solar à medida que crio um Grupo Avatar de Companheiros Trabalhadores da Luz ao redor do Planeta.

E por causa da nossa Unidade em assim proceder, provaremos que o Plano Divino é possível para toda a Humanidade, porque cada um de nós é Uno com a Humanidade, assim como cada um de nós é Uno com Deus!

Eu sinto, dentro de nossa Coletiva Presença, o Fogo Solar dos Doze Aspectos de Deus, o retorno da Presença I AM à Terra. Eu Sou com cada um de Vós e Eu, confiantemente, Vos entrego a pintura desta Forma-Pensamento!

Eu Sou Grupo Avatar. Eu Sou Uno com a Chama Trina, Uno com Vossa Chama da Humanidade, a Chama do Átomo Permanente da Terra, a Chama do Centro do Sol em cada um de Vós, como Eu Sou Uno com os Anjos, os Elohins, Os Seres Ascensionados e Cósmicos que guiam, guardam e protegem nossa Coletiva Presença aqui no Plano Físico, como o Santo Graal é para as Energias da Hierarquia Espiritual!

E como Um Alento, Um Corpo, Uma Energia, Vibração e Consciência através dessa magnificente Forma-Pensamento, Eu afirmo para cada um de Vós e para nosso Deus Pai-Mãe: Eu Sou um Avatar.

Eu Sou um Embaixador da 4ª Esfera.
Eu Sou a Luz do Mundo.
E Eu abençoo este Planeta com Amor!
Para cada um de Vós,
Consagradas Células do Corpo do Cristo Cósmico:
Eu Sou em Vós, Vós Sois em Mim.
Eu Sou, Eu Sou a Vitória da Terra.

Eu, Doriana Tamburíni,
Assino e assumo este Decreto de livre e espontânea vontade e o faço desde que me tornei absolutamente uma Embaixatriz Avatar para este Planeta. Como membro da Confederação Intergaláctica da Grande Fraternidade Branca Universal dos Planetas, Eu Sou um membro ativo do Corpo do Grupo Avatar Global na Terra. Selo este Decreto em nome da Própria Divindade Solar.

Eu Sou o Eu Sou!

SISTEMA PROTECIONAL DE METATROM
OCTAEDRO SAGRADO DE ALINHAMENTO COM OS DISCOS SOLARES
FRATERNIDADE DOS 12 RAIOS POR METATROM

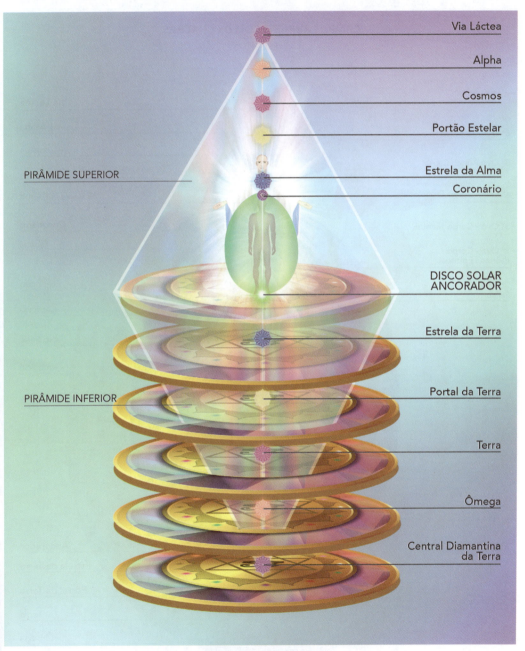

PARA TRABALHO PESSOAL DIÁRIO
Ilustração: Priscila Tanada

SISTEMA PROTECIONAL DE METATROM

Ilustrações: Priscila Tanada

CAMPOS ÁURICOS COM OS CHACRAS
FRENTE

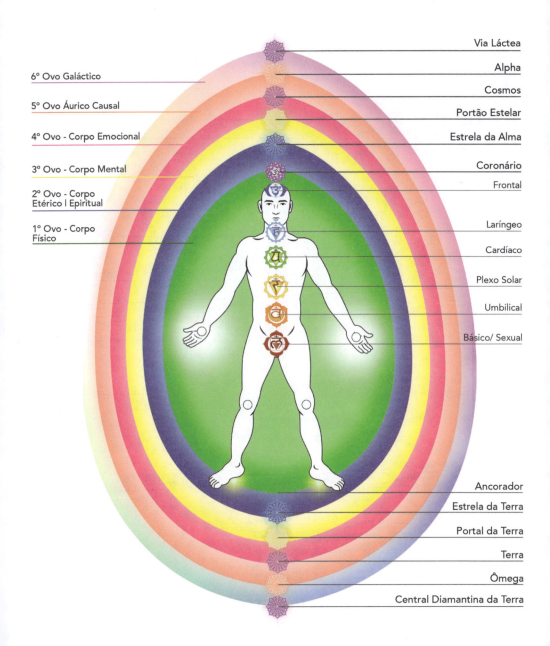

6º Ovo Galáctico
5º Ovo Áurico Causal
4º Ovo - Corpo Emocional
3º Ovo - Corpo Mental
2º Ovo - Corpo Etérico I Epiritual
1º Ovo - Corpo Físico

Via Láctea
Alpha
Cosmos
Portão Estelar
Estrela da Alma
Coronário
Frontal
Laríngeo
Cardíaco
Plexo Solar
Umbilical
Básico/ Sexual
Ancorador
Estrela da Terra
Portal da Terra
Terra
Ômega
Central Diamantina da Terra

SISTEMA PROTECIONAL DE METATROM

Ilustrações: Priscila Tanada

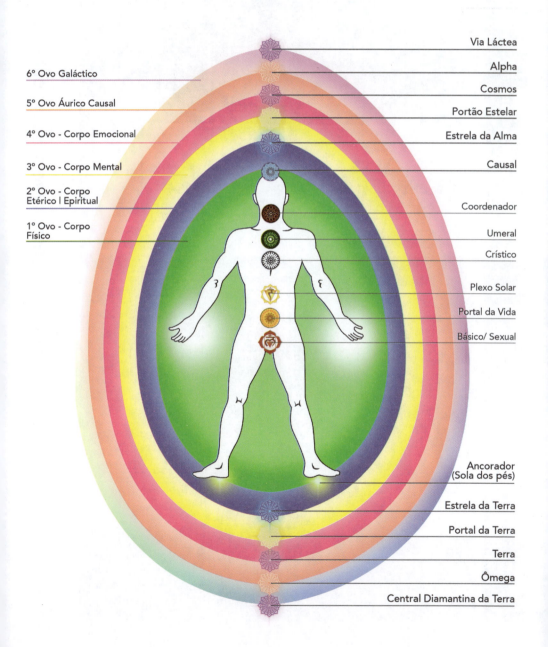

CAMPOS ÁURICOS COM OS CHACRAS
COSTAS

- 6º Ovo Galáctico
- 5º Ovo Áurico Causal
- 4º Ovo - Corpo Emocional
- 3º Ovo - Corpo Mental
- 2º Ovo - Corpo Etérico | Epiritual
- 1º Ovo - Corpo Físico

- Via Láctea
- Alpha
- Cosmos
- Portão Estelar
- Estrela da Alma
- Causal
- Coordenador
- Umeral
- Crístico
- Plexo Solar
- Portal da Vida
- Básico / Sexual
- Ancorador (Sola dos pés)
- Estrela da Terra
- Portal da Terra
- Terra
- Ômega
- Central Diamantina da Terra

OCTAEDRO SAGRADO DE ALINHAMENTO COM OS DISCOS SOLARES

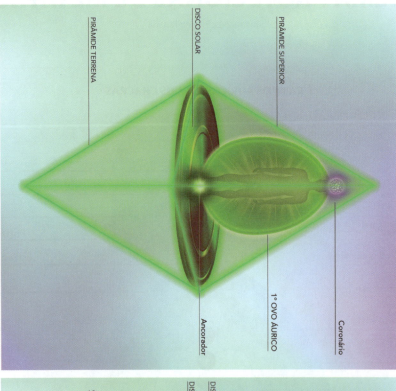

1º OVO ÁURICO VERDE (CORPO FÍSICO) | DISCO SOLAR | OCTAEDRO SAGRADO

- PIRÂMIDE SUPERIOR
- PIRÂMIDE TERRENA
- DISCO SOLAR
- Ancorador
- 1º OVO ÁURICO
- Coronário

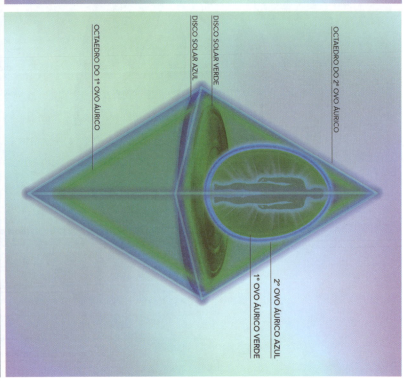

1º E 2º OVO ÁURICO | CORPO FÍSICO + CORPO ETÉRICO | DISCOS SOLARES | OCTAEDROS SAGRADOS

- OCTAEDRO DO 1º OVO ÁURICO
- OCTAEDRO DO 2º OVO ÁURICO
- DISCO SOLAR AZUL
- DISCO SOLAR VERDE
- 1º OVO ÁURICO VERDE
- 2º OVO ÁURICO AZUL

OCTAEDRO SAGRADO DE ALINHAMENTO COM OS DISCOS SOLARES

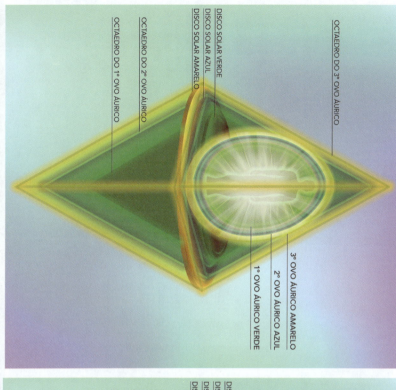

1º, 2º E 3º OVO ÁURICO | CORPO FÍSICO + CORPO ETÉRICO + CORPO MENTAL | DISCOS SOLARES | OCTAEDROS SAGRADOS

- OCTAEDRO DO 3º OVO ÁURICO
- OCTAEDRO DO 2º OVO ÁURICO
- OCTAEDRO DO 1º OVO ÁURICO
- DISCO SOLAR VERDE
- DISCO SOLAR AZUL
- DISCO SOLAR AMARELO
- 3º OVO ÁURICO AMARELO
- 2º OVO ÁURICO AZUL
- 1º OVO ÁURICO VERDE

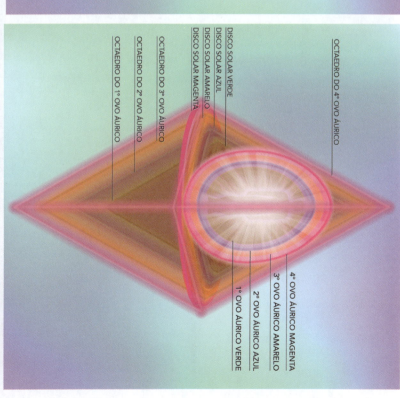

1º, 2º, 3º E 4º OVO ÁURICO | CORPO FÍSICO + CORPO ETÉRICO + CORPO MENTAL + CORPO EMOCIONAL | DISCOS SOLARES | OCTAEDROS SAGRADOS

- OCTAEDRO DO 4º OVO ÁURICO
- OCTAEDRO DO 3º OVO ÁURICO
- OCTAEDRO DO 2º OVO ÁURICO
- OCTAEDRO DO 1º OVO ÁURICO
- DISCO SOLAR VERDE
- DISCO SOLAR AZUL
- DISCO SOLAR AMARELO
- DISCO SOLAR MAGENTA
- 4º OVO ÁURICO MAGENTA
- 3º OVO ÁURICO AMARELO
- 2º OVO ÁURICO AZUL
- 1º OVO ÁURICO VERDE

OCTAEDRO SAGRADO DE ALINHAMENTO COM OS DISCOS SOLARES

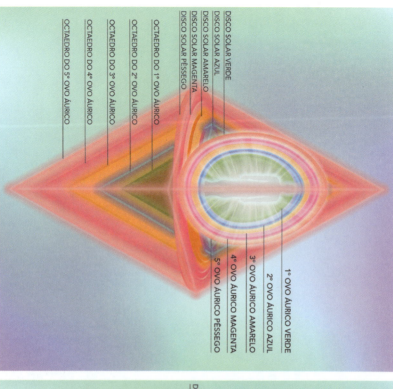

DISCO SOLAR VERDE
DISCO SOLAR AZUL
DISCO SOLAR AMARELO
DISCO SOLAR MAGENTA
DISCO SOLAR PÊSSEGO
OCTAEDRO DO 1º OVO ÁURICO
OCTAEDRO DO 2º OVO ÁURICO
OCTAEDRO DO 3º OVO ÁURICO
OCTAEDRO DO 4º OVO ÁURICO
OCTAEDRO DO 5º OVO ÁURICO

1º OVO ÁURICO VERDE
2º OVO ÁURICO AZUL
3º OVO ÁURICO AMARELO
4º OVO ÁURICO MAGENTA
5º OVO ÁURICO PÊSSEGO

1º, 2º, 3º, 4º E 5º OVO ÁURICO | CORPO FÍSICO + CORPO ETÉRICO + CORPO MENTAL + CORPO EMOCIONAL + CORPO CAUSAL | DISCOS SOLARES | OCTAEDROS SAGRADOS

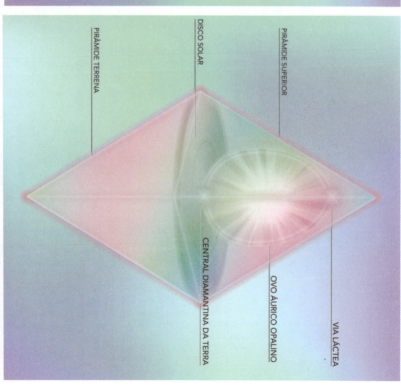

PIRÂMIDE SUPERIOR
DISCO SOLAR
PIRÂMIDE TERRENA
CENTRAL DIAMANTINA DA TERRA
OVO ÁURICO OPALINO
VIA LÁCTEA

TODO O SISTEMA PROTECIONAL ENVOLTO PELO OVO ÁURICO, DISCO SOLAR E OCTAEDROS SAGRADOS OPALINOS